技術の哲学

古代ギリシャから現代まで

村田純一

講談社学術文庫

はじめに

技術とは何だろうか。

哲学者たちは、「技術とは何か」という問いに対してどのように取り組んできたのだろうか。そして現在、どのような取り組み方が可能であり、必要なのだろうか。

本書は、おもに西欧哲学の歴史を振り返りながら、そしてまた、現代における技術をめぐる哲学的議論を参照しながら、著者なりに「技術とは何か」という問いに答える試みを描いたものである。

『技術の哲学』と題された本書を手に取ってくださった方であれば、なんらかの仕方でこの「技術とは何だろうか」という問いに関心をもたれているのではないだろうか。

例えば、最近、世界では、新たに開発された対話型の生成ＡＩ技術について盛んに議論が交わされている。このＡＩは、これまで多くの労力が必要だった煩雑な仕事を手早く片付けてくれるようで、大変役に立つ技術のように思われる。しかしその半面、ＡＩによって多くのひとが仕事を奪われてしまうのではないか、あるいは、簡単に悪用されたり誤用されたりする危険はないのだろうか、さらには、使用する人間がＡＩによって支配されるようなことにはならないのだろうか、などなど、といった具合に、さまざまな問いをめぐって議論がなされている。こうした議論がなされ始めると、そもそも技術というものは、人間にとってどのような存在と考えられるのだろうか、といった、より基本的な問いに思いをはせることも珍しくはないだろう。

本書は、読者がこのような「そもそも……」という表現で表されるような疑問をもたれた場合、その疑問を出発点にして、さまざまに考え始め、そして考え続けるための材料を提供することを考慮して書かれている。

このような目的を実現するために、本書では、技術を理解する手引きとなる観点として大きく二つを設定している。

ひとつは、歴史的観点であり、おおむね一章から七章までの本書の前半が対応している。これらの章を通して、古代ギリシャから近代に至るまでの歴史的変遷を、プラトン、アリストテレス、そしてF・ベーコンといった哲学者にピントを絞って描いている。こうした哲学者たちの技術観の推移を見ることによって、技術についての考え方が古代から中世そして近代へと大枠としてどのように変化したと考えられるかを明らかにしようとしている。

もうひとつは、体系的観点であり、おおむね八章以下の本書の後半が対応している。ここでは、現代の技術哲学、技術論のなかで議論されている主要な話題を取り上げて、多くの事例紹介を介して、技術とは何か、について考える手がかりを示そうとしている。具体的には、技術と科学の関係、技術と社会の関係、そして技術と事故の関係などを取り上げて、本書の中心的テーゼにかかわる技術の創造性、不確実性といった論点を明らかにするように議論を進めている。
そして、終章では、二〇一一年三月に起きた福島第一原子力発電所の事故をテーマにして、本書のなかで展開された哲学的議論がどのような仕方で事故理解に役立ちうるかを示し、それによって、現代における技術哲学の意義の一端を示すことを試みている。
最後の補論では、日本における技術哲学について、西田幾多郎、三木清、戸坂潤を取り上げることによって、本論で論じられた西欧中心的な議論への補完を試みている。

以上、本書の内容すべてを通して、技術は決して社会や文化、さらには自然と無関係に存在しうる閉じられたシステムではなく、むしろ、つねにそうした多様な要因と相互作用しながら実現される多次元的で開かれた存在であることを浮かび上がらせることが試みられている。こうした本書の議論と主要テーゼを読者の方々がどのように判断されるかは読者にお任せするほかない。しかし、本書が読者にとって少なくとも「技術とは何か」についての考えを深めるための刺激となることを願っている。

本書は、二〇〇九年に出版された『技術の哲学』（岩波書店）をもとにして成り立っている。本書の序章から一三章まで、そして補論の内容は、この原本に最低限必要な修正、追加を施して成立したものである。福島第一原子力発電所の事故をテーマにした終章だけは、二〇一五年に発表した紀要論文（「技術と環境」立正大学文学部論叢第一三八号所収）をもとにしたものであるが、ほとんどの部分を書き換えて、新たな内容を取り上げたので、書き下ろしに近いものとなっている。

元の本が出版されてからすでに一五年近くになろうとしている。日進月歩で変化する技術をテーマにする著作ではあるが、その哲学的意義だけは古くなっていないことを願うばかりである。

最後に、絶版となって久しい著作を講談社学術文庫に収めることを提案してくださり、新たな命を吹き込む産婆役を果たしてくださった講談社の栗原一樹さんに心より感謝の意を表したい。

村田純一

二〇二三年六月

目次

技術の哲学

古代ギリシャから現代まで

序章　なぜ、現在、技術は哲学の根本問題となるのだろうか？

1　技術と現代の生活

（1）技術革新の加速化と技術の巨大化

まず最初に、あらためてわたしたちの生活のなかで技術の占めている役割を振り返ってみよう。朝起きたときから夜寝るまで、家庭で、通学や通勤の途中で、そして学校や仕事場で、目にし、手にし、そして口にするものを数え上げていくと、そのほとんどが、あるいは、そのすべてが人工的に作られた技術的製品であったり、人工的に可能になるシステムであったりすることに気づかされる。この意味で、わたしたちの現在の世界は技術によって織りなされた世界であるということができる。つまり、すでに多くの人びとによって繰り返し指摘されてきたように、現在の世界で営まれる生活はさまざまな技術的製品やシステムによって支えられており、それらなしでは考えられなくなっている。しかも特徴的なのは、それら人工物のほとんどが一九世紀の末から二〇世紀になってから発明された点である。

例えば、電気による照明を考えてみよう。電灯が発明されたのは、アーク灯をはじめとして、一九世紀であったとされている。一八七九年にT・エディソンはJ・スワンの開発した白熱電球を改良し、四〇時間、明かりをともすことに成功した。ちなみに、日本では、一八八五年に、東京電燈会社によってはじめて白熱灯が点灯されたと記録されている。それから一〇〇年が経つか経たないかのうちに、電気技術は目覚ましく発展し、二〇世紀を代表する技術のひとつと見なされるようになった。

同じような事情は自動車や航空機など、その他の二〇世紀を代表する多くの技術に関しても見られる。内燃機関の発明の試みが一九世紀の末にさまざまになされた後、自動車が発明されたのは、一八八五年ドイツの機械技師のベンツによって実用的自動車が作られたときだとされている。航空機の発明は、一九〇三年にライト兄弟が、ノースカロライナ州のキティーホークで、滞空時間およそ一分、距離約二五〇メートルの飛行に成功したときである。電気製品の代表のひとつテレビが発明されたのは、一九二五年にジョン・ロジー・ベアードがロンドンで機械的操作による方式の実験に成功したときであるとされ、それが三〇年代にブラウン管方式に取って代わられ、五〇年代にはカラーテレビが発明された。現代の情報化社会の中核を担っているコンピュータの源流は、アメリカの技術者モークリーとエッカートによって一九四六年に発明された自動電子計算機ＥＮＩＡＣ（Electronic Numerical Integrator and Computer）である。引き続きプログラム内蔵式のものへと改良する試みがなされ、一九四九年にイギリスで最初にその型のもの（ＥＤＳＡＣ）が完成した。それから三〇―四〇年のうちに、コンピュータは社会の主役に踊り出ることになった。

このように、最近の技術史を振り返ってまず気づかされるのは、何といっても発明の速度と規模の大きさである。もちろん人類はその誕生以来、人間の存在そのものを定義するほどの重要な意義をもった発明、例えば、火の使用や、石器の製作、そして文字の発明などを実現してきた。また時代を下ると、中世の三大発明といわれ、近代の成立にとって決定的な意味をもった印刷術、羅針盤、火薬の発明のように有名なものを含め、さまざまな技術的発明を実現してきており、それらはどれも人間社会のあり方を決定的な仕方で変化させる役割を果たしてきた。しかし、それらは発明されてから何十年も何百年もかけて改良され、伝達され、使用されるようになったものである。石器のように、場合によっては何千年、何万年もかけて進化した道具もある。それに対して近代以降、とりわけ一九世紀後半からの歴史を見ると、発明の量と規模は加速度的に増加し、しかもそれぞれの製品が発明され、改良され、使用されると、ただちに社会のなかで不可欠なものと見なされ、自明化していくという特徴を示している。

こうした技術開発の速度と規模の増大は、同時に、技術の推進力であるエネルギー使用の飛躍的増大を伴っている。次頁に掲げた**図1**をご覧いただきたい。

この図を見れば、二〇世紀という時代が人類の歴史のなかでどれほど極端な位置にあったのかが歴然としてわかるだろう。有史以来、消費してきたエネルギーの何倍もの量のエネルギーを人類は二〇世紀の間に使ってしまったのである。とりわけ第二次世界大戦以降、二〇世紀後半の勢いは「異常」といいたくなるものである。その結果、現代のわたしたちは、環

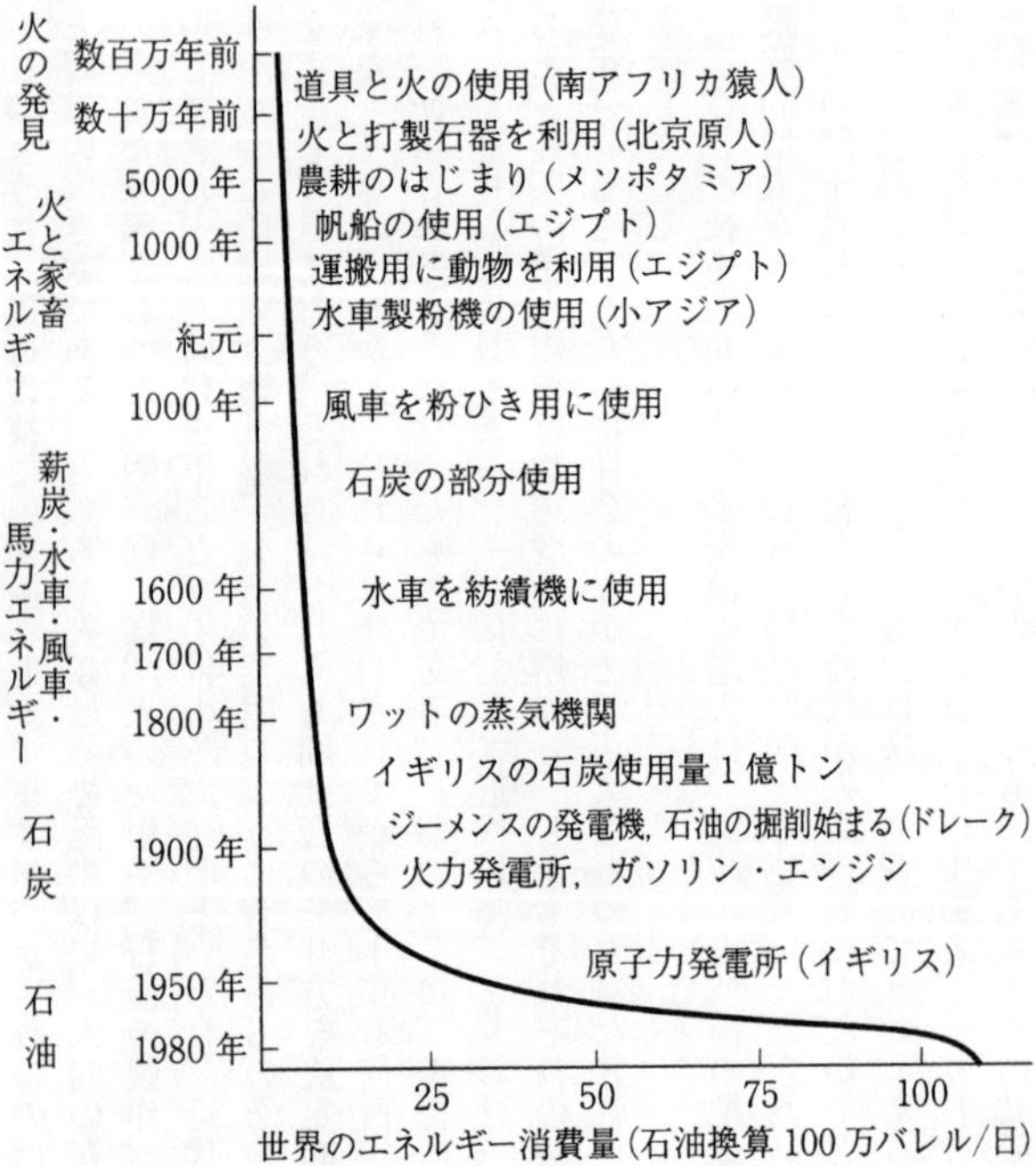

図1　人類とエネルギーの歴史（新エネルギー総合開発機構1983，13．一部改変）

境汚染、資源の枯渇、温室効果ガスの主役である二酸化炭素の大量排出、放射性廃棄物の蓄積、などなどエネルギーをめぐる「危機的」状況に直面しており、人類にとって二一世紀の最大の問題は、地球環境問題であるといわれるようになっている。実際、現在では、地球システム科学者からは、二〇世紀半ば以降、人類が地球の地質のあり方に決定的な変化を及ぼす時代（「人新世」と呼ばれる時代）が始まっているという提案がなされるまでに至っている。

以上はエネルギー使用を中心としてみた変化であるが、最近の情報技術にかかわる技術革新のスピードはさらにすさまじいものになっている。ＩＣ（集積回路）の開発者のムーアは、最小コストで得られる集積回路の構成部品数は二年ごとに倍になると指摘したことで知られており、この予言はいまでは「ムーアの法則」と呼ばれている。実際二〇世紀後半からの半導体技術の進歩はほぼこの法則にのっとって指数関数的に進み、現在、わたしたちが経験しているように、コンピュータの処理速度は年ごとに、あるいは、むしろ日ごとに増大し、同じコンピュータを数年続けて使うことさえできなくなってしまっている。

こうした事態は、たんに、技術が量的な意味で巨大化し、技術革新の速度が量的な意味でスピードアップし、量的な意味でさまざまな領域での過剰や欠乏がもたらされていることのみを意味しているのだろうか。むしろ、こうした事態を前にすると、わたしたちは、二〇世紀以降、人類にとって技術のもつ意味自体が質的に変わってしまったのではないかと問わずにはいられないのではなかろうか。「量は質に転化する」という言葉を思い出すまでもなく、こうした事態は、いったい人間にとって技術とは何であるのか、という根本的な問いを問うことをわたしたちに促しているように思われる。

(2) 生産のなかの技術から生活のなかの技術へ

技術のもつ意味自体の変化を印象深く示している特徴のひとつとして、二〇世紀以降の技術の多くがたんに生産過程で意味をもっているのみではなく、日常生活のなかで決定的な意義をもつようになっている点をあげることができる。

ふたたび電気に関連する技術を考えてみよう。もちろん電気は化学工業などの産業にとって大きな意味をもってきたし、交通・通信など社会のインフラストラクチャーの根幹をなすものとなっており、生産技術や社会の基礎を作り上げる技術として重要であることは間違いない。しかし同時に電気に関係する技術は、さまざまな家庭電化製品の発明と普及によってわたしたちの日常生活のあり方そのものに決定的な影響を与えている点でも、現代の技術の特徴を典型的に示している。この点は、一八世紀末から一九世紀にかけて起こった産業革命を牽引した技術である蒸気機関にかかわる技術と対比するとはっきりする。蒸気機関を使った技術の多くは、繊維工業や金属工業などの生産過程を一新する技術であったが、必ずしも人びとの日常生活のあり方に直接関係するものではなかった。

電気技術が日常生活のあり方に大きな影響を与えてきたことを示す例として、次頁の広告をご覧いただきたい(図2)。

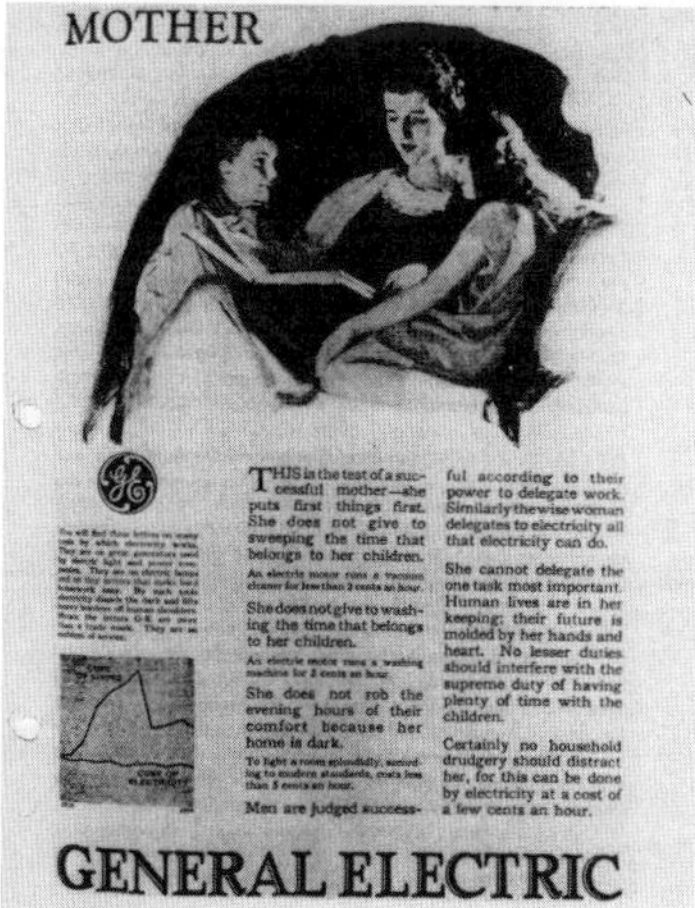

Figure 4.13
General Electric had a long tradition of specifically addressing women in their advertising campaigns. Here, in a 1925 advertisement, the implicit message is "The cost of electrical technology is so small that its price is irrelevant when compared with the value of children" (Nye, 1985: 130–131).

図2　1925年のゼネラル・エレクトリック社の広告（Bijker 1995: 235より）

「母親」と題された、アメリカのゼネラル・エレクトリック社により一九二五年に作られた広告は、電気を利用した家庭生活がどれほど快適なものであるか、そして母親という存在にとって電気がどれほど必要なものであるかを訴えている。賢明な母親は、家事労働を電気製品に「委任（delegate）」し、母親にとって最も重要な仕事である子育てに貴重な時間を割くことができる、というのがこの広告のメッセージである。家庭生活のなかで電化製品を用いることは現在では自明化してしまっているが、この広告は、それが自明化するに至る初期の過程では、技術に関する一定の「解釈」が必要だったことを印象深く示している。

他方で、一〇〇年前に作られたこの広告は、女性の重要な役割を母親というあり方に限定し、さらに母親の最重要課題を子育てに限定している点など、二〇世紀初頭のアメリカの価値観を体現しており、現在では当時の「解釈」が一面的であったことを無視することはできない。

実際、今日の多くの家庭で

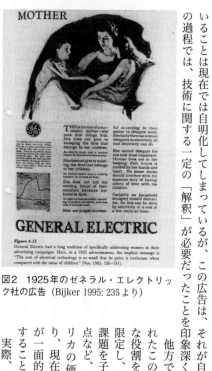

は、テレビやゲーム機がベビーシッターの役目を担うようになっており、母と子との親密な関係を表現しているこの絵に示されているような状況の中心にまでテレビなどの電化製品が進出している。つまり、二〇世紀の初頭には技術領域の「外部」と見なされ、技術がそのために役立つべき「目的」と見なされていた母親の母親たるあり方そのものまで、今日では技術的人工物に「委任」されるようになってきたのである。

さらには、家庭内で生じた「産業革命」ともいえる電化製品の家庭への普及は、必ずしも主婦たちの仕事を軽減しはしなかったという主張もあり、技術の機能をこの広告のように肯定的な面のみで見るわけにはいかない。

このように、技術がわたしたちの生活に与えている影響は単純には見通せないさまざまな側面をもっているのである。

いずれにしても、このようなことを少し振り返ってみただけでも、現代の日常生活にとって技術が中核的役割を果たし、さまざまな仕方でそのあり方を規定していることを再確認させられる。しかもこうした事態が意味しているのは、たんに、もしそれら技術的製品がないと大変不便な生活を強いられるということのみではない。むしろ重要なのは、わたしたちの日常生活で営まれているほとんどの活動が、一定の技術的製品の使用を前提して成立するものになっているという点である。例えば、ガス器具や電子レンジを使って料理を作ることからはじまって、自動車で買い物に出かけ、電車に乗って出勤すること、あるいは、スマホやパソコンを用いて文章を書き、電話やメールでコミュニケーションをとることに至るまで、わたしたちの行うほとんどすべての行為は技術的製品の使用を前提しなければ成り立たなくなっている。もちろん、買い物に出かけるには、自動車を用いるのみではなく、自転車で、あるいは徒歩で出かける場合もあるだろう。しかし、自動車以外の交通機関を使って行くには不便な、郊外の大型スーパーマーケットへ出かける場合などでは、自動車は「買い物に出かける」という行為のたんなるひとつの手段であるというより、むしろ、そのような行為のあり方自身を形成する不可欠の構成要因になっている。

その典型例は、電話をかける場合をはじめ、電子メールやSNSを使ってやり取りする場合である。これらの場合には、電話やコンピュータなどの人工物が発明される以前にはそれらを使う行為はそもそも存在せず、これら人工物が用いられるようになってはじめてそうした行為が可能になったという事情になっている。つまり、これらの場合には、既成の目的にひとつの新たな手段が加わったというのではなく、むしろ新たな目的を含んだ新たな目的－手段連関が形成され、それによって新たな行為の仕方、新しい生活の形式が生まれたという方がふさわしいのである。

この「行為の仕方」という目的－手段連関は、行為によって何がなされるかのみならず、行為がどのように実現するかという行為の過程を示すものでもある。そして、この行為の過程は、行為者が行為の仕方を体験ないし経験する過程でもあるから、例えば、手紙から電話へとコミュニケーションの仕方が変化したり、馬車から自動車へと移動の仕方が変化したりすることによって、たんに目的達成の速度が速くなったとか、より便利になったというだけではなく、それぞれの行為の意味が変化することになる。

電話でのコミュニケーションは、たんに手紙や対面でのコミュニケーションに加えてひとつの手段が増えたというだけではなく、電話を介してでなければ経験できない固有の意味をもつ人間関係の成立を意味することになる。あるいは、自動車で移動することはたんに目的地へ速く着くための手段というだけではなく、例えば、ドライヴを楽しむという新たな経験の仕方、新たな経験の意味を形成することになる。そして、経験の意味を形成する行為の仕方や生活形式は、それぞれの人間の文化のあり方を性格づけるものであるから、現代文化の中心を形成しているのは高度に発達した技術だといってもよいことになる。

以上に加えて、もうひとつ現代技術のもつ特徴を指摘することができる。例えば、電話の場合が典型的に示しているように、技術によって可能になる新たな生活形式は、どれもひとつの技術的製品が単独で導入されただけでは実現できるものではなく、多くの製品のネットワークが形成されてはじめて可能になるという特徴をもっている。この事情は、電話のようなコミュニケーションの道具のみではなく、道具一般に見いだされることである。例えば、自動車の使用は、世界規模で展開されている石油の生産・供給システム、自動車道路の建設・管理に関するシステム、そしてさらに自動車自体の大量生産と販売にかかわるシステムなど、物質的なインフラストラクチャーの存在を含めた巨大な技術システムの存在を前提している。それゆえ、自動車自体はある目的に使われる「手段」であるということができるし、そして、その手段を用いるかどうかは選択の対象であるかのように思われるが、そうした手段と手段の選択を可能にしているシステムの存在そのものは、もはや選択の対象とは簡単にはいいにくい事情となっている。

通常、わたしたちはこれら電話の「世界」、電化製品の「世界」、あるいは自動車の「世界」を形成しているシステムを自明な前提と見なしており、その前提のうえで個別的な技術的製品を道具として用いている。そのために、そうしたさまざまな「世界」に気づくことはまれである。ところが、それらの世界を形成するネットワークのどこかにほころびが生じると、わたしたちの日常世界がこうしたさまざまな「世界」を形成するネットワークにどれほど大規模な形で依存しているかに気づかされることになる。大都市で大規模な停電が起きた場合や、あるいは、一九七〇年代に起きた「石油危機」のときの混乱した状況などがその典型例である。

以上が、「わたしたちの現在の世界は技術によって織りなされた世界である」という表現によって本章の最初に述べた事態の内実である。つまり、現代においては、さまざまな技術的製品がわたしたちの世界にあふれているだけではなく、技術がわたしたちの世界を織りなしている縦糸や横糸の役割を果たすようになったために、それなくしては、そもそも現代の世界のあり方自体が成り立たなくなっているのである。したがって、現代において技術の意味を問うということは、現代のわたしたちの世界と生活の基本的な意味を問うという、哲学的に見てきわめて重要な課題に直結することになるのである。

2　技術についての哲学／技術という観点からの哲学

以上のように見てくるなら、現代では技術は哲学にとって最重要の課題のひとつになっているといっても過言ではない。

にもかかわらず、二〇世紀から現在に至るまでの哲学の専門分野内での議論を見る限り、技術は中心的問題として扱われてきたとはとてもいいがたいように思われる。二〇世紀の末になってようやく技術をテーマにする多くの著作が出版されるようになったが、それらの著作では、その最初に、技術が哲学の分野で取り上げられるようになったのは、つい最近であるといった表現が、枕詞のようにして使われることが多かった。特に、技術と密接に関係があると思われる科学に関する哲学的探究を担ったはずの「科学哲学」の分野で技術についての議論がほとんど見られなかった点は今から考えると奇妙といってもおかしくないだろう。それでは、どのような技術に関する見方が、哲学者たちに対して、技術を魅力的課題と見なすことを妨げたのだろうか。どのような技術理解のあり方が支配的だったために、技術軽視が導かれたのだろうか。

(1) 技術の過小評価

以上の問いに対する最も単純な答えとしては、ギリシャ以来の西欧哲学の伝統では、理論哲学の分野でも、実践哲学の分野でも、技術を過小評価するような技術理解の仕方が支配的だったからだ、というものが考えられる。

理論哲学のなかでは、技術はあくまで理論的知識の応用と見なされ、したがって、その認知内容はもっぱら理論に求められることになる。とりわけ近代技術においてはこの理論内容を形成するのは科学であると見なされる。そして、技術は科学の応用であるというこの見方によって、近代技術は勘や熟練に依存する伝統技術から明確に区別することができると考えられる。こうした見方が受け入れられている限り、少なくとも理論哲学の範囲では、技術特有の認知的性格に光があてられることは少なく、技術の役割はもっぱら「応用」という二次的、副次的な機能に求められることになる。

しかもこの見方は、現代では何も哲学者の専売特許ではなく、むしろ、技術者も含めてかなり一般に受け入れられている。ほとんどの国語辞典には、技術の意味として「科学の応用」という解説が載っている。

他方、実践哲学の範囲では、今度は手段と目的というよく知られた概念対によって技術はやはり二次的な役割を与えられることになる。実際、実践哲学、とりわけ倫理学において問われるのは、行為がどのような目的（例えば、殺人か人助けか）に関係しているかであり、その目的を達するためにどのような手段を選ぶか（刃物を用いるか拳銃を用いるか）は、行為の善悪を判断するうえで、無関係ではないにしても、あくまでも二次的なものと見なされる。

この見方もまた、哲学内部のみならず広く一般に受け入れられている見方に根をもっているように思われる。例えば、次の発言は、技術は目的とは独立な中立的手段に関する事柄であることを見事に表現している。

技術はお勝手の包丁と同じだよ。奥さんが使えばおいしい料理ができるが、強盗に持たせれば人が死ぬ。（本田宗一郎『新装・得手に帆あげて』わせだ書房、一九八四年、一八頁。飯田賢一『一語の辞典・技術』三省堂、一九九五年、五頁より）

以上のように、「科学の応用としての技術」、そして、「中立的手段としての技術」、こうした日常的な見方にまで根を張っている見方が自明視されることによって、理論哲学の範囲でも、実践哲学の範囲でも、技術はあくまでも二次的、副次的位置に甘んじることになる。たしかに、このような見方は、西欧の伝統として、あるいは、今では一種の常識として、技術理解の基本を形成している。しかしながら、他方で、このような見方が単純すぎること、あるいは、はっきりと間違っていることもまた、すでに繰り返し指摘されてきたことである。

技術史家たちは、技術は科学の応用であるという見方が、どれほど一面的な見方であるかを繰り返し指摘してきた。例えば、産業革命を牽引した蒸気機関の技術は科学理論を前提にして成立したわけではなく、むしろ逆に、カルノーによる熱力学の理論のほうが蒸気機関のような技術を前提にして成立したものであることは、ほとんどすべての技術史の教科書に記載されている。歴史的に見るなら、技術は科学の応用であるどころか、技術が科学を生み出す場合もあるのである。もちろん、二〇世紀以降、特に現代では、科学理論をもとにして技術の開発が進められることは多々あるが、少なくとも、科学と技術の関係を一般的に考える場合、どちらか一方を先行するものと見なすわけにはいかないのである。

それでは、技術は「中立的な手段」に関する事柄であるという見方はどうだろうか。これに対しては、わたしたちの「常識」のなかに反証例を見いだすことができる。例えば、アメリカの全米ライフル協会（ＮＲＡ）は、銃規制に反対する論拠として、「銃が人を殺すのではなく、人が人を殺すのだ」というスローガンをしきりに用いている。しかし、多くの日本の人びとは、銃規制を行っている現在の日本の法制度に反対していないことをかんがみれば、この主張、つまり、銃という技術的人工物は中立的な手段であるという主張に説得力があるとは考えていないといえるだろう。言い換えると、銃をもった人間、あるいは、銃を放置している社会は、銃をもたない人間や社会とは根本的に異なっていると考えているのである（もっと大規模な例は、核兵器である）。

もし技術についての伝統的、常識的な見方が間違っているとするなら、あるいは、少なくとも一面的であるとするなら、そしてまた、もし哲学者たちがこのような見方にもとづいて、技術を二次的、副次的問題と見なし続けてきたとするなら、それは哲学者たちの怠慢以外の何ものでもないだろう。

（2）技術の過大評価

もっとも、二〇世紀の哲学者たちがみな技術を軽視していたわけではない。何人かの哲学者は、ここで取り上げたような伝統的な見方を根本的に批判して、技術を哲学の中心に据えた。ヤスパースやハイデガー、あるいは、ホルクハイマー、アドルノ、そしてマルクーゼなどがよく知られている。これらの論者は、近代技術を現代の文明を決定的に支配する重要な役割を演じているものとして、それぞれの哲学的枠組みのなかで中心的な位置に据えた。ここではハイデガーを取り上げてみよう。

ハイデガーは、「技術とは何だろうか」（「技術への問い」とも訳される。ハイデガー 2019）という有名な短い論考をはじめとする諸論考のなかで、技術が科学の応用であるという見方や、技術は中立的手段にかかわる事柄であるといった、「人間学的」、「道具主義的」見方を批判し、技術はむしろ世界の現れ方を根本的に形成する要因であること、あるいは、存在理解の基本を形成する要因であることを強調した。

こうした点でハイデガーは、近代世界のなかでの技術の重要な役割を鋭く見抜き、技術を哲学、とりわけ存在論の中心問題に据えた功績をもっている。しかしそれでは、ハイデガーはこのような技術に関する存在論的な位置づけにもとづいて、具体的な技術現象や技術に関連する諸問題を哲学的分析の主題として取り上げ、積極的な形で技術に関する哲学的ないし倫理学的分析を展開したのかといえば、必ずしもそうはいえないだろう。

ハイデガーによれば、古典的な技術、とりわけギリシャ時代の技術は、自然や文化の価値体系のなかに埋め込まれたものとして理解されていたが、近代以降、なかでも現代における文明や文化においては、いかなる部分も技術的合理性の支配下にあるため、技術に関係しない「外部」は存在せず、すべてが技術的に処理されるようになっていると見なされる。したがって現代では、技術を社会的、政治的、あるいは、倫理的に制御することは不可能な試みだということになる。ハイデガーは、この点を別の著作のなかではあるが、次のように述べている。

いかなる個人も、いかなる人間の集団も、きわめて有力な政治家や研究者や技術者をメンバーとするいかなる委員会も、経済界や工業界の指導的人物たちのいかなる会議も、原子力時代の歴史的進行にブレーキをかけたり、方向づけたりすることはできません。たんに人間的な組織は、いかなる組織でも、時代に対する支配を自分のものにすることができないのです。（ハイデッガー 1963b: 23）

このハイデガーの発言に見られるのは、技術的合理性が社会のあらゆる領域の進み方を方向づけるという見方、極端な形での「技術決定論」の見方である。この見方によれば、技術を批判し、変革しようとする人間のいかなる努力も無駄になり、まったく悲観的な見方に満足せざるをえなくなるように思われる。

もっとも、ハイデガー自身は、技術的合理性が支配してしまっている時代状況を必ずしも悲観的に見ているわけではない。むしろ、そうした一面的な世界の現れ方を「危機」と呼ぶと同時に、危機のなかから新たな仕方での技術とのかかわり方が生まれる可能性を示唆している。しかし残念ながらハイデガーは、例えば「技術とは何だろうか」の最後で、「私たちが危機に近づけば近づくほど、救いとなるものへと通ずる道はそれだけいっそう明るく輝き始める」（ハイデガー 2019: 151）と述べているように、わたしたちに技術の本質への問いを問い続けることを要請するのみで、具体的な技術現象を手がかりとして問いの方向を明示することを行っているようには思われない。

もしこのような見方が技術に関する哲学的思索の最終的な帰結であるとすれば、それぞれの哲学者の概念枠組みのなかで技術の重要さは指摘されながら、結局はこの場合も、具体的な技術現象に即した形での技術に関する哲学的考察を見いだすことはできないことになってしまい、技術哲学は哲学のなかで積極的な位置を与えられることはないことになる。これが技術を過大評価することからの帰結である。

こうしてわたしたちがこれまで多くの哲学者のなかに見いだすのは、一方では技術に関する過小評価であり、他方では、ハイデガーのような過大評価である、ということになり、結局、伝統的な西欧哲学のなかには、技術現象をそれにふさわしい仕方で取り上げている見方を見いだすことはできないといってよいことになる。あるいは、技術をめぐる二〇世紀の社会の歩みと一般の人々の見方の変化を振り返ってみると、技術に対する過大評価と過小評価との揺れ動きのなかにあった、ということができる点を考慮すると、技術をめぐる哲学の現状は、技術に対して適切な距離をとることができないできたわたしたちの社会のあり方を端的に反映しているということもできる。こうした点から見ると、二〇世紀には、本来の意味での「技術哲学」はいまだ成立しえなかったといっても過言ではないことになる。というのも、世界ないし時代に対して適切な距離をとりうるような仕方で、問題とそれをとらえる概念装置を「批判的」に解明することこそが哲学の仕事のはずだからである。

しかしそれでは、技術現象をその現象にふさわしい仕方で批判的に問題にしうるような「技術哲学」はいかにして可能なのだろうか。

もしここで取り上げてきたこれまでの哲学のあり方に関する状況判断が正しいとすると、「技術の哲学」を可能にするためには、少なくともこれまでの哲学のなかで暗黙の前提になっていた既成の概念枠組みを前提するわけにはいかないことになる。むしろ、これまでの哲学の伝統自身をあらためて見直す必要が出てくる。以下、本書で試みたのも、まさに技術を基点にした観点から西洋哲学を再検討するという課題に取り組むことにほかならない。

第一章　人間にとって技術とは何か――プロメテウス神話と哲学的人間学

人間とは何か。この問いをめぐって、古来さまざまな答えが提出されてきた。人類学や生物学の範囲では「ホモ・エレクトス（直立人）」、「ホモ・サピエンス（知恵ある人）」などがよく知られているし、またそれぞれ使われる文脈は異なっているが、「ホモ・ロクエンス（言葉を話す人）」さらには「ホモ・ルーデンス（遊ぶ人）」などの表現も使われてきた。これらの表現は、人間のもつ特定の性質に焦点を合わせることによって、特有な人間観を示すために用いられてきた。なかでも有名なのが、B・フランクリンが提案したとされる「ホモ・ファベル（homo faber, 工作人）」という表現である。この表現は、道具を作り、道具を使うあり方に人間の本性を見る見方を示すものであり、技術活動を人間の本性の中核に据える人間観を示している。

これら人間に関するさまざまな定義的見方に関しては、そこで示される特徴がはたして人間を他の動物と区別するのに適切なものとなっているかどうかをめぐって議論が繰り返されてきた。しかし、ここではさまざまな議論があることを認めたうえで、技術を中核に据える見方である「ホモ・ファベル」という考え方の背景にある人間観に焦点を当ててみたい。というのも、この見方は、現代においてよくみられるものであるばかりではなく、「人間とは何か」という問いに人類が歴史上最初に提出した答えのひとつであると考えることができるからである。その代表例がプロメテウス神話である。以下ではこのプロメテウス神話を取り上げて、技術を中核に据える人間観の特徴を見ていくことにする。ただしまず最初に、現代においてこの見方を提出した論者の代表として、二〇世紀初頭に活躍した「哲学的人間学」と呼ばれる流れに属する哲学者の見解をごく簡単に概観しておきたい。それによって、プロメテウス神話を理解するための手がかりが得られると思われるからである。

1　哲学的人間学――シェーラー、プレスナー、ゲーレン

二〇世紀の前半、生物学、動物行動学など、動物を対象とする諸科学の発達によって、人間以外の動物も環境に適応するための知的能力を備えていることが多様な仕方で明らかにされた。そうした研究成果に刺激を受けて、あらためて、人間と動物の違いをどのような特徴に見いだしうるかについて、哲学者たちの間でさまざまに議論されるようになった。これらの哲学者の試みは「哲学的人間学」と呼ばれる流れを形成し、M・シェーラー（1874-1928）、H・プレスナー（1892-1985）、A・ゲーレン（1904-1976）といったドイツの哲学者たちがその代表と見なされている。これらの論者の特徴は、一方では人間と動物との連続性を認めながら、他方では、両者の間に決定的な違いを見いだせると考える点にある。

シェーラーは、道具の製作や使用という技術的知性に関しては、人間と動物、例えば人間

とチンパンジーとの間に連続性を認めながら、他方では、伝統的見方に従って、技術的能力とは対比される理性ないし精神という能力によって人間と動物を峻別できると考えた。シェーラーの場合、精神の働きと見なされているのは、自らが属する環境を対象化することによってその束縛から解放され、無限に開放的な「世界」へ向かう働き（「世界開在性（Weltoffenheit）」）である（シェーラー 1977: 44f.）。

それに対して、プレスナーやゲーレンは、人間をあくまで生物の次元でとらえながら、そしてまた、技術という次元に焦点を当てながら、人間の特有性をとらえようとした。

プレスナーは、人間にとって、技術は人工物を作る働きであると同時に、人間自身を作る活動である点に焦点を合わせ、「人間はその本性から、つまりその存在形式の根拠にもとづいて、人工的である」という言い方で、人間の本性が「技術的であること」を強調した。プレスナーはこの特徴を「自然的な人工性（natürliche Künstlichkeit）」の原則と呼んでいる（Plessner 1975: 309f.）。

ゲーレンは、「人間は不確定な存在である」というニーチェに由来するテーゼにもとづいて、人間は他の生物とは違って、何らかの能力によって規定可能な存在ではなく、むしろ不確定であることを本性とする存在であることを強調する。人間は、特定の環境とその環境に適応可能な能力を生得的には備えていない点で「欠陥生物（Mängelwesen）」というべき存在のあり方をしており、そのため、欠陥を埋めるためにさまざまな人工物を製作して、「負担免除（Organentlastung）」を図り、「器官代理（Organersatz）」を実現しようとする。とところが、そのような努力によって、何らかの平衡状態に達するのではなく、むしろ、負担軽減「以上」の力を獲得してしまい、安定した平衡状態に到達することができない。したがって、人間は不確定性を決して抜け出せず、永遠に技術的製作を繰り返さざるをえないと見なされる（ゲーレン 1970: 220）。

以上のように、ここで挙げた三人は同じく哲学的人間学という名で呼ばれる流れに属すると見なされているにしても、考え方はそれぞれでずいぶん違っている。なかでも、技術を人間観の中心に据えた点で、プレスナーとゲーレンに見られる技術観、人間観のもつ特有性が際立っている。人間が本来的に「人工的」であるということ、あるいは、人間は本性として「不確定」であるということは、言い換えると、人間には本性といえるような特質は存在しないということでもあり、したがって、人間の本質は本質が存在しないことだ、と表現することもできる事態でもあるからである。このような人間に関する見方は明らかにパラドクシカルに思われるが、まさにそのようなパラドクシカルな存在のあり方が人間の特質であり、そのパラドクシカルな性格を実現しているのが技術活動なのだ、というのが彼らの基本的な主張なのである。

このような人間観、技術観をお聞きになると読者はどのように思われるだろうか。ずいぶん現代的だと思われる方もおられるのではなかろうか。たしかに、人間に本質を認める見方を排除している点で、ここに現代しばしば話題になっている「非本質主義」の一種を見ることも不可能ではない。しかしその一方で、このような見方につながる考え方は決して現代になってはじめて提出されたものではなく、少なくともその萌芽という点であれば、技術について人間が反省的に考え始めたその最初から、多かれ少なかれ見てとることのできる考え方でもある。その最古の代表が古代ギリシャのプロメテウス神話である。

2　プロメテウス神話――その三つのヴァージョン

天界から火を盗んで人間に与えたとされるプロメテウスを主人公とするこの神話では、火に象徴される技術によって人間の特性を示そうとしている。つまり、この神話のなかでは、技術は、人間を人間的たらしめ、人間を他の動物と区別する決定的要因と見なされており、この点に明確に焦点が当てられている。

もっともその一方で、技術を人間に与えたプロメテウスは、正義を体現する神ゼウスへの反逆者として描かれており、決して無条件に肯定されているわけではない。この点に、古代ギリシャの技術観、人間観の特徴を見ることもできる。実際、後に取り上げるプラトンやアリストテレスの技術観の中心は、プロメテウスとゼウスの関係をどのように解釈するか、という点に置かれていたということさえできる。いずれにしても、この神話のなかでは、技術とは何か、という問いが、人間とは何か、という問いと密接不可分な仕方で結びつけられており、この点で、プロメテウス神話は「人間学」的観点からなされた歴史上最初の技術哲学の表現形態であると見なすことも決して不可能ではない。

ただしプロメテウス神話にはいくつかのヴァージョンがあり、たしかにプロメテウスはどのヴァージョンでも重要な役割を演じているが、その描かれ方は必ずしもいつも同じではなく、歴史的に変遷している。ここでは、代表的なものとして三つのヴァージョンを取り上げる。ヘシオドスによる『仕事と日』と『神統記』、アイスキュロスによる『縛られたプロメテウス』、そしてプラトンの『プロタゴラス』のなかで語られたプロタゴラス物語である。これらすべての神話のなかでプロメテウスは、ゼウスを王とするオリンポスの神々から火を盗んで人間に与える役割を演じているが、この共通点を除くと話の筋はそれぞれでずいぶん違っている。以下では、それぞれの神話の内容に即して、人間にとって技術のもつ意味がどのように解釈されているかを見ていくことにする。

（1）アイスキュロス

最も有名なのはアイスキュロス（前525‐前456）によるもので、この悲劇のなかでは、天界から火を盗みだして人類に与えたプロメテウスは主神ゼウスの怒りを買い、酷烈な刑に服すべく岩山に縛りつけられている。太陽神オーケアノスの娘たちに問われて、プロメテウスは自らが人間のために行ったことを次のように語っている。

　なら人間どもの惨めな様子をまず聞いてくれ、どんなに前は幼稚だったか、それへわたしが思慮をつぎ込み、わきまえを持たせてやった。……

彼らはもともと何かを見ても、いたずらにただ見るばかり、聞いても理解するわけでなく、さながら夢の世界の幻のよう、長い命の限りを、ゆきあたりばったりにみな過ごしていった、また日当たりのよいレンガ造りの家も知らず、木で作ることも知らずに、ただ穴を掘りみすぼらしい蟻どものよう、地面の下の日も当たらぬ洞窟のおくに住まいしていた。かれらにとってはあらしの冬も、花咲き匂う春の日も、また果実の実りたわわな夏の日も、見分ける定かなしるしとてなく、ただ無考えに、なにもかもやっていたのだ、わたしが彼らに星辰の昇る時刻や、見分けとてもつけがたい、その没《い》る時刻を教えてやるまで。……［引き続き、プロメテウスは、自分が人間に与えた多くの知識（すなわち技術）の種類をならべたてる。そのなかには、数、文字、野生の動物の訓育、船の製造、病気を治す薬、金銀銅などの金属の精錬、などが含まれる。］……

一言でいえば、なにもかもひとまとめにして、人間のもつ技術《わざ》（文化）はみなプロメテウスの贈り物と知れ。（アイスキュロス 1974: 40f.）

ここでは、プロメテウスが人間にもたらしたのは、多種多様な技術であり、しかもそれらの技術は、人間を動物から区別して人間らしい知的・文化的な生活を送ることを可能にするものすべてにかかわる能力として語られている。つまり、ここでは技術は人間的であることを可能にする能力、広い意味での知性を意味しており、プロメテウスはまさにこの能力を人間に与えた点で人間にとっての最大の恩人であること、それにもかかわらず、理不尽にも嫉妬深いゼウスの怒りを買うことになったことが描かれている。とりわけ興味深いのは、この人間的能力の特徴を「行きあたりばったり」ではなく、先を見越して、さまざまなことを実現できる予知の能力と呼んでいる点である。つまりプロメテウスという名に体現された「プロ・メテイア（先への思慮）」こそが人間的知性の本質を形成しているというわけである。

このような人間の知性に関する見方、つまり、その時々の状況に直接対応して「行きあたりばったり」に行動するのではなく、未来の出来事を考慮し先を見越して行動するところに人間の知性の基本を見る見方は、その後も、人間の知的活動を動物の本能的行動から区別するさいに、しばしば見られる。例えば、マルクスは『資本論』のなかの人間の労働過程の特徴を述べた箇所で、次のように述べている。

蜘蛛は、織匠《しょくしょう》の作業にも似た作業をするし、ミツバチはその蠟房《ろうぼう》の構造によって多くの人間の建築師を赤面させる。しかし、もともと、最悪の建築師でさえ最良のミツバチにまさっている。というのは、建築師は蜜房を蠟で築く前にすでに頭のなかで築いているからである。労働の過程の終わりには、その始めにすでに労働者の心像のなかには存在していた、つまり観念的にはすでに存在していた結果が出てくるのである。（マルクス 1968: 234）

以上のように、アイスキュロスの悲劇では、技術は動物の置かれた惨めな状態から人間を解放する決定的な役割を与えられており、そのような恩恵を人間に与えたプロメテウスは、ゼウスに匹敵する偉大な神のひとりとして描かれている。このような描き方がなされている理由のひとつとして、当時の時代状況が考えられる。実際、アイスキュロスの悲劇が書かれた時代は、紀元前六世紀から前五世紀にかけてのギリシャ古典期であり、都市文明が栄え、それを支えるさまざまな職人たちの地位が確立しつつあった時期と重なっている。他方、たしかに技術賛美という傾向が見られるにもかかわらず、プロメテウスは岩山に縛りつけられている姿で描かれている点からも窺えるように、この悲劇のなかで技術は決して無条件に肯定的に描かれているわけではない。そして、他のヴァージョンではプロメテウスの役割はさらに限定的なものになっている。

(2) ヘシオドス

時代は逆に過去にさかのぼることになるが、ヘシオドス（前750頃-前680頃）の『仕事と日』や『神統記』では、アイスキュロスの物語とは違って、プロメテウスは必ずしも人間にとって積極的な意義のみをもつようには描かれていない。

例えば『仕事と日』のなかの「パンドーレの物語」では、プロメテウスは余計な策略をゼウスに施したために、ゼウスの怒りを買い、人間に不幸をもたらしたものとして描かれている。

人間には最初から火が与えられていたにもかかわらず、自分の知力を過信したプロメテウスはゼウスを策略にかけてだましたために、ゼウスが怒って火を人間から隠してしまう。そこでプロメテウスはその火を再び人間に奪い返す。それを見たゼウスは次にさらなる災厄を人間にもたらすために、それまで存在していなかった「女」を作って、人間に送ることにした。プロメテウスの弟のエピメテウスは、ゼウスからの贈り物を受けとってはならないと言い聞かされていたにもかかわらず、それを忘れてしまい、贈り物を受けとってしまう。『仕事と日』では次のように描かれている。


それまでは地上にすむ人間の種族は、あらゆる煩《わずら》いを免れ、苦しい労働もなく、人間に死をもたらす病苦も知らず暮らしておった。……

ところが女はその手で甕《かめ》の大蓋《ぶた》を開けて、甕の中身を撒き散らし、人間にさまざまな苦難を招いてしまった。

そこにはひとりエルピス（希望）のみが、堅牢無比の住居の中、甕の縁《ふち》の下側に残って、外には飛び出なかった。雲を集めアイギス［楯］をもつゼウスのおん計らいで、女はそれが飛び出す前に、甕の蓋を閉じたからじゃ。しかしその他の数知れぬ災厄は人間界に跳梁《ちょうりょう》することになった。

現《げん》に陸も海も災いに満ちているではないか、病苦は昼となく夜となく、人間に災厄を運んで、勝手に襲ってくる、ただし声は立てぬ——明知のゼウスがその声を取り上げてしまわれたのでな。（ヘーシオドス 1986: 22f.）

このようにヘシオドスの物語では、人間は、最初は労働や病苦のない一種の理想状態のなかで暮らしていたように描かれている。それに対して、人類の利益になることをもくろんでプロメテウスが仕組んだ奸計のほうは、ことごとく逆に人間に不幸をもたらすことになるように描かれている。このような点から見る限り、ヘシオドスのプロメテウスは、アイスキュロスのものと比べると、必ずしも肯定的に描かれているとはいえない。その理由として、ヘシオドスの時代がまだ都市国家が栄える前の農業を中心とする生活形式からなる時代であり、農事に汗を流すことが人間の労働の基本と考えられていたことをあげる解釈者もいる。もしこのように考えることができるとするなら、ホメロスやヘシオドスの時代とアイスキュロスやソフィストたちの時代との間には人間観に関して大きな変化があったと見なすこともできることになる。自然の圧倒的な力のなかで神によって与えられた自らの運命に耐え忍ばねばならない人間観から、知識と技術によって自然を制御し、自らの運命を切り開いていく人間観へと大きく変化したというわけである（デューイ 1997: 139f.）。

他方では、ヘシオドスの描くプロメテウスのなかにこそ、人間のプロトタイプを見いだすことができると考える論者もいる（ヴェルナン／吉田 1978 参照）。とりわけ注目すべきは、プロメテウスがエピメテウスと兄弟であるように描かれている点である。両者が兄弟であるということは、先見の明は同時につねに後悔をもたらすものでもあること、つまり「プロ・メテイア」は同時に「エピ・メテイア（後で考える、後悔する）」であると見なされ、その意味で両者は不可分な兄弟の関係に置かれていると考えることもできる。実際、苦労知らずの黄金時代から追放された人間は、未来を予知する能力をもつことができるようになったが、これは同時に、そのような能力をもたねば生きていけなくなった状況に置かれたことを意味しており、それはすなわち、つねに不可避的に、リスクを負う生活をせざるをえなくなったということでもある。言い換えると、人間の技術・知識は、失敗と「後悔」がつねに付きまとうあり方を基本とするものだということもできる。実際、もし人間が先を見越して行為することができなければ、つまり、そのつどの現在のあり方にのみ規定される生き方をするだけであれば（例えば、刺激に反応するだけの機械のような存在であれば）、およそ行為について成功や失敗を語ることは無意味であり、それゆえ後悔することもないだろう。「パンドーレの物語」という歴史上最初ともいえる技術と知識に関する神話がいち早く人間の技術と知性の「両価性」ついて示唆したものになっていることは、注目すべきことである。

(3) プラトン（プロタゴラス）

ヘシオドスとアイスキュロスの神話では技術と知識はほとんど同義に用いられているのに対して、プラトンの『プロタゴラス』では、知識概念の分化が見えはじめ、知識全体のなかで狭義の意味での技術の特徴が問題になりはじめる。『プロタゴラス』篇で問題にされたのは、技術、とりわけ、医者や大工などの職人や専門家の技術と、人間がポリスのなかで生きていくうえで不可欠と見なされている政治的徳一般とがどのような関係にあるかという点だった。なかでも、政治的徳は専門家の技術のように教えることができるのかどうかが中心問題となった。

この対話篇のなかで、ソクラテスから徳の教授可能性に関する質問を受けたプロタゴラスは、プロメテウスを主人公のひとりとする物語を語り出す。プロタゴラスの物語では二つの点に焦点が当てられている。ひとつは、人間に備わる技術の意味であり、もうひとつは技術と政治的徳との関係である。

不確定な存在としての人間

まず第一の点に関してプロタゴラスは次のような物語を披露する。大昔に神々は、死すべきものたちの種族を作った後、プロメテウスとエピメテウスに対して、それぞれの種族にふさわしい装備と能力を分かち与えるように命じた。エピメテウスはプロメテウスに、この仕事を自分ひとりに任せ、この仕事が終わった後に検査してくれるように依頼した。エピメテウスはそれぞれの種族に、速さ、強さ、あるいは大きさ、そしてさまざまな武器などを巧みに分配したが、うっかりして、人間の種族を忘れてしまい、人間だけは何の能力も与えられずに残されてしまった。検査のためにやってきたプロメテウスは人間の状態を見かねて、ヘパイストスとアテナの神々のところから、火と技術的な知恵を盗んで人間に与えた。ここでいう技術的能力とは、動物たちに分け与えられた個別能力、例えば、足が速いとか、力が強いといった確定した能力ではなく、さまざまな新しいものを発明する能力とでもいえる知識である。実際、この能力を使って、人間は言語を作ったり、家や衣服を作ったりしたとされている。

以上が第一段落である。ここで興味深いのは、プロタゴラスの物語では、先のアイスキュロスの物語の場合とは違って、人間に与えられるのが家の建築や船の建造などの個別的な技術ではなく、さまざまなものを発明する技術、つまり一般的な発明の能力のようなものと見なされている点である。この見方では、個別的な発明は神に直接由来するのではなく、むしろ人間に起源をもつものであり、それだけ技術が人間に近づけられて解釈されていると考えられる。他方、神から与えられた能力という点で見るなら、人間は他の動物と比してまったく無力な存在ということになる。したがって、動物との比較という点では、人間は一種の「欠陥生物」（A・ゲーレン）と見なされ、その本性からつねに技術的活動に携わらねばならない存在と見なされているわけであり、この点で、ここで示されている技術観のなかに、後のプレスナーやゲーレンなどの人間学的見方の先駆形態を見いだすことも決して不可能ではないだろう。

政治の技術

しかしさらに興味深いのは、与えられた技術のみでは人間は動物に伍して生きていくことができず、これに加えて政治的な技術が必要だと見なされている点である。プロタゴラスの物語の第二段落では次の物語が語られる。

これだけのものを自分のためにととのえていながら、人間は最初のうち、あちこちにばらばらに住んでいて、国家というものがなかった。そのために人間は、あらゆる点で獣《けもの》たちよりもちからの弱い存在だったから、その餌食となってしだいに滅ぼされていった。ものを作る技術は、人間たちにとって、身を養うためには十分な助けとなったけれども、獣たちとの戦いのためには、充分な役には立たなかったのである。ほかでもない、彼らはまだ、国家社会をなすための（政治的）技術をもっていなかったし、戦いの技術はそれの一部をなすものなのだから。そこで人間たちは、互いに寄り集まり、国家をつくることによって身の安全をはかろうと求めた。だが彼らは寄り集まるたびに、政治技術をもっていなかったため、互いに不正を働きあい、かくしてふたたびばらばらになって滅亡しかけていった。

これを見てゼウスは、われわれ人間の種族がやがてすっかり滅亡してしまうのではないかと心配し、ヘルメスをつかわして、人間たちに〈つつしみ〉と〈いましめ〉をもたらすことにした。この二つのものが国家の秩序を整え、友愛の心を結集するための絆《きずな》となるようにとのはからいである。（プラトン『プロタゴラス』322B）

この文章にも興味深い点が見られる。この物語では、政治的技術は他の専門家の技術と根本的に異なる次元に属するものと見なされている。つまり、自然を制御する技術と社会を構成する「技術」とは明確に区別されている。技術に関するこの区分は、例えば、現代の哲学者ハーバーマスの言葉を使うなら、一方の自然過程の予測と制御にかかわる「技術的行為」と、他方の他者との合意形成にかかわる「コミュニケーション行為」という行為概念の区分に対応していると考えることもできる。しかしそれ以上に注目すべきは、むしろ、二種類の技術の連関が示唆されている点である。

政治的技術は専門家の技術とは違ってすべての人間に与えられうるものといわれ、公共的知識ないし倫理にかかわる「技術」と見なされている。はたして、この政治的技術を導く原理、つまり「つつしみ」（「他者への畏敬」）や「いましめ」（「正義の感覚」）が、ソフィストたちのいうように、教えることの可能なものかどうか、という点は大きな問題として残るが、いずれにしても、どんな技術もすべての人間に備わる公共的な政治や倫理による支持を受けない限り、決して有効には機能しえないことが強調されている点は大変示唆的である。

現在あらためて、「技術の政治学」や「技術の倫理学」といった課題の必要性が唱えられ、また、「専門知と公共性」の関係が問われているが、こうした課題の少なくとも原型と見なしうる議論を古代ギリシャの神話のなかに見いだすことができるからである。

しかも、同じことを少し違った仕方で次のように解釈することもできる。この話のなかでは、人間の技術は、それが個人個人でバラバラに用いられる場合には、必ずしも期待した力を発揮することができず、それゆえ、人間が動物たちと伍して生きていくためには、そうした技術を集団で用いる能力を必要とするといわれている。つまり、人間に固有な技術の特有性は集団のなかで用いられる点に見いだされている。言い換えると、どんな人間の技術にも、それが動物と区別される点で、社会的、政治的要因が備わっていると見なされているのである。こうした点から見てくるなら、この物語のなかに、後に技術哲学者のL・マンフォードが述べた「巨大機械」という考え方の先駆形態を見てとることも不可能ではない。マンフォード（1895-1990）は人間の技術の典型例を「巨大機械（Megamachine）」と呼び、その起源として、ピラミッドの建設に示されたような、人間による大きな組織化のあり方に求めた。

マンフォードは、人間の本性を道具を作り使う点に見いだす見方に対して、むしろ人間の本性は言語やイメージのような象徴を使って他者と意思疎通し社会を形成する点にあることを強調する。「人間とは、道具の作り手である以前に、まずイメージを作るものであり、言葉を作るものであり、いわば夢想家であり芸術家であったでしょう。とにかく人間のより優秀な機能を示すものは、歴史の大部分を通じて、道具ではなく象徴だったのです」（マンフォード 1985: 42）。この観点から、人間の恩人はプロメテウスではなく、オルフェウス（ギリシャ神話に現れるトラキアの詩人・音楽家。リュラの名手でその音には野獣も山川草木も聞き惚れたといわれる）だと見なされる。マンフォードの最も著名な概念のひとつである

「巨大機械」という概念もそれに対応した考え方にもとづいている。マンフォードによると、古代における「王権」という政治権力の創設は機械の原型の発明なのである。「神話として、また現実の制度として神的な王の広大な権力と影響の範囲を正当に評価するにあたって、これまでわたしは、その重要な一面を後で詳しく見るために残しておいた。それは、王権の最も大きく最も永続的な貢献、機械の原型の発明である。この並外れた発明は、その重点が人間部品からいっそう信頼のおける機械部品に徐々に移ったにせよ、事実、後世のあらゆる複雑な機械のための最初の実施模型となった。王の唯一の行為は、人力を集め、それまで企てられなかったほど大規模な仕事の遂行を可能にする組織を訓練することであった。この発明の結果として、五〇〇〇年前に完成された巨大な土木工事は、大量生産と標準化と細心な設計において、現在の最良の仕事に匹敵する」（マンフォード 1971: 277）。マンフォードはまた、これらの体系化された組織を「見えない機械」「労働機械」などとも呼んでいる。

以上見てきたように、古代ギリシャのプロメテウス神話は、それぞれの仕方で、人間にとって技術がどのような意味をもつかを示しており、それぞれ固有の仕方で技術の「人間学」の先駆形態となっていると解釈することができる。興味深いのは、どのヴァージョンでも、プロメテウスは単独では登場しておらず、例えばゼウスとの関係で、あるいは、エピメテウスとの関係で、という具合に、つねに他者（他の神々）との関係で描かれている点である。この点で、これらの神話は、技術のもつ両義性ないし不確定性を人間と神々との間を行き来するプロメテウスのもつ両義性ないし不確定性によって表現しようとした試みとして解釈できるのではなかろうか。

しかし他方で、その試みはあくまで神話という形態による表現にとどまっており、必ずしも明確な議論や理論の裏づけをもって提示されているわけではない。それに対して、以上のような神話に見られる示唆的見解をひとつの明確な理論的形態にまで磨き上げたのが、次章で取り上げるプラトンであった。

第二章　宇宙の秩序に従って生きる――プラトンと価値の問題

プラトン（前428/427-前348/347）は今日「技術哲学」と呼ばれるような意味での議論を主題的に展開したわけではない。しかしそのおもな理由は、プラトンにとって技術が重要な意味をもっていなかったからではない。むしろ、当時はいまだ今日いうような意味での技術、すなわち道具の使用や製作に限定された意味での技術という概念が確立されていなかったからだと考えられる。実際、プラトンにおいては、この狭い意味での技術のみでなく、身体を対象とする医学や体育術をはじめ、共同体の運営に関する政治、さらには、天体の運動を対象とする天文学、数字や図形に関する算術や幾何学など、およそ知識が問題となる事柄はすべて「技術（テクネー）」という名で呼ばれており、その対話篇の多くでは、まずは、これら広い意味での「技術（すなわち知識）」とは何かを明らかにすることに一貫して焦点が当てられていた。他方、広い意味での技術（知識）の解明には、つねに、大工や機織りの技術、あるいは医者の技術など、職人や専門家の技術のあり方がモデルとして用いられている。この点から見ると、プラトンにとって、この意味での技術が知識の（少なくともひとつの）パラダイムを形成していたと考えることができる。したがって、プラトンにとって、「技術の哲学」とは第一義的には知識論を意味し、逆に、知識に関する哲学はそのまま広い意味での「技術の哲学」となっていたということができる。

プラトンにおいて知識と技術が多くの場合、同義で用いられていることは、たんに両者が区別されていないことのみを意味するわけではない。むしろ両者の密接な連関がプラトンの知識観と技術観に特有の性格を与えている。最も大きな特徴は価値とのかかわりである。知識にせよ技術にせよ、プラトンにとって（究極的には善なる）価値と無関係なものはその名に値するものではないのである。

それでは、知識ないし技術が価値と関係するとは、プラトンにとってどのようなことを意味するのだろうか。以下では、技術に備わる価値関係性に焦点を当てながら、西欧最初の技術哲学ともいえるプラトンにおける技術論の特徴を見ていくことにする。

1　技術・経験・価値

プラトンの知識論が技術論という色彩を強く帯びるのは、プラトンがソフィストたちの主張に立ち向かう場合である。例えば、初期対話篇のひとつ『ゴルギアス』では「弁論術」が話題になっている。ソフィストのひとりゴルギアスは、弁論術は教えることのできる技術であると主張しているが、はたしてそのような弁論術は本来の意味で技術と呼べるかどうか。この点をめぐって、ソクラテスとゴルギアスとの間で白熱した議論が展開される。

ゴルギアスによると、弁論術と呼ばれる説得の技術は、内容が真であろうと偽であろうと、あるいは、善いことであろうと悪いことであろうと、相手を自由に説得できるところにその強みがあるのであり、それゆえ、弁論術とは目的のもつ真偽や善悪の価値とは独立に使える便利な道具だということになる。使用者の思いのままに自由に使える点にこそ優れた技術の力を見いだしうるというわけである。したがってまた、ゴルギアスによると、弁論術を教えられたものがその技術を使って不正をなしたとしても、教えたものや教えられた弁論技術そのものが悪いわけではない（457A）。ところがその一方でゴルギアスは、ソクラテスから問い詰められて、「弁論術を学んだものは同時に正しさと不正の区別についても学ぶので、そのものは決して不正を行おうとはしないはずだ」（460C）という主張を行うことになり、アポリアに陥ってしまう。

このように、弁論術が中立的な道具として使えるからこそ技術と見なしうると考えるソフィストの見方は、今日のわたしたちがしばしば常識的なものと見なしている技術の見方に類似していると考えることができる。したがって、対話篇のなかでソクラテスが一貫して批判しているのは、まさに現代にも共通して見られるこのような「常識的」技術観だということになる。

他方、プラトンはソクラテスの口を通して次のような技術観を提示する。

技術とは、対象の本性を知ったうえで、本性にふさわしい仕方で対象を扱う仕方に関する知識のことであり、したがって、対象についての真理や善の知識にもとづいた対象の扱い方を意味している。それゆえ使用者のそのときの意向に沿って自由に選べるような対象の扱い方は、決して技術とはいえないのである。プラトンによると、そのようなものはせいぜい「迎合（コラケイアー）」の仕事であり、「経験（エンピリア）」に属する事柄である。例えば、医学は、その処置が患者に快感を与えるかどうかとは別に、患者の健康状態自体を明らかにしたうえで、健康にとってよい処置を施すことを行う技術である。それに対して、料理法は食材と料理の仕方がなぜ健康によいのか、どのような仕方で健康によいのかについての根拠を明らかにすることなく、味覚による喜びと食事の快楽のみを作り出すものである以上、「ある種の喜びや快楽を作り出す経験」の一種と見なされる。同じように、もし弁論術が対象にとって何が本来よいのかについての洞察にもとづかず、正しいことを間違っているように見せかけたり、誤ったことを正しいと信じこませたりすることのできる説得の術であるとすれば、それは決して技術とはいえず、たんなる経験の一種にすぎない。この点をソクラテスは次のように述べている。

さあ、それでは、ぼくがこの人たちにも話しておいたことだが、あのときぼくの話していたことは正しかったと君に思われたのであれば、どうかその点は、しっかりと確認しておいてくれたまえ、ところで、あの時の話というのは、こういうことだったように思う。すなわち、料理法は技術ではなくて、経験であるとぼくには思われるが、他方、医術の方は技術なのである。というのは、その一方のもの、つまり医術の方は、自分が世話をしてやるものの本性をも、また自分が取り行う処置の根拠をもよく研究していて、そしてそういったことの一つひとつについて理論的な説明を与えることができるのだが、これに反して、もう一方のものは、快楽――その快楽を目当てに奉仕するというのが、それの行う仕事の全部なのであるが――その快楽へと、文字通り非技術的な仕方で、向かって行くのである。つまり、快楽の本性をも、それの原因をも調べてみることはしないで、全く理論を無視したやり方で、分類して数え上げるようなこともいわば何ひとつすることなく、ただ熟練と経験にたよって、通常よく起こることの記憶を保存しているだけにすぎないのであるが、そうすることによってまた、快楽をもたらすことに成功しているわけなのだ。

(プラトン『ゴルギアス』501A。また462C、465Aも参照)

プラトンはここで技術と経験ないし迎合とを二つの点で分けている。ひとつは、技術の目的が対象の本性にかなった仕方で対処することであるのに対して、経験の目的のほうはもっぱら快楽の実現に向かっている点である。そして第二は、技術が対象の本性についての理論的な説明根拠にもとづいているのに対して、経験の方はそうした根拠なしに、ただ過去の経験を頼りにして場当たり的に行われる点である。

プラトンの技術観、知識観の特徴はこの二つの論点が密接不可分な仕方で結びついている点にある。プラトンにとって、快楽を実現するような能力は、それがどれほど大きな力をもつものであったとしても、それが対象の本性にかなった仕方で使われるのでなければ、つまり、善を目指してなされるのでなければ、無意味なのである。そうした能力を実現する「技術」は行うに値しないし、また、そうした行為を導く「知識」は知るに値しないのである。

ここには、わたしたちの行為はすべて究極的には善を目指した行為であり、快楽を目指したものではないという（ソクラテスと）プラトンの根本テーゼが控えている。プラトンによると、大きな快楽を求め実現する生活とは、ちょうど「人が疥癬にかかって、掻きたくてたまらず、心行くまで掻くことができるので、掻きながら一生を送り通す」ような生活にほかならないからである（494C）。

はたしてわたしたちは、「疥癬にかかって、掻きたくてたまらず、心行くまで掻くことができるので、掻きながら一生を送る」ような人生を送りたいと望むだろうか。それとも、対象にとっても自分にとっても、それらに固有な秩序にかなった最善と見なしうるような人生を送ることを望むだろうか。ここには、「人生いかに生きるべきか」（500C）という人間にとって最も重要な価値にかかわる問題が関係しているのであり、プラトンにとって、技術への問いはこの価値にかかわる問いと密接不可分な問いとして問い続けられるものであり、また、そうでなければならないのである。

2 精密な技術と精密でない技術

先の引用に見られるソクラテスの言葉では、技術に備わる対象の本性についての知識は「理論（ロゴス）」と呼ばれ、そして、技術にはこの「理論」による裏づけが不可欠だと主張されている。現代でも、長年の経験の蓄積にもとづいて成立する料理法に対して、食品科学、医学、生物学などにもとづいて食材に含まれた栄養素を分析し、それぞれが身体の健康へどのような影響を与えるかを解明する栄養学が対比され、しばしば科学的な栄養学にもとづいた料理法の必要性が唱えられる場合がある。こうした点から、プラトンの主張は、現代の技術に関する議論のなかでは、職人の熟練や技などの経験知に対して、科学理論に裏づけされた知識を用いる工学のほうを典型的な技術と見なす考え方の先駆形態だとしばしば考えられている。そしてプラトンの知識観は、理論（ロゴス）を重視した主知主義的な知識観の代表だといわれてきた。実際、プラトンの著作のさまざまな箇所にこうした見方を支持する典拠を見いだすことができる。

プラトンは『ソピステス』『ポリティコス』『ピレボス』など多くの対話篇でさまざまな仕方で技術の分類を試みているが、基本的には、数学を典型とする厳密な知識にもとづく技術に高い位置を与えている。例えば、『ピレボス』では次のような議論がみられる。

ソクラテス　さて、そこで、いまの手を使う技術的なもののうちで、最初によく考えてみたいのは、それらには知識（学問）との関わりの多いものと、少ないものとがあるのではないかということ、そして前者は純粋度のきわめて高いもの、後者はそれの低いものと認むべきではないかということなのだ。

プロタルコス　ええ、そう認めなければなりませんね。

ソクラテス　だとすると、それぞれの知識のうちで、指導的なものを別個に分けて考えなければならないことになる。ね？

プロタルコス　例えばどんなものを、どんなふうにですか。

ソクラテス　例えばすべての技術のうちから、数を数え、量を計り、目方をはかる技術を別にとってしまうとしたら、それぞれの残りの部分は、言ってみれば、つまらないものになるだろう。

プロタルコス　ええ、つまらないものになりますね。

ソクラテス　とにかくその後に残されたものといえば、およそのところを想像することであり、経験を重ね練習を繰り返すことによって感覚を練磨することくらいのものであろう。これには見当をつける能力が用いられるが、多くの人たちはこの能力を技術と名づけている。それは訓練と努力によって身体的な強さをつくり上げるものなのだがね。

プロタルコス　おっしゃる通り、どうしてもそうなければなりませんね。

ソクラテス　ところで、音楽の技術にはそういうところがいっぱいあるのではないかと思う。協和音を合わせるのにも、計りを用いないで、練習にもとづく見当づけに頼り、その笛や琴の術は全体として、それぞれの糸の動くときの度合いを、見当づけだけで探り当てるから、不明確なところがたくさんに混り、確実なものは少ししか含まれていないことになる。

プロタルコス　それはまったく本当です。

ソクラテス　そしてまた医術も農耕の術も、船をあやつる術も軍を動かす術も、同様であるのをわれわれは見るだろう。

プロタルコス　ええ、まったくそのとおりです。

ソクラテス　ところが、建物をつくったりする技術となると、非常に多くの尺度や道具を使うから、それらがその技術に多くの精確さをもたらし、いまあげた多くの技術よりも、それをいっそう技術的なものにする。

プロタルコス　それはどこにおいてですか。

ソクラテス　船をつくる技術や家をつくる技術において、また木工の技術に属する他の多くのものにおいても、それが見られるのだ。なぜなら、思うに定規とぶんまわし（コンパス）を用い、また錘《おもり》やすみ縄、さらにはもっと複雑な秤《はかり》を使用するからだ。（55D）

この引用文に見られるように、技術（知識）は、純粋度、精密度を規準にして、数学を代表とするものと、音楽を代表とするものに大きく二つに分類されている。そして個々の技術に関してはたんに見かけの大きさや形に依拠するのではなく、厳密な測定を用いるものがより高次の技術と見なされる。

技術
- 純粋、精密、指導的：算術、建築、船を作る術
- 行動に密着、不明確、不確実：音楽、医術、農耕、船を操る術

ここに見られる技術の分類は、技術を明確に二分する分類というより、純粋性や精確さという特徴を多く含むか少なく含むかという程度の違いによる分類と考えたほうが実状に近いだろう。いずれにしても、この規準から見ると、ものを作ったり、使ったりする日常生活の関心にもとづく技術に対して、それらから離れてなされる数学のような純粋な「技術」が高次の位置を占め、そのヒエラルヒーの頂点には、普遍的で、不変的な本性（イデア）を言論によって明らかにする技術である「ディアレクティケー（問答術）」が位置づけられる。このような点から見ると、プラトンの技術論（知識論）はまぎれもなく、ロゴス（理論）中心的な主知主義の先駆形態であるということができる。

しかし他方、そのプラトンは『ピレボス』で上のような技術のヒエラルヒーを強調した後で、純粋で精密な数学的技術をもっているだけでは、「家へ帰る道を見つけ」たり、「家一軒建て」たりさえもできないことを認めており、「わたしたちの生活が何としても生活であろうとするなら」不純な技術を必要とすることを指摘している（62C）。どれほど純粋で高級な知識であっても、それが実際の生活で役に立たないなら、知識が十分にあるとは認められないのである。

こうして見ると、たとえプラトンの知識観、技術観のなかに理論中心主義を見いだすことができるとしても、その理論として現代のわたしたちがしばしば考えるような理論、すなわち実践的な使用と切り離された客観的な理論のみが考えられていたわけではないことになる。技術を導く理論は、対象にふさわしい仕方で用いることのできる理論として、最初から価値と結びついていなければならないからである。この点は、製作の技術と使用の技術について展開されているプラトンの議論を見ることによって、さらに明確にすることができる。

3　製作の技術と使用の技術

プラトンは技術と経験を区別する規準として、「理論」による根拠づけのあるなしをあげていた。そしてその理論のなかでは、数学が最も高級なものと見なされている。しかしながら他方、プラトンが技術を経験と区別する場合、必ずしもいつも数学的理論を規準に考えていたわけではないし、また、そうした理論を用いる技術のみを技術の分類の頂点に置いていたわけでもない。

例えば、『ゴルギアス』篇のなかでは、絵の技術や彫刻の技術のように、技術のなかには実際の行動が主になっており、言論をわずかしか必要としないものがあることをはっきりと認めている（450C）。さらに重要なのは、技術と経験との区別の規準としては必ずしもつねに顕在的な理論的知の存否が考えられていたわけではない点である。むしろ多くの箇所では、両者を分ける規準として、最初に見たように、対象を自分の好みや欲望によって勝手な仕方で扱ったり、対象をその見かけだけで判断したりすることなく、対象の本性自体にふさわしい仕方で扱う仕方を知っているかどうかが重要だと見なされている。そしてそのような見方の中心にあるのが製作の技術と使用の技術のヒエラルヒーである。

プラトンは主著のひとつと見なされている『国家』第一〇巻で、技術に関する有名な三分類を披露している。第一が画家や詩人のもっている「真似るための技術」、第二が大工などに備わる「作るための技術」、そして、第三が使用者のもつ「使うための技術」である。例えば、手綱や馬銜《ばかん》のような馬具に関して、それらを描く画家、それを作る職人、そして、それを使って馬に乗る人、それぞれに必要な技術に関して、明確なヒエラルヒーを設け、対象の本性が明らかになるのは使用の場面であることを強調している。馬具が何であり、その善さ、正しさなどを知ることができるのは馬に乗る使用者であり、馬具職人は使用者の判断に従うことによってのみ、道具を製作し改良することができる。そして、画家はもっぱら出来上がった馬具の見かけのみを描くのであるから、知識としては最も低い、従属的位置に置かれる。製作技術に対する使用技術の優位、製作の知に対する使用の知の優位、このような考え方のなかに、技術（知識）と価値との連関というプラトンのテーゼの具体的姿を見ることができる。

この点に関して、『クラテュロス』篇でも以下のような議論がなされている。

ソクラテス　ところで、ある〔任意の〕木材のなかに梭《ひ》のふさわしい形が置かれているかどうかを認識するであろう人は、だれだろうか。製作者である大工だろうか、それとも使用者となる織り手だろうか。

ヘルモゲネス　それは使用者の方である公算がむしろ大ですね、おおソクラテス。
ソクラテス　それではリュラ琴製作者の製作物を使用するであろう者は、だれなのだろうか。それはこういう人、つまり、リュラ琴が作られている途中で、だれよりも上手に監督するすべを知っており、また作り上げられたものを、うまくできあがったかどうか、だれよりも良く識別できるような人ではないだろうか。
ヘルモゲネス　確かにそうですね。
ソクラテス　で、それはだれだろう。
ヘルモゲネス　琴演奏者です。
ソクラテス　また船大工の製作物を使用するであろうものは、だれだろう。
ヘルモゲネス　舵取です。（『クラテュロス』390B．さらに『国家』601も参照）

ここで読者は、ひとつ疑問をもたれるかもしれない。この引用では、使用の技術の優位を示す事例として、舵取りの技術が船大工の技術と対比されている。ところが、前節の『ピレボス』の引用のなかでは、純粋技術の事例として船の製作が挙げられ、不純な技術の例として船乗りの技術が挙げられていた。したがって、『クラテュロス』と『ピレボス』では、技術の位置づけが逆転しているように見える。ここにプラトンの技術論のなかに潜むひとつの不整合を見いだすことができるかもしれない。あるいはむしろ、「プラトンがもつのは多くの声である」というプラトン解釈にかかわる見解を参照するのがよいのかもしれない（アナス 2008: 53 参照)。いずれにしても、ここではこの点に深入りせず、ここで取り上げたプラトンの声にさらに耳を傾けてみよう。

さてそれでは、機織りや船乗りのような使用者が梭《ひ》や船についてもっている知識とはどのようなものだろうか。それらの道具について定義を述べたり、それらの形や材質についての理論を正確に述べたりする知識だろうか。もちろんそう考える可能性も残されてはいる。しかし多くの事例が示しているように、そう考えることには明らかに無理がある。通常の場合、道具についてあれこれどれほど理論的に多く語れたとしても、道具をうまく使いこなせることにはならないからである。機織りが梭をその本性にふさわしい仕方で用いているとき、あるいは、船乗りが船をその本性に最もふさわしい仕方で操縦しているとき、そこで必要となる知識は、具体的で個別的な状況のなかで適切に道具を用い行動する知識であり、G・ライル (1900-1976) の言葉を使うと、言語的に表現される「命題知 (Knowing that)」というより、むしろ、やり方に関する「方法知 (Knowing how)」という方がふさわしいのである (ライル 1987)。

もし以上のような技術に関する解釈が可能だとすると、ものの「本性」に関する知識、つまりプラトンのいうイデアに関する知識は必ずしもいつも明確に言語化できる理論的知識のみを意味するわけではないことになるだろう。

例えばプラトンは、機織りに不可欠な道具である梭を製作する大工は、「梭そのもの」といわれる梭のイデアを見て取りながら製作するのであり、椅子や机といった家具を製作する職人は、それぞれの「イデアに目を向けて、それを見つめながら作る」という言い方をしている（『クラテュロス』389B、『国家』596B）。しかし先の『クラテュロス』の引用文にもあったように、製作者は、実際には、使用者から補助を得てはじめて、イデアに関しての知識を獲得できるのであるから、ここで対象の本性を表す「理論」が問題となるにしても、それはこの場合には使用者によって指示される「理論」ということになるだろう。そのうえ、製作者が製作する場合にも、そのつど具体的な状況のなかでその「理論」を適用しなければならないのであるから、製作者の知識もまた、顕在的な言論による知識のみで済むわけではない。製作者もまた、対象にふさわしい仕方で扱うための「方法知」を必要とするはずである。そして本来の「専門家（エキスパート）」の知識とは、このような意味で、言語化されえない熟練知にあることは多くの論者によって繰り返し指摘されている（ドレイファス／ドレイファス 1987 参照）。もし以上のように考えることができるとするなら、プラトンにとって技術には「理論」の裏づけが必要だということがいわれているにしても、「理論」ということで必ずしも言語化された文字通りの意味での理論を考える必要はないことになる。

ここでは、対象の「本性（イデア）」を識別することが、対象をそれにふさわしい仕方で扱うこと、つまり行動することと密接に結びついている点を強調してきた。このようなプラトンのイデア論解釈が可能であることを理解していただくために、プラトン哲学の専門家の議論を参照しておきたい。例えば、藤沢令夫は次のように述べている。「或る知覚像を例えば〝美〟として判別すること、あるいは〝火〟として、〝机〟として判別するということは、とりもなおさず、その知覚像がほかならぬ〝美〟であり〝火〟であり〝机〟であることに対する感応・反応、あるいは対応・対処・行動――要するに、判別されたそれぞれのものに対してそれぞれの仕方でとるべき基本的態度――への合図を受けとることにほかなりません」（藤沢令夫 1980: 153）。またドイツの哲学者W・ヴィーラントはイデア論を使用の優位という観点に焦点を当てて解釈している。知識や技術的製品が価値と関係するのは具体的状況で使用される場合である。それゆえ、ヴィーラントによると、使用されることなく、役立つことのない技術的製品は作るに値しないし、同様に、そのような知識は知るに値しないのである（Wieland 1982 参照）。

以上のようにして、価値とのかかわりを中心に置くプラトンの技術論に備わる特徴を見いだすことができる。ひとつは、製作に対する使用の優位という見方である。今日では、社会構成主義（第九章参照）の影響もあって、技術に関して使用の文脈の重要性が指摘されるようになってきたが、一昔前までは技術論といえば、もっぱら製作技術のみに焦点が当てられてきた。この点からみると、プラトンの技術哲学はきわめて現代的な面をもっているということさえできる。

第二に、プラトンの技術概念は理論中心主義の面のみをもつわけではない。この点は前節でも少し触れたが、ここで使用技術の優位という点に注目すると、むしろ技術の中核をなしているのは「非命題的」な知のあり方だということさえできることになる。プラトンは決していつも「プラトン主義者」だったわけではないのである。

さてしかし、使用者は製作者より対象の本性をよく知っているとしても、どのようにして使用者はある使用の仕方が対象の本性にかなっていることを知りうるのだろうか。ある技術的製品があった場合、その本性にかなった善い使用の仕方と悪い使用の仕方をどのように区別できるのだろうか。例えば、お勝手の包丁の使い方に関して、料理人が料理に使う使い方は善い使い方であるのに対して、強盗の使い方は悪い使い方であるとなぜいえるのだろうか。

この場合もプラトンの答えはイデアの形成する秩序ということになるだろう。包丁の本性（イデア）はそれ単独で存在しているのではなく、つねに善のイデアとの関係のなかに置かれている。言い換えると、包丁という道具も、最初から、その使用目的と独立には存在しえないあり方をしているのである。そして、包丁とそれに内在的な目的との連関を規定しているのが社会の規範的秩序であり、ひいては社会を含んだこの世界あるいは宇宙（コスモス）の秩序のあり方である。それではこの世界ないし宇宙の秩序はどのように成立したのだろうか。

プラトンの答えは神が作ったのだ、というものである。この宇宙は神が製作したものであるがゆえに最善のものなのである。こうして、技術の価値へのかかわり、というプラトンのテーゼは、神の作った宇宙の秩序に従って生きることを最善とする見方を含意するのであり、宇宙論的スケールをもつことになる。最後に、この点を確認しておこう。

4　技術と自然

プラトンは後期の対話篇『法律』（第一〇巻）で、技術を自然との連関のなかに位置づける議論を行っている。ここでもプラトンの目的はソフィストを含む当時の多くの人びとに受け入れられていた技術観を批判することだった。

当時のギリシャの人びとにとっての大問題のひとつは、「ピュシス（自然）」と「ノモス（人為）」の関係をどう考えるかという点にあった。一般の見解によると、「ピュシス」が人間や事物の「本性」を示し、普遍的で、不変的であるのに対して、「ノモス（法や慣習）」は社会や民族あるいは歴史の違いに応じて変化する相対的なものと見なされた。ここで人間の「本性」をピュシスとノモスのどちらに見いだすか、そして両者のうちどちらに価値を置くかに関して、ソフィストたちの意見が一致していたわけではない。例えば、先に見たプラトンの『プロタゴラス』のなかで描かれたプロタゴラスの場合には、人間にとっては社会を形成する「ノモス」の方が重要だと見なされ、「ノモス」のあり方に人間の本性が見いだされていたが、この見方が代表的だったわけではない。当時の代表的な見方のひとつはカリクレスによるものであり、それによると、「人間の本性に従った正しい生活」とは、動物のように弱肉強食からなる「自然の論理」にのっとったものであり、本来の意味での「正義」は

「自然の正義」であり「強者の正義」であると見なされた。いずれにせよ、この対立はより広く、自然によって生み出されたものと技術によって生み出されたもの、つまり、自然と技術のどちらを重視するかに関する対立と考えられた。そして多くのソフィストたちの見方のもとでは、普遍的な妥当性をもつ自然に関する事柄の方が、相対的な妥当性しかもたない技術的な人為に関する事柄よりも価値が高いと見なされ、技術に関しても、自然の要素を多く含むものに高い位置が与えられた。例えば、医術や農耕の技術は自然の要素を多く含むのに対し、絵画や音楽はその要素が少なく、政治はそれらよりもさらに少ないため、技術としても低い位置に置かれた。技術的に作られたものは自然的に成立したものより、それぞれのものの本性に従っていない点で真理の度合いが少ないというわけである。

以上のような一般的見方に対して、プラトンは、そのような自然観や技術観を首尾一貫して展開するとかえって矛盾に陥ることを指摘し、むしろ、根源的な次元では、自然と技術は統一的にとらえられることを強調した。その場合にプラトンがもち出すのが、自然物もある意味では技術的に製作された「人工物」（ただし神（ないし魂）によって製作された「人工物」）であるという論点だった。プラトンの議論は後に「デザインにもとづく議論（argument from design）」と呼ばれることになる議論に類似したものであり、議論の根拠としてあげられるのは、自然界に見られる運動のあり方である。

第一に、運動が可能であるためには、その始まりを前提せねばならず、したがって、他から動かされずに自らを動かすことのできるもの、つまり「魂」の存在を前提しなければならない。それゆえ、最も根源的な意味で存在しているもの、つまり、言葉の本来の意味で「ピュシス（自然）」といえるのは魂であり、すべての自然界の運動と形象もこの魂によって技術的に製作されたものと見なされねばならない。さらに第二に、自然界の運動の代表として天体運動の示す規則性、ないし「円」のような「完全な」幾何学的性質があげられる。プラトンによると、「もし天と天のなかに存在するすべてのものの軌道や運行全体が、「知性」の運動や回転や計算と同様の性質のものであって、それと類似した仕方で行われているのであれば、その場合には、最善の魂が宇宙全体を配慮していて、……宇宙全体を導いているのだといわなければなりません」（『法律』897C）、ということになる。

以上の議論は厳密な論証とはいいがたいが、いずれにしてもプラトンにいわせれば、ソフィストたちのいう「自然」自体が技術的に成立したものと考えられ、それゆえ、根源的な次元では自然と技術とは対立したものとは考えられなくなるのである。ただし、ここでプラトンのいう技術は先にも見たように、事物の「本性」に従って製作を行う技術であり、決して、社会や歴史のあり方に応じて相対的に変化するものではない。そして同じことが、法律や政治、そして倫理などさまざまな「技術的人工物」に関しても当てはまると見なされる。こうして、いわゆる「自然」としてわたしたちに与えられている宇宙も、さかのぼって考えるなら、魂（神）によって「技術的」に、つまりその本性に従って最善の形で製作されたものと見なされることになり、それゆえ、「自然に従う」ということは「最善の秩序に従う」ことと同義になるのである。

以上のようにしてプラトンの世界観のなかでは技術概念を中心に、自然の秩序と人間の秩序、自然の生成物と技術的な人工物が統一的な連関のうちに置かれることになる。プラトンの言い方を使うとつぎのようになる。

すべての生成は、宇宙全体の生に幸福がもたらされるようにという、そういう目的のために行われているのだ。……その証拠に、たとえば、医者や技術の心得のある職人の場合を考えてみたまえ。彼らは誰も、ある全体的な目標のために何事をも行っているのであって、つまり全体としての最善を目指して努力しながら、部分を全体のためにつくっているのであって、全体を部分のためにつくっているのではないからである。……君の場合にも、宇宙全体にとって最善となるようなあり方をすることが、君と宇宙とは生まれを共通にするものであるがゆえに、君自身のためにも最善となるのだ。（『法律』903C-D）

このような考え方のもとでは、人間の技術的行為が、宇宙の秩序に反するものであること、つまり反自然的であることは、それがものの本性に従ってなされるものである限り、ありえないのである。こうして、技術と価値との統一というプラトンの観点の背景には、価値的秩序を内在化した世界ないし宇宙（コスモス）という世界観、自然観が控えているのである。そしてこのスケールの大きな、技術と自然との統一という観点をさらに一貫して体系化しようとしたのがアリストテレスの技術観、自然観であった。

第三章　自然の模倣――古代：アリストテレス

技術という概念はその適用範囲が広いこともあり、さまざまな対概念との対比のなかでその意味が規定されてきた。本書でも取り上げている技術と人間、技術と科学、技術と社会、といった対比、さらには技術と芸術といった概念対などがよく知られている。なかでも、技術は、自然物の加工や人工物の製作にその本性が見いだされることが多いために、自然と人為、あるいは、自然物と人工物という概念対のもとでしばしば理解されてきた。

とりわけ人間の力に対して自然の威力が圧倒的に大きいと思われた時代には、この自然と技術との対比が技術をとらえる最も基本的な概念枠組みとして用いられた。ただし、ここで技術との対比で考えられる自然としては、必ずしも近代的自然観で問題になるような、たんなる物質としての自然が考えられてきたわけではない。すでにプラトンに即して見たように、古代ギリシャでは、自然はたんに製作にかかわる事柄としてのみではなく、人間の実践に方向づけを与える価値的な体系（コスモス）としても考えられていた。そのため、人間の技術もまたこのコスモスとしての自然のなかで意味を与えられ、その秩序に導かれるものと理解されていた。技術はあくまでも、自然の秩序の内部で、その秩序に従って実現可能なものだと理解されていた。その意味で、「自然のなかの技術」、あるいは、「自然を模倣する技術」という技術観が基本を作っていた。この点は、プロメテウス神話から、プラトンやアリストテレスに至るまで一貫している。

ところが、このような自然と技術についての見方は中世を経て近代に至ると大きく転換される。むしろ「自然の模倣」から「自然の支配」へ逆転されたということもできる。以下ではこうした歴史的変遷の意味を考えていくことになるが、まず本章では出発点として、古典ギリシャの自然観・技術観の集大成ともいえるアリストテレス（前384-前322）の見方を概観しておきたい。

1　プラトンとアリストテレス

しばしば古代の代表的なふたりの哲学者の特徴を示すために、プラトンは数学を重視したのに対して、アリストテレスは生物学を重視した、といわれることがある。ここで注目したいのは、この学問観の違いが技術観にも影を落としている点である。プラトンは精密な設計図に従って建物を構想する建築家に技術の範例を見たのに対して、アリストテレスは生物が自分の子孫を残すために、雄が雌の体内へ精子を送り出して新たな個体を製作する過程に、職人が道具を使って家の形相を材料のなかに現実化する技術の過程のモデルを見いだした。そして、アリストテレスが人間の技術を文字通り「自然の模倣」という仕方で自然の内部に位置づけたのに対して、プラトンは、自然もまたイデアに従って神または魂によって技術的に製作されたものと見なしている。このような点にもとづいて、プラトンのなかに自然に対する技術の優位という観点を見る論者もいる（坂本 1986 参照）。しかしながらすでに前章で見たように、プラトンの場合も、自然と技術は対立的にとらえられていたのではなく、〈神に製作された自然〉と〈人間に製作された人工物〉とはイデアを介して連関しており、両者は統一的にとらえられていたと見なしうる。この点から見ると、プラトンの技術観は、共通の原理によって自然と人工物を統一的にとらえる見方を提出した点で、アリストテレスの見方に対する先行形態であったと考えることも可能である。

ただし、プラトンの見方のもとでは、人工物の位置に関して必ずしもはっきりしないところが残る。というのも、例えば机や椅子などの人工物を作る場合にも人間の技術が従うのはそれらのイデアであるとすると、そしてイデアは不変なものとして存在し続けるものだとするなら、何ゆえ神（ないし魂）が自然を製作したときに、同時に机や椅子などの人工物をも作ってしまわずに、人間の製作のために残しておいたのだろうか。もしこの宇宙が完全であるとするなら、イデアに対応するものはすべて（神によって製作され）存在しているはずであるし、他方、もし、人工物に対応するイデアが存在しないとするなら、人工物は多くのソフィストたちのいうように、自然に対して劣った存在ということになってしまうはずである。

ここからイデア論をめぐるよく知られたひとつの謎が生じることになる。アリストテレスは『形而上学』のある箇所で、プラトン（学派）は、家や指輪のような人工物のイデアは存在しないと主張している、と報告している（『形而上学』第一巻第九章、991b)。プラトンが多くの代表的著作のなかで楽器や船などさまざまな人工物のイデアについて語っている点を考えるなら、このようなアリストテレスの報告は驚くべきことである。しかしいずれにしても、イデアを中心にしたプラトンの見方のなかには簡単には整合的に解釈できないひとつの緊張が含まれていることは否定できないだろう。アリストテレスは、必ずしもこのような問題を主題的に引き受けたわけではないが、自然的な生成物と人工的な製作物の区別と連関を独特の仕方で解釈することによって、プラトンの見方に含まれていた「困難」に一定の解答を提示していると考えることができる。以下ではこのような点を考慮しながらアリストテレスの技術論の特徴を見ていくことにする。

2　アリストテレスの技術論

(1)　手と技術——知性の自然性

プラトンの対話篇『プロタゴラス』で語られたプロメテウス神話では、人間に備わる技術の起源は、動物と比べて人間が生きるための能力を欠いた一種の欠陥生物である点、そしてその欠陥を補うために神から授けられたものである点に見いだされるように描かれていた。この見方では、人間の知性と技術は人間を動物から根本的に区別する特徴と見なされることになる。それに対してアリストテレスは、人間の活動はむしろ動物との連続のなかでとらえられねばならないと主張することによって、このような見解を批判している。

例えば『動物部分論』（第四巻第一〇章）では次のような議論がなされている。人間の体は動物のものに比べて出来の良くないものだという人びともいるがこの見解は正しくない。というのも、動物の場合には、それぞれ保身のための固有の武器を備えているが、それらはいつも身につけていなければならず、取り替え不可能であるのに対して、人間の場合には、欲する武器を欲するときに身につけることができるからである。例えば、人間の手はさまざまな道具や武器を手にすることによって、爪にもなるし、蹄にも角にもなり、また鋸や剣などの武器にもなる大変便利な使い方のできるものである。このように、人間の体は決して他の動物に比較して劣ったものではなく、むしろ他の動物にはない手というものが備わっていることにも示されているように、人間の知性の特有性と優秀さを表現しているのである。

以上のように、アリストテレスは人間の固有性を身体構造と連関させてとらえており、ここに、一種の「生物学主義」ないし「自然主義」の傾向を見てとることができる。ただし、この自然主義は現代の多くの自然主義とはずいぶん趣を異にしている。第一に、アリストテレスの自然主義は還元主義ではない。第二に、自然そのものが固有の目的を目指して活動を行うと見なされており、目的論的自然観がとられている。これらの観点は、知性と身体の関係について、アリストテレスがアナクサゴラスの「自然主義」を批判する議論のなかに明確に示されている。

古代ギリシャの自然学者アナクサゴラス（前500頃-前428頃）は、「ヒトが動物のなかで最も賢いのは手をもっているせいだ」と主張した。人間の知性の「根拠（原因）」はその自然的な身体構造によって説明されるというわけである。それに対してアリストテレスは、「ヒトは最も賢いから手を得たのだ」と主張する。というのも、手を使いこなす技術をもたないものが手をもっていても、ちょうど笛を吹く技能をもっていないものが笛をもっているのと同様に、むだになってしまうからであり、自然は何物もむだに作ることはしないものだから、このようなことを生じせしめないだろうというのである。アリストテレスのいう自然は、プロメテウス神話のエピメテウスのような失敗を行うことのない完全な存在と見なされているということもできる。

アナクサゴラスとアリストテレスの対立は、器官が先か機能が先かに関する対立と考えることもできる。アナクサゴラスは器官があってはじめて機能が成立すると主張するのに対して、アリストテレスは機能が先だと主張する。もちろんアリストテレスも器官がないのに機能だけが存在しうることを認めているわけではない。したがって、実際の生成過程を考えるなら、まず器官があって、それから機能が成立することになる。この点は、個体発生の場合も系統発生の場合も同様であろう。にもかかわらずアリストテレスによると、生成の順序は本性上の順序と一致するわけではないのである。アリストテレスの有名な言葉を使うと、次のようになる。

ところで、生成における順序と実体における順序は逆なのである。というのは、生成においてより後のものは本性上はより先のものであり、生成において最後のものが本性上は最初のものなのである。現に、家は煉瓦や石のためにあるのではなく、これらが家のためにあるのであり、他の質料についても同じことである。(『動物部分論』646a20)

言い換えると、家は煉瓦や石においては「可能性」にとどまっており、技術の力によって本来の目的に到達することによってはじめて「現実性」へと移行する。そしてアリストテレスにとっての第一の意味での原因は目的因(かつ形相因)としての家であり、決して、家を作るための作用因や質料因(この場合は煉瓦や石)ではない。この意味で、身体の各器官の存在にとって第一の原因は、それらが担っている機能(つまり器官がそのためにある目的)であって、個々の器官ではないのである(『動物部分論』645b15)。

以上の概念装置を使うと、先に見たプラトンにおける人工物のイデアをめぐる問題に一定の仕方で答えることができる。家のような人工物は、その材料である煉瓦や石が存在しているときにはまだ存在していないが、それは現実的には存在していないという意味であり、家というそれらの目的の方からみると、可能的には存在していることになる。このような点で、自然的生成物と技術的生成物は、前者が後者の可能性、後者が前者の現実性という仕方で目的論的に連関している。そしてアリストテレスにとって、宇宙(コスモス)に存在する自然の全体はこの意味での可能的なものをも含んでおり、したがって、人間の技術的営みとその製作物も、可能的な仕方で最初から自然のなかに含まれているのである。この点を自然物と人工物の存在の仕方の区別と連関という点からもう少し詳しく見てみよう。

(2) 自然物と人工物

アリストテレスは『自然学』（第二巻第一章）のなかで、存在者を自然に属するものと技術によって成立するものとに分けている。前者は、運動と停止の原理を自らのなかに含むものであり、動物、植物、そして単純な物体である土、火、空気、水などが属する。他方、技術によって存在するものは、変化への原因を自らのうちにではなく、その外（例えば、それを製作した技術者）にもっている。

ここで、土や水などの元素が自然に属すると見なされているのは、アリストテレスの宇宙観のもとでは、宇宙のなかにはそれぞれの元素に固有の位置が備わっており、それら元素はそれぞれ固有の位置へ向かって運動する傾向を備えていると考えられているからである。また、人工物がそのような傾向をもっていないのは、例えば、家具を土に植えても、そこから家具が自然には生じてこないからだといわれる。こうした点で、アリストテレスの場合には、自然物と人工物は存在論的に（根本的に）区別されている。

この点で、アリストテレスの自然観・技術観とプラトンの自然観・技術観とは明確に異なっている。少なくとも、プラトンで見たような、技術と自然とを（神における）製作という観点から統一的に見るような見方はアリストテレスでは考えられていない。

にもかかわらず、アリストテレスの場合にも、両者は決して対立的にのみとらえられているのではなく、類比的な仕方で統一されている。アリストテレスは以下のように述べている。

> たとえば、もし家が自然によって生成するものの部に属するとすれば、それはあたかもそれが現にいま技術によってあるように、そのように生成するであろう。そして、もし自然によっての事物が、ただに自然によってのみならず、技術によっても生成するとすれば、それらは、それらが自然的にあるのと同じような仕方で生成するであろう。だから、〔こうした生成過程において〕先のものは後のもののために〔生成するの〕である。ところで、一般に、技術は一方では、自然がなしとげえないところの物事を完成させ、他方では、自然のなすところを模倣する。そこで、もし技術に従ってできたものがなにかのためにであるとすれば、明らかに、自然に従ってできた物事もまたそうである。なぜなら、技術に従ってできたものにおいても、自然に従ってできたものにおいても、先のものと後のものとの相互の関係は同じであるから。（『自然学』199a10）

この引用で述べられている「一般に、技術は一方では、自然がなしとげえないところの物事を完成させ、他方では、自然のなすところを模倣する」という言葉は、アリストテレスの技術観の基本を示すものであり、その後、「自然の模倣」としての技術という標語として長く伝えられていくことになる。

（3）活動と知のヒエラルヒー

現代のわたしたちは、「技術」という言葉を、多くの場合、道具を作ったり使ったりする人間活動のあり方や、それらの活動に備わる知識の形態を意味するために使っている。つまり、技術という言葉は、例えば、知覚や科学あるいは政治など、さまざまな他の種類の活動や知識との対比のなかで、道具の製作や使用に固有な活動や知識を表すために用いられている。現代では自明視されているこのような技術概念の分類を行った先駆者がアリストテレスである。プラトンにおいては技術と知識という二つの概念がほとんど同義に用いられていたのに対して、アリストテレスは技術をさまざまな知識のなかのひとつとして明確に分類することを行ったのである。

以下では、アリストテレスがおもに『ニコマコス倫理学』（第六巻第二章以下）のなかで示した知識の分類を参考にして考えてみよう。

アリストテレスは、人間の活動をまずその対象の性質を規準にして大きく理論（テオリア）と実践（プラクシス）に分ける。理論の対象は「他の仕方ではありえない（必然的）」という性質をもつ存在者であり、実践の対象は「他の仕方でありうる（偶然的）」という性質をもつ存在者である。前者は、他の仕方がありえない以上、選択の対象にはなりえないものであり、例としては、神、数学的存在、あるいは自然などが含まれる。後者は、他の仕方がありうるため、選択の対象になりうるものであり、さまざまな行動や人工物が属する。そしてこの後者の実践の方がさらに、狭義の「実践（行為）」と「製作（ポイエーシス）」とに分類される。例えば、人に親切な振舞いをするという道徳的行為や、あるいは、散歩をしたり（都市国家「ポリス」における）政治活動をしたりといった活動は、それ自身が目的となる活動であり、「行為」と見なされる。それに対して、家を建てる活動やどこかへ出かける活動などは目的をそれ自身の外にもっている活動であり、「製作」と見なされる。さらに、こうした活動の区分に対応して、それぞれの活動を導く知のあり方が分類される。

理論的活動を導く知には「エピステーメー（学知）」、「ヌース（知性）」、「ソピアー（知恵）」が属し、行為を導く知は「プロネーシス（賢慮）」、そして製作を導く知は「テクネー（技術）」と呼ばれる。このなかで、学知は原理にもとづく論証を伴う知識で、現在わたしたちが学問的知識として理解しているものに大体対応していると思われる。そして、原理についての知識にかかわる能力は、知性と呼ばれ、さらに、「知恵とは知性と結びついた学的理解［学知］であり、もっとも貴い事柄［神的な事柄］を対象とする、いわば「頭部を備えた学的理解」である」といわれている（『ニコマコス倫理学』1141a16）（図3参照：本書ではこの後、理論的学知を典型的に表す言葉としてエピステーメーを用いる）。

ここで重要なのは、以上の区分は人間の活動に関する目的論的な連関によってヒエラルヒーをなしている点である。目的を外にもつ製作に対しては目的を含む行為が先行し、目的内在的な活動のなかでは、対象のあり方をそのまま見て取る活動である理論（ないし観想）こ

人間の魂の活動	対象	知／学問の形態
a．テオリア(観想)	他ではありえないもの 必然的存在	エピステーメー／ヌース／ソピアー 自然学，数学，神学
b．プラクシス	他でありうるもの 選択意志の対象	
プラクシス(行為)	(目的を内在)	プロネーシス／ 政治学，倫理学
ポイエーシス(製作)	(目的が外在)	テクネー／ 製作技術，弁論術，詩学

図3　活動と知識の分類

そが最も自己充足的な活動であり、最も幸福な生のあり方と見なされる点である（『ニコマコス倫理学』1139b-1141b、1177a、『形而上学』982b、1025b-1026a、『エウデモス倫理学』1216b)。

こうして、理論、行為、製作という活動の目的論的階層区分に対応して、理論知であるエピステーメー／ヌース／ソピアー、実践知であるプロネーシスとテクネーからなる知のヒエラルヒーが完成する。この知の区分と順序づけは、前章で見たプラトンの知に関するヒエラルヒーをさらに整備したものといえるだろう。しかし他方で、この新たなヒエラルヒーによって明らかに意味の変換が起こっていることも見逃せない。というのも、プラトンにおいては、たしかに理論的知識が重視されていたが、しかし、そのような理論的知であってもそのモデルは、例えば数学を使って建物を建築するといった技術的活動に見いだされており、決して、技術から切り離された観想のようなものとは見なされていなかったからである。神ないし魂も自然の「製作者」であった。それに対して、アリストテレスの場合には、自然自身が運動の原理を自らに内含している以上、人間の技術的活動は自然に対して文字通り二次的とならざるをえない。この点で、プラトンからアリストテレスへの移行によって、技術から自然へ、あるいは技術から観想へと重点の移動が生じたと解釈することも不可能ではない。

例えば、技術史家の坂本賢三は次のように述べている。「このように、プラトンはエピステーメーとテクネー、認識と制作、科学と技術を一つのものとしてとらえていたのであって、近代に見られるような科学と技術の峻別・対立はそこにはない。……科学と技術、自然と技術を峻別し、技術の方を低く見る態度はアリストテレスから始まったのである」(坂本 1986: 11, 14)。

さらに大きな変換は、技術概念自体に関しても見られる。アリストテレスにおいては、技術の目的はその外部にあるため、技術自身が価値に本質的に関係するというわけではなくなるからである。価値的評価にかかわるのは、実践的行為であり、技術自体はむしろ価値中立的活動と見なされる。こうして、現在のわたしたちが抱いている技術観のおおもとが作られることになる。

以上のような事情が見られるにもかかわらず、現在の時点から振り返って見るなら、アリストテレスの自然観と技術観にも積極的観点を見いだすことは必ずしも不可能ではない。というのも、アリストテレスにおける目的論の体系は、技術活動をそのなかに位置づけることによって、技術が秩序を破壊するような自己運動を起こさないように強力な縛りをかける役割を果たしているとも考えられるからである。そして、目的論の最高位に位置する観想という活動は、一見すると何もせず、自然の動きを眺めているのみの無為な活動のように見えながら、実は、そのような活動こそ最も「活動的」で、最も幸福な生活を体現するものであることが強調されている。

もちろん、このような観想に関する見方は、物作りや生活のための労働を奴隷階層や女性たちにゆだねていた古代ギリシャのポリス社会にはいかにもふさわしいものであり、当時の社会構造をよく反映していると考えることもできる。しかし、観想、行為、製作という活動を相互に排他的に見るのではなく、わたしたちの生活を構成する三要素と考えて、善く生きるためには、それらの間にどのような秩序を与えるのがよいのか、という点から考えるなら、ここに一定の生き方の指針を見て取ることも不可能ではないからである。

観想という生のあり方は、全自然、全宇宙に内在的な目的論の体系のなかで他の存在者とともに生きることであると同時に、全自然の活動に究極的な意味を与えている神的なものに関与するという点で、目的論の極限に位置するものと見なされている。こうして見ると、自然の技術と人間の技術、あるいは自然の目的論と人間の目的論を統一的にとらえるアリストテレスの体系は、自然と人間の「共生」を原理としているという点で、一種のエコロジカルな形而上学と考えることも不可能ではない。自然と人間がともに生きている全自然のなかで「善く生きる」という実践の最高位を占めるのが観想であるとすれば、わたしたちの生活が幸福なものであろうとするなら、この観想を頂点とする目的論の秩序を導き手として生活することが不可欠だということになるだろう。

第四章　形の生産――中世：キリスト教

技術のなかにはいかにも「自然の模倣」と呼びたくなるようなものがある。その典型例は農業技術である。春に穀物の種を蒔き、秋に収穫する、あるいは、冬に球根を植えて、春に芽が出るのを待つ、といった営みは、まさに自然が実現する生命的過程をうまくまねて利用する技術に依存している。

それに対して現代の技術のなかにはむしろ「自然の模倣」という原理からの脱却によってはじめて可能になったと思われるものが多い。例えば、航空技術を考えてみよう。飛行機発明の歴史はさまざまな試みに満ちているが、例えば、レオナルド・ダ・ヴィンチ（1452-1519）による努力が有名である。レオナルドは鳥の飛翔の様子を細かく観察し、それをもとに人間の飛行の可能性を探究した。鳥の飛行原理は、羽を動かすことによって前進と上昇を一度に行う点にあり、レオナルドの努力やその後の設計は、基本的にはこの原理の模倣を目指したものだった。それに対して、ライト兄弟は、上昇力を得るためにはそれまでのグライダーによる実験で得た知見にもとづいて主翼の構造を設計したが、動力としてはプロペラを用いた。このように、二〇世紀の航空技術では、前進の力と上昇の力はまったく別の原理で実現されるような設計がなされている。また、プロペラを用いた動力機の使用は、鳥を含めて生物の運動をモデルにしたものではない。マンフォードによれば、連続回転運動は無生物の特徴であり、反対に往復運動は生物に見いだされる唯一の運動形式であり、したがって、「近代を特徴づける技術進歩は往復運動から回転運動への移行である」という言い方さえできる（マンフォード 1972: 105）。この点からみても、航空機を代表とする現代技術の発明が自然の模倣からの脱却にもとづいたものであることが理解される。

はたして飛行機の設計に鳥たちの飛翔の様子がまったくヒントになっていないかどうかには疑問が生じるかもしれない。例えば、風力抵抗を減少させる設計を行う場合、鳥や魚の形態を研究することは不可欠になっている。しかしこのような事情があるにもかかわらず、近代技術の多くでは、最も基本的な原理のところで、自然の模倣から大きく転換した契機を含んでいることは間違いない。このような飛躍をもたらした自然と技術に関する新しい考え方はどのようにして生まれたのだろうか。

1　中世キリスト教のもとでの信仰と労働

古代と近代に挟まれた中世という時代は、社会の動きが停滞した暗黒時代である、という見方がしばしばなされてきた。実際、キリスト教が支配した西欧中世は、大飢饉、十字軍の遠征に見られるような異教徒との争い、異端派への酷烈な弾圧、解放を求める農民たちへの弾圧、そしてペストの大流行など、およそ産業の発展や啓蒙思想あるいは民主主義的な社会制度とは懸け離れた暗い時代のあり方を示しているように見える。しかしながら最近ではこのような中世に関する歴史観はずいぶん修正され、例えば、近代科学の成立にとって中世のキリスト教的自然観が重要な役割を果たしたといわれるようになってきた。とりわけ技術という点から見ると、中世は大きな飛躍を経験した時代であったことが知られている。

例えば、ベネディクト修道会の創始者である聖ベネディクトゥス（480頃-547頃）が、修道士たちに畑や仕事場で働く義務を課したことは、労働に関する伝統的な見方の革命的な逆転といってもよい出来事だった。というのも、ベネディクトゥスの見方のもとでは、古代ギリシャの奴隷制のもとでは貶められていた手を使った労働がたんなる必要悪として認められていたのではなく、「労働することは祈ることである」という考え方によって、労働の価値が高く評価されていたからである（ホワイト1972: 65f.）。そしてこのベネディクト修道会の精神と制度は中世の修道会の基本骨格となったのである。

さらに、一三世紀から一四世紀にかけての中世後期に活躍した中世神秘主義の代表者であるマイスター・エックハルト（1260頃-1328頃）を取り上げることもできる。エックハルトは、その説教のなかで、日々の生活に必要なさまざまな仕事に従事することが敬虔な祈りや内面への沈潜などと比較して劣っているわけではないどころか、むしろ後者よりも神に近づく道であることを強調して次のように述べている。「時間的世界に属する業作はその高貴なること神への没入に劣らないのである。なぜならそれは、われわれをば与りうべき最高の恍惚……にも負けない程度に神に固く結びつけるからである」（エックハルト1985: 286）。

さらに別の説教では次のように述べている。

わたしはあえていいたい、もしお前がお前の仕事をば、あるいは天国のためとか神のためとか自身の永遠の浄福のためとかいうふうに、何らかほかのものを起点としてなすならば、実にお前は正しくないと。その場合人びとはなるほどお前を認めるであろうが、それは決して最善ではないのである。カマドの火のそばやウマやのなかにおけるよりも、内面への沈潜や敬虔な祈り、甘美な恍惚状態や特殊な没入状態のなかにおいての方がはるかに近く神に接することができると思う者は、神をとらえてその頭にマントをかぶせ彼を腰掛けの下に押し込めてしまうようなものである。(エックハルト 1985: 305。さらにリーゼンフーバー 1991: 232 も参照)

ここで述べられている「神への没入」をアリストテレスが述べていた観想とただちに対応させることは問題かもしれない。しかし引用文のなかでは、それが働くことである技術的作業との対比概念として用いられている点を考慮するなら、エックハルトの主張のなかに精神活動と身体的な活動、あるいは、観想的生活と活動的生活とを連関づけ、さらには、その順序を逆転させることが示唆されていると考えることができる。そしてその点では、ここに観想から製作への転換の方向を見ることは不可能ではないし、また、「プロテスタントの倫理」にはるかに先行する形で労働のエトスを見ることも不可能ではないだろう(ヴェルテ

2000: 190f. さらに Fischer 1990: 279 参照)。

2　中世ヨーロッパにおける技術の発展と技術観

さらにまた、具体的な技術や産業の発展という点でも、中世はさまざまな分野で大きな変動と飛躍が見られた時期だった。例えば、六世紀から九世紀の北ヨーロッパでは、重量犂《すき》を使うことによって、それまで不可能だった土地でも耕作が可能になり、農地が飛躍的に拡大した。一一世紀頃までには蹄鉄のような近代的な馬具が使用されるようになり、馬を使った農業が可能になったのに加え、「中世西ヨーロッパ最大の農業革新」と呼ばれる三圃制輪作(地力の低下を防ぐため、土地を三分割してそれぞれの季節で違った使い方をする輪作農法の一種。ホワイト 1985: 86f. 参照)の普及によって農業生産力が大きく拡大した。こうした生産力の増大によって、農民の購買力が増大し、余剰食糧が生じ、都市化の動きが可能になった。都市は職人や商人が活躍する場となり、そこに新たな社会と産業の体制が生まれることになった。

このような技術革新とそれに伴う生産力の拡大と産業構造の変化は、一一世紀以降、中世の後半になると、新たな動力源の使用とさまざまな「機械」装置の開発によってさらに推進される。

「産業革命」といえば、一八世紀から一九世紀にかけて、石炭を主なエネルギー源とし、蒸気機関を動力源とすることによってイギリスを先頭として起こった産業の飛躍的な発展過程のことを意味するのが普通である。しかし、中世後期に生じた生産力の拡大とさまざまな産業の発展もまた、しばしば「産業革命」と呼ばれている。中世の産業革命の推進力となった動力源は、水車と風車だった。一一世紀から一二世紀にかけてヨーロッパでの水車や風車の数は飛躍的に拡大した。そしてそれらを使って、揚水、石臼による製粉、金属板の圧延、切断、鉱山での排水、鉱石の破砕などさまざまな作業が行われた。また、溶鉱炉へ大量の空気を送り込むために用いられた水力ふいごによって、鋳鉄技術が確立し、それが、鉄砲の発明や金属活字による印刷技術の成立を可能にした（レイノルズ 1989）。

中世の機械技術のなかで象徴的な役割を果たしたのは時計である。機械時計がいつ頃発明されたのかはよく分かっていないが、少なくとも一四世紀の中頃には重錘駆動の機械時計がよく知られるようになっており、多くの大聖堂では天体の運動を表現する大型の機械時計が設けられた。

この機械時計の発達にも、ベネディクト修道会が重要な役割を果たしたといわれている。というのもベネディクト修道会では昼夜を問わず決められた時間に礼拝を行うために、正確な時計が不可欠となっていたからである。例えば、マンフォードは次のような述べ方までしている。「時間を守ることと時間的秩序の習慣——それこそは現代の資本主義文明がやがて上手に利用したことではあったが——それらが人間の心を支配したのは、規則正しい祈りと信心とによって久遠における魂の幸福を得たいというキリスト教の願望によるのではないだろうか」(マンフォード 1972: 27)。このマンフォードのテーゼをどこまで認めるかについては、さまざまな見解があるだろうが(Landes 1983 参照)、いずれにしても、このような規則正しい生活によって機械時計の必要性が生じ、逆に、機械時計の普及によって生活のリズムが律せられるといった過程を通して、季節ごとに昼と夜の時間が変化していたそれまでの「不定時法」が「定時法」に取って代わられることになった。とりわけ生産活動や商業活動が活発に行われるようにもなった都市での生活にとって、時計は必需品となったのである。

しかし、機械時計はそのように生活上の具体的役割を果たしたのみではなく、「象徴的」役割をも果たすことになった。というのも、人びとは機械時計によって時間を計ったのみならず、時計の規則的な動きのなかに天体を中心とする宇宙の動きを見て取っていたからである。時計は宇宙を表現する隠喩として用いられたのである。そしてこの隠喩(メタファー)が形而上学(メタフィジックス)に代わるのにそれほど長い時間を要しなかった。実際、機械的自然観の源流のひとつは中世に発明された機械時計にあったといわれている(ホワイト 1985: 142)。

こうしてみると、中世は技術の発展の時代であると同時に、技術と自然の関係の見方に関しても古代ギリシャの見方が根本的に変換されるうえで重要な役割を果たした時代だったと考えることができる。技術史家のL・ホワイト(Lynn White Jr.)は特に中世後期に関して次のように述べている。

中世後期、だいたい西暦一〇〇〇年から一五世紀末までの時代は、自然力を人間の目的のために機械として利用しようとする努力の歴史のなかでも、決定的な発達期であった。それ以前には経験的に手探りで行われていたことが、人間の周囲に存在するエネルギーを捕捉し支配するように設計された、意識的かつ広汎なプログラムへと、加速度的に転換されていった。近代西ヨーロッパの特徴の一つである省力的な動力技術は、中世に起こった、人間の自然に対する態度の変化のみならず、中世に実現した特定の成果にも少なからず依存している。デカルトが『方法序説』（一六三七年）の終わりのほうにある有名な一節で、「われわれは火や水や空気や星や天や、その他のあらゆる外界の物体の力と作用を認識することによって――われわれが職人のさまざまな技能を理解するようにそれらをはっきり理解して――これらの力を職人技能の場合と同様、さまざまな適切な用途に応用することができるであろう。そうすることによって、われわれ自身が自然の支配者となり所有者となるであろう」と書いているのは、決して新しい提言ではなかった。むしろ、これはすでに数世代にわたって多くの技術者たちの野心を支配して、しかも長い期間にわたって注目すべき成果を上げてきたプログラムを表現したものであった。（ホワイト 1985: 99）

ホワイトはさらに、こうした中世観から帰結する見方を「現在の生態学的危機の歴史的根源」と題された有名な論文（ホワイト 1972 第5章）で示唆している。ホワイトによると、現在、生態学的危機という言葉で問題になっている諸現象の起源は一九世紀後半に起こった科学と技術の結合という事態にあり、さらに、それら科学と技術の起源をさかのぼれば中世に至るのであり、「キリスト教はとてつもない罪の重荷を負うている」のである（ただしホワイトは同時に、キリスト教の伝統のなかには、アッシジの聖フランチェスコのように現代の生態学主義の先駆者ともいえる自然観をもっていたキリスト者もいたことを指摘することも忘れてはいない）。

3　自然の模倣からの脱却

以上のように考えることができるなら、キリスト教の観点のなかには、アリストテレスに典型的に見られる理論と製作に関するヒエラルヒーを大きく逆転する契機が含まれていたといえるだろう。少なくとも中世において、転換への方向へと大きく舵を切ったということはできるだろう。また、中世を通して農業技術や機械技術が古代に比較して飛躍的に発展したことは歴史家が認めている。しかしながら、これらの事実は技術観が中世において「自然の模倣」から「自然の支配」へと大転換したことをただちに帰結するだろうか。必ずしもそう簡単ではない。というのも、たとえ労働と手仕事の位置が高められ、修道士によって理論的な学と技術的な知とが結びつくきっかけが生み出されたとしても、技術による活動がなぜ「自然の模倣」という規定から解放されることになるのか、必ずしも明確ではないからである。例えば、機械時計にしても、大聖堂のなかに置かれた天文時計が典型的に示しているように、そこで時計により実現された規則運動は宇宙の運動の比喩として用いられているのであり、その意味で、その規則的運動は、宇宙の規則的運動を模倣するものとして作られたのだと考えることもできるはずである。

あるいはまた次のようにも考えられるのではなかろうか。古代ギリシャの自然観のもとでは、自然自身のなかに始まりの原理（魂）が含まれており、自然はいわば自ら運動の原理をもった「生きた自然」であったのに対して、キリスト教の観点のもとでは、自然の始まりは神による無からの創造であり、始まりは自然の外部に見いだされる。この意味で、キリスト教の観点のもとで理解された自然は「死んだ自然」ということになり、また、そうした自然を越えた存在として人間を特権的なものと見なした点で、キリスト教は人間中心的な宗教ということができる。実際、神の被造物としての人間は、自然を自らのために搾取してもよいと見なされている。このように考えると、中世では古代とは違って、技術による自然の改変や利用に関して、もはや自然自体のなかに内在的な方向性や限定を見いだすことがなくなり、無限の技術発展への可能性が与えられたと考えることもできる。しかしながら、それでは、技術発展への手がかりはどこから与えられるのだろうか。もし自然が神によって創造されたものであるなら、人間による技術的な創造活動も、結局のところ、（神が創造した）自然の模倣か、あるいは、アリストテレスが述べたように、自然のなかに可能的に存在するものを完成させる働きだと考えるほかないのではなかろうか。

こうしてみると、たしかに中世においては技術について古代とは考え方が大きく変わったと見なしうる点があったとしても、他方で、原理的な次元では、はたして中世キリスト教の思想のなかに古代ギリシャの見方と根本的に異なった自然観、技術観を見て取る必然性があるのかどうか、必ずしもはっきりしないということになる。それでは、世界に始まりがあり、世界は神によって無から創造されたと見なされ、人間はそのような創造者としての神の似姿としてとらえられるというキリスト教の見方のなかのどのような点が、古代ギリシャの見方との断絶を形成する契機と考えることができるだろうか。この点をもう少し考えてみよう。

わたしたちは先にプラトンにおいてイデアと技術的製作との関係が特に人工物の場合に必ずしもはっきりしない点が残っていることを見た。もし神が世界を製作したのであるなら、そのときになぜ自然物と同時に人工物をも一緒に作らなかったのだろうか、というのがその問題だった。アリストテレスはこの問題に現実性と可能性という概念装置でひとつの答えを与えたと考えることができる。それでは、キリスト教の神の概念はこの自然物と人工物の関係の問題にどのような解答を用意しているのだろうか。

最も際立つ答えが「無からの創造」というキリスト教独特のテーゼである。このテーゼに従うと、神は無からの創造を行う創造者であり、人間がその似姿であるとされるのであるから、人間もまた神の作った世界（自然）を模倣するのみではなく、むしろ神の創造行為そのもの、つまり無からの創造という行為そのものを模倣すると考えることができるはずである。もしこのように考えることができるなら、人間の技術的製作行為もまた、自然物に対応してあらかじめ存在するイデアを手がかりにするだけではなく、新しいイデアそのものを形成し、それにもとづいてこれまで存在しなかったまったく新しい形をこの世界に実現する活動と見なしうることになる。もちろんこのような仕方で人間の創造性を強調する見方が最初からキリスト教のなかに明確にあったかどうかに関してはここでは立ち入ることはできない。しかし少なくとも中世の末期になると、このような仕方で近代の技術観の先駆となりうるような思想が登場し始める。その代表例がニクラス・クザーヌスの見方である。

中世末期に活躍した神学者であるニクラス・クザーヌス（Nicolai de Cusa, 1401-1464）は、中世思想の総括を行うと同時に、ルネサンスを越えて近代を先取りした思想をもった先駆的な哲学者として知られている。

クザーヌスによると、人間の知性は有限であるために、決して真理そのものをとらえることはできないのであり、したがって、人間の知識の最高のあり方は自らが無知であることを自覚した「学識ある無知」というあり方に見いだされる。そしてこの「学識ある無知」を体現するものとして、クザーヌスの著作には哲学者や弁論家に対して「無学者（idiota）」が主役として登場する。精神についての対話篇のなかでクザーヌスは、無限の技術としての神の技術と有限な技術としての人間の技術を比較することによって人間の技術の特徴を規定している。この点をクザーヌスは「食器（スプーン）製作者」を登場させて次のように描いている。

無学者　したがって、すべての有限な技術（ars, Kunst）は、無限の技術に由来しているのです。つまり、無限の技術は、すべての技術にとっての原型でなければならず、さらに、原理であり、手段と目的であり、尺度と測定値であり、真理であり、厳密さと完全性でなければならないのです。

哲学者　どうか続けてください。あなたがおっしゃったことはだれも否定できないでしょう。

無学者　それではわたしの職業である食器製作の技術を象徴的な例に使って、わたしの言いたいことをもっとはっきりさせることにします。

哲学者　どうぞそうしてください。あなたの話はわたしが求めている方向へ進んでいるようですので。

無学者（は手にスプーンをもって）このスプーンはわたしたちの精神のなか以外にはその原型をもってはいません。彫刻家や画家であれば、製作しようとする事物からモデルを採ってくるでしょうが、わたしはそのようなことをしません。わたしは木片からスプーンを作り、粘土から皿や壺を作り出すのであって、そのさいには、何らかの自然の事物の形を模倣するようなことをするわけではありません。スプーンや皿、そして壺などの形は人間の技術によってのみ生み出されるのです。ですからわたしの技術は作られた形の模倣であるというより、形の生産であるという方がふさわしいのです。そしてこの点で、わたしの技術は無限の技術に類似しているということになります。(Nicolai de Cusa 1995: 13f. 強調は引用者)

このクザーヌスの文章のなかでは、職人の技術は「形の模倣」ではなく「形の生産」であるとされ、職人技術の創造性が強烈に主張されている。職人のもつ有限の技術に関しても一種の「模倣」ということを語ることができるかもしれないが、それは(作られた)自然の模倣ではなく、無からの創造を行う神の「無限の技術」の模倣であると見なされねばならない。ここには一五世紀当時の職人の自己理解と自信の表明を見ることができる。さらには、古典時代には「技術」と「芸術」が結びついて理解されることが多かったのに対して、はっきりと「技術」が自立する契機を見て取ることができる。というのは、芸術に関してはあくまで自然の模倣という見方が保持されていくからである(ブルーメンベルク 2014: 66f.)。

このようにクザーヌスの著作のなかには職人の自己意識の表明ともいえるような記述を見いだすことができる。もっとも、このような製作者の考え方がクザーヌス哲学の中核をなしていたわけではないし、またもちろん、キリスト教神学の中核にあったわけでもない。実際には、職人たちは歴史のなかではいつも沈黙を強いられてきたというのが実状であり、歴史的に見るなら、むしろ彫刻家や画家のような芸術家のほうが、プラトン以来の見方にもかかわらず、自らの活動に関する考え方を表明する機会に恵まれてきたといえるだろう。職人たちのような製作者、技術者が明確な自己表現を見いだすにはもう少し時間が必要だった。

第五章　自然の支配――近代：F・ベーコン

「自然の模倣」から「自然の支配」へ。西欧の技術観の変遷をこのようにとらえる場合、「自然の支配」という技術観を提示した哲学者として必ずといってよいほどもちだされるのが、F・ベーコン（1561-1626）である。

ベーコンといえば「知は力なり」という言葉が有名であり、また、人間に固有な四種類の偏見を指摘した「イドラ論」もよく知られている。これらの点で、ベーコンは近代的知識観そして科学観を明確に示した近代哲学の代表者と見なされることが多い。しかしながら他方で、ベーコンは、デカルト（1596-1650）のように中世のスコラ哲学を根本的に批判して、あらたな哲学体系の構想を明確に打ち出したわけではないし、また、ガリレオ（1564-1642）らのように数学的物理学に関する何らかの理論を提示したわけでもない。そのうえ、ベーコンは古代哲学を徹底的に批判しながらも、議論のなかではアリストテレス哲学から受け継いだ概念を利用し続けている。こうした点から、ベーコンを明確に近代の哲学者に数え上げることに反対する論者も多い。実際、ベーコンが生きたのは一六世紀後半から一七世紀初頭のイギリスであり、この時期はルネサンスの末期から近代初頭への移行期にあたる。これらの点が、デカルトやガリレオに比べて、ベーコンの位置を両義的で分かりにくくしていることは否定できない。本章では、この分かりにくさに表れているベーコン思想の特徴を見たうえで、有名な「知は力なり」というテーゼの意味を考えていくことにする。

1　ベーコンの分かりにくさ

(1) 錬金術の継承者か近代科学の先駆者か

ベーコンはアリストテレスに代表される古代ギリシャの自然観を徹底的に攻撃した。しかしその一方で、ベーコン自身の自然に関する理論を見る限り、質料と形相という概念対を用いて実体の変化の過程（自然の「隠れた過程」）について語ったり、あるいは、そのような実体の変化の可能性を示すものとして錬金術や魔術を参照したりしている。こうした点で、ベーコンの自然理論が前近代的な要素を多く含んでいることは疑いえない。さらにデカルトやガリレオなどの自然科学と対比すると明らかなように、ベーコンには自然科学における数学の使用を重要視する傾向はほとんど見られない。これらの点で、自然の数学化、幾何学化という性格に近代自然科学の最も重要な特質を見る論者からは、ベーコンの自然理論は決して近代科学の先駆とは見なしえないという評価がくだされてきた。

たしかにルネサンスの思想家らしく、ベーコンには錬金術や魔術の伝統との結びつきが色濃く見られる。しかし、このことは、ベーコンが自然の現実的なあり方を超越するような自然への操作の可能性を認めていたことを意味するわけではない。むしろ、ベーコンが錬金術や魔術に一定の意義を見いだしたのは、自然のあり方を正確にとらえ、自然のあり方に従おうとする一面がそれらにあることを見いだしたからである。より正確にいうと、ベーコンは、観想を基本とするギリシャ的自然観に代わる自然への態度の取り方の具体例として、錬金術や魔術を見たのである。つまり、それらのなかに、自然のあり方に表向き従いながら、巧妙に自然を人間の支配下におくというあるべき科学の理念のひとつの実現形態を見たのであり、それゆえそこに、力としての知識の実現例を見いだしたのであって、錬金術や魔術の形而上学的、神秘的側面に対しては明確に距離を取っていた（ロッシ 1970: 21）。したがって、近代科学技術の先駆者としてベーコンを重視する論者は、その自然科学に関する理論内容よりは、もっぱら観想から実験へという知識観の変革への寄与を評価するのである。例えば、ファリントンは、科学と産業の合体を産業革命に先んじた仕方で、そしてまた、その後の科学のあり方を予見するような仕方でとらえていた点を強調して、ベーコンを「産業科学の哲学者」と呼んで、その先見性を強調している（ファリントン 1968 参照）。

(2) 近代主義の象徴——肯定と否定

ベーコンを近代科学技術の先駆的思想家と見なす見方は、ベーコンが活躍した直後から始まっている。実際、ロンドン王立協会はその設立理念をベーコンから受け継いでいるし、また、フランスの『百科全書』ではその基本精神をベーコンから受け継いでいることが明言されている。さらには、カントは『純粋理性批判』の扉にベーコンの『大革新』の序文の一部を掲げるとともに、知識論の「コペルニクス的転回」を構想するにあたって、ベーコンからの影響が大きかったことをその序文（第二版）のなかで明確に述べている。このようにベーコンの影響は非常に大きなものであり、その射程は現代にまで及んでいる。ただし、現代ではベーコンの思想からの影響はあまりに大きいと見なされることの裏返しとして、むしろ批判にさらされることが多くなっている。

ホルクハイマーとアドルノによる『啓蒙の弁証法』では、人間を呪術から解放して自然支配を実現することを目的とする近代啓蒙の精神を最も先駆的に示したのがベーコンであると見なされている。そしてベーコンを起源とする啓蒙の精神に従って無制限に自然（さらにはそこに含まれる人間）に対する暴力的支配が進められた結果、現在わたしたちが目にしている自然破壊から始まって、近代兵器を駆使した大規模な戦争、さらには人間を一元的に管理する社会の成立などが見られるようになり、「逆転した啓蒙」と呼ばれる事態が生じることになったと解釈される（ホルクハイマー／アドルノ 1990）。

さらには、フェミニズムの観点からの科学技術批判を展開しているC・マーチャントは、ベーコンのなかに、近代科学と家父長制の結びつきの先駆形態を見いだしている（マーチャント 1985 参照）。マーチャントによると、「生きた自然」、「有機的自然」、あるいは「育む自然」といった考え方が否定され、「死んだ自然」という考え方にもとづく近代的自然観が登場するにあたり、決定的な役割を果たしたのがベーコンだと見なされる。しかも、この自然観の転換の過程は、ベーコンのなかにある権威主義的社会観と重ね合わせて見ることができる。例えば、ベーコンの未完の著作『ニュー・アトランティス』のなかに登場する「サロモン学院」（現代風にいえば、一種の科学技術研究センターのような組織）の長老の姿、そしてニュー・アトランティスでの生活のあり方を見る限り、家父長制的、権威主義的社会制度が自明視されており、一七世紀の社会的不平等はベーコンによって問題にされなかったかのように思われる。実際、ベーコンのよき理解者のジェイムズ一世は、女性解放に否定的で、魔術の取り締まりを強化し、彼の治世のもとで魔女裁判が増大したともいわれている。こうした点にもとづいて、さまざまな機械を用いて魔女を拷問する魔女裁判のあり方は、まさに実験装置を用いて母性としての自然を暴力的に支配する実験科学のあり方のもうひとつの象徴的表現として解釈されることになる。

(3) 進歩のなかの知識——ベーコンの帰納法と経験主義

以上のようにベーコンは多くの論者によってさまざまな仕方で解釈されており、その実像は必ずしもとらえやすいものではない。その理由のひとつとして、ここで見てきたように、ベーコンが中世と近代の間の移行期に属する人物である点をあげることもできるが、必ずしもそれだけが理由ではないように思われる。むしろ、ベーコンの知識観のなかには既成の枠組みでは簡単にはとらえ切れない積極性が備わっており、そのために実像がとらえにくくなっている面があるとも考えられる。

例えば、現在の日本の高等学校で用いられている倫理学や思想史に関する教科書では、かならずといってよいほど、ベーコンはイギリス経験論の先駆者のひとりであり、帰納法という論理の提唱者として紹介されている。デカルトが大陸合理論の代表者であり、演繹法を重視したのに対して、ベーコンは経験論と帰納法の代表者だというわけである。このような対比はまったくの間違いとはいえないが、一面的で、誤解を招きやすいものである。

例えば、ベーコンは、経験主義を「アリの方法」、合理主義を「クモの方法」に譬えたうえで、自らの方法をそれらとは違った「ハチの方法」に対応するものとして次のように述べている。

しかし経験派の哲学は、詭弁派や合理派よりももっと醜くて奇怪な説を生み出すのである。というのは、経験派は通俗的な概念の光……によらずに、少数の実験という狭くて暗いものをもととしているからである。（『ノヴム・オルガヌム』第一巻、六四。漢数字は断章番号を指す。以下同様）

経験派はアリのように、ただ集めて使うだけであり、独断派はクモのように、自分自身からクモの巣を作り出すのであるが、ハチはその中間の道をとって、材料を庭や畑の花から集めながら、それを自分の力によって変えてこなす。（同上、第一巻、九五）

つまり、自分の方法はデータを寄せ集めるだけのたんなる経験主義ではないし、自分勝手な思想を紡ぎ出す合理主義でもなく、実際に自然のあり方に働きかけることによって知識を獲得する実験主義である点を強調している。

さらにベーコンの「イドラ論」も、必ずしも一義的に解釈できるものではない。たしかに、ベーコンは、種族のイドラ（人間性）、洞窟のイドラ（個人の特質）、市場のイドラ（言語）、劇場のイドラ（学問）という四つのイドラをあげて、それらが知識の獲得にとって妨げとなることを指摘している。そして、場合によっては、そうしたイドラから人間が解放される可能性についても触れている（同上、第一巻、六八）。しかしながらこうした論議も、必ずしも一切の予断や偏見をまったくもたない認識が人間に可能であることを前提にしたものかといえば、必ずしもそのように解釈しなければならないわけではない。イドラ論の議論の中心はむしろ、人間における認識の条件を解明する点に置かれており、その条件が、人類学的、個人的、言語的、そして社会・文化的な条件としてあげられていると考えることもできるからである。つまり、ベーコンが目指していたのは、このような認識に関する多様な条件を反省することによって、懐疑論と独断論の二者択一から逃れて、そのつどの認識を一定の限定のなかで確保しようとする試みだった、と考えることは不可能ではない。それゆえ、イドラ論の目的は、イドラからまったく自由な認識を獲得することにあったというよりも、むしろ、人間の認識条件を明らかにするという点で、自己認識を獲得することにあり、このような自己認識を通して、実りのある研究、ないし探求を推進する条件を整備することにあったと考えることもできる。実際、ベーコンのイドラ論を知識社会学の先駆形態と解釈する論者もいるのである（Krohn 1987: 106f.）。

以上の議論からも明らかなように、ベーコンの知識論は、経験主義か合理主義か、帰納法か演繹法か、といった既成の概念枠組みのなかでの二者択一でとらえられるものではなく、むしろこうした対立とは別の次元に属する知識の見方を提出しようとする試みだと解釈することができる。言い換えると、伝統的哲学のなかではもっぱら知識の体系化や根拠づけが目指されてきたのに対して、ベーコンの知識論では、むしろ知識の増大と改良が目指されており、そのための方法の解明に焦点が当てられていると考えることができる。「根拠づけの論理」から「知識の改良の論理」へ、あるいは、「正当化の脈絡」から「発見の脈絡」へ、といった具合に、知識観の重点を変換することがベーコンの基本目標だったと考えることができるのではなかろうか。この点はベーコンの著作の形式からも見てとれる。

ベーコンの主著『ノヴム・オルガヌム（新機関）』は、未完であるうえに、アフォリズムの形式で書かれているため、体系性という点で見ると必ずしも見通しのよいものではない。しかしベーコンがアフォリズム形式をとったのは理由のないことではない。ベーコンにとって知識の典型は体系的なものではなく、むしろそれが改良され進歩していく特徴をもつことにあり、ベーコン自身も、決してできあがった確実な基礎を手にしているとは思っていなかった。この点を考慮するなら、体系的な書き方よりもアフォリズムのほうがベーコンの知識観にはふさわしいと考えられる。ベーコン自身、知識の確実性を求め、体系化を求めることは、かえって知識の増大、改良にとって妨害になる点を指摘して、『学問の進歩』のなかで次のように述べている。

先に述べたすべてのものとは違った性質の、もうひとつの過ちは、まだその時機でもないのに、無理やりに、知識をできあがった学問や体系式の書にまとめてしまうことであるが、そうされると、諸学は、もう少ししか、あるいは少しも進歩しないものである。(『学問の進歩』第一巻、五・四)

こうして見ると、ベーコンは知識論の問いを根本的に変更したと見ることができる。「どのようにしたら知識を正当化できるか」ではなく「どのようにしたら知識を改良できるか」、これがベーコンの掲げる知識論の根本問題なのである。

2 知は力なり

(1) 自然への介入による知識

ベーコンの知識論のなかで最も有名なテーゼは何といっても「知は力なり」というテーゼだろう。このテーゼは一見すると誤解しようのないほど明瞭のようにみえるが、その解釈を確定することは必ずしも容易ではない。まず、このテーゼを表現しているいくつかのアフォリズムをあげておこう。

素手では、また知性も、放っておかれると、たいしたことはできない。ものごとは道具と補助手段とによってなしとげられるのであって、それらは手にとってと同じように、知性にとっても必要である。そして手の道具が運動を起こしたり導いたりするように、精神の道具もまた知性に思いつかせたり用心させたりする。(『ノヴム・オルガヌム』第一巻、二)

人間の知識と力とは合一する。原因が知られなければ、結果は生ぜられないからである。というのは、自然は服従することによってでなければ、征服されないのであって、自然の考察において原因と認められるものが、作業においては規則の役目をするからである。(同上、第一巻、三)

ところで、上にあげた二つの指示、ひとつは行動に関わり、他は理論に関わる指示は同一のものであって、作業においてもっとも有用な指示は認識においてもっとも真なる指示である。(同上、第二巻、四)

最初のアフォリズムは、知識の獲得にとって身体や道具を使うことが不可欠なことを強調している。近代科学が望遠鏡や顕微鏡などさまざまな観測・実験器具を用いて発展してきたことを考えると、ベーコンの指摘は当然だろう。そして、「知は力なり」というテーゼを文字通り表現しているのが第二のアフォリズムである。ここでは、自然の過程をうまく制御し、利用するには、やみくもに目標を目指して自然に介入してはならないのであり、まずは、原因と結果の連関を正確にとらえなければならないことが指摘されている。そして、原因と結果の連関が、手段と目的の連関と一致するために、因果関係の知識はそのまま手段・目的連関の知識を与えるものであることが述べられている。そして最後のアフォリズムでは、このように理論と実践にかかわる知識が一致しているために、真理と有用性は一致することが主張されている。

まず第一に、ここで述べられている「知は力なり」というテーゼによって、ベーコンは知識を力に、あるいは知識を有用性に単純に還元しようとしているわけではないことに注意しなければならない。

ベーコンは古代ギリシャで高く評価された理論的知識が「子どもの知識」であり、おしゃべりはできるが子どもを産むことはできない点、つまり成果をもたらすことができない点を批判し、それに対して、実際に自然を改変し、人間の役に立てることのできる知識こそが最も重要な知識であることを繰り返し強調している（『ノヴム・オルガヌム』第一巻、七一）、だからこそ「産業科学の哲学者」と呼ばれることにもなるのである。しかしこのことは、知識が単純に有用性と等置されることを意味するわけではない。実際、ベーコンは伝統的な職人の知識に関して、職人たちがもっぱら有用性のみに注目してきたため、一般的な知識を獲得できず、知識はいつまで経っても相互に関連づけられず、累積されず、進歩することがないままであったことを指摘している。そしてベーコンは、有用性のみに着目した職人たちの行う実験を「成果をもたらす実験」と呼んで、一般的自然法則の知識をもたらす「光をもたらす実験」と峻別している（同上、第一巻、九九）。ベーコンの目標は、有用な知識、力のある知識であるにもかかわらず、というより、むしろそうであるがゆえに、その場かぎりの役に立つ知識、状況に依存した偶然的な知識ではなく、一般的な理論的知識の重要性が強調されるのである。

(2) 自然と技術の秩序の逆転

しかしそれでは、ベーコンは「知は力なり」というテーゼで、知識を獲得することが重要なのは、一般的知識を獲得すれば、それを応用することによって、さまざまな目的に役立つ技術を実現できるからだ、といっているのだろうか。つまり、自然についての理論的知識を獲得することによって、その応用として、自然を支配する技術が可能になる、といっているのだろうか。

明らかにそうではない。というのも、まさに自然の一般的法則を得るためには、アリストテレス流の観想では不十分であり、そのためにこそ、自然への介入が不可欠であることが指摘されているからである。つまり、自然に関する理論によって技術が可能になるのではなく、むしろ逆に、技術を使って自然へ介入することによってはじめて、一般的な知識を獲得できる点が強調されているのである。そして、そのような仕方で獲得された知識は、今度は因果関係と目的手段関係の一致というテーゼによって、そのまま有用性をもつことが示されることになる。観想による知識よりも、むしろ技術者の獲得した知識のなかに多くの役に立つ知識を見いだしうると述べられるのも、後者の知識の獲得の仕方がそもそも自然への介入や操作を本質的に含んでいるからであって、たんにそれらが役立つからという理由にもとづくわけではない。この点は次の文章が印象深く示している。

ところで、わたしの判断に多少の重みがあるとすれば、技術の歴史の効用は、すべての歴史のうちで、自然哲学のために最も根本的で基本的なものである。自然哲学といっても、細かい区別だてをしたり、崇高にすぎたり、あるいは勝手な空論に終わる自然哲学ではなくて、人間の生活の幸福と利益とに貢献するような自然哲学である。というのは、技術の歴史は、個々別々の技術の経験がただひとりの頭脳によってまとめて考察されるとき、技術と技術との観察をたがいに結びあわせ、たがいに利用しあえるようにすることによって、さしあたって、どんなことについても、うまいやり方を数多く提供して示唆するだけでなく、なおそのうえに、原因と一般的命題に関して、これまでに得られたのよりも真実本物の知識を与えるからである。というのは、あるひとの気質は、怒らせてみなければよくわからず、また、プロテウス〔変幻自在の姿と予言の力をもった海神〕は窮地においこんでしっかりと捕えなければその姿を変えないように、自然の過程や変化も、自由気ままにさせておいたのでは、技術によって苦しめ悩ますときほどには、十分にあきらかにはならないからである。（『学問の進歩』第二巻、一・六、強調は引用者。さらに『ノヴム・オルガヌム』第一巻、九八も参照）

ここで述べられているテーゼ、「技術によって苦しめることによって自然はその真の姿を現す」というテーゼによって、ベーコンはアリストテレスに見られた知と活動のヒエラルヒーを根本的に逆転していると考えられる。アリストテレスの場合には、自然学は人間の観想的、理論的活動に属し、製作活動から根本的に区別されていた。そして、製作活動は、理論活動を最終目標とする目的論的秩序のなかで、理論に対する従属的位置に置かれていた。ところが、もし自然に関する知識が技術的な活動によって可能になるとするなら、理論と技術、観想と製作の順序は逆転することになる。技術が理論によって可能になるのではなく、理論が技術によって可能になる、あるいは、技術が知識によって可能になるのではなく、知識が技術によって可能になるのである。

したがってベーコンは、「知は力なり」というテーゼによって、知識を有用性や力に還元しようとしたわけではないが、しかしまた、知識と力とを分離したうえで、知識があってはじめて力をもちうるようになると考えたわけでもない。むしろ、知識の獲得の条件として自然に介入する力としての技術が必要であることを強調することによって、知識の獲得過程と技術的行為の過程とが基本的には同じ構造をもつ過程であること、したがって、自然に関する因果連関についての知識と技術に関する目的手段連関についての知識とが一致することを強調しているのである。理論活動と製作活動との不可分な連関といってもよいだろう。作ることによって知り、知ることによって作る、これが、ベーコンの知識論における基本テーゼなのである。

以上のように考えることができるとするなら、アフォリズムのなかでしばしば使われている自然の「支配」と「服従」という言葉の意味も注意して解釈しなければならないことになる。ベーコンは自然支配を実現するためには自然に従属する必要のあることを繰り返し述べている。ただし、ここで服従の不可避性ということでいわれているのは、自然支配のためには自然に関する一般的な知識を獲得することが必要だという点であり、必ずしも「服従」という言葉が直接含意するような、支配と対立する意味で用いられているわけではないのである。

ベーコンをめぐる最近の議論でしばしば次のような言い方がみられる。「ベーコンは自然支配を強調した論者として現代の環境破壊をもたらした元凶と見なされることが多いが、ベーコン自身は決して自然に対する一方的な支配のみを強調したわけではない。むしろそれに劣らず、自然への服従の必要性を指摘していた。したがって、現在必要なのは、この本来のベーコンの主張に戻ることだ」。たしかにここで見てきたように、ベーコンは自然への服従についても語っている。しかしながら支配の行き過ぎへのブレーキとして服従の契機を認めるといった観点がベーコン自身の見方のなかにあったと考えることは困難だろう。もし、支配と服従ということをいうのであれば、むしろ有効な支配を実現するためにこそ一定の服従が必要であることが強調されていると解釈すべきだろう。

ここで、三木清が『技術哲学』のなかで触れているヘーゲルの「理性の狡智」という概念を借用すると、ここでベーコンは、技術的理性の「狡智」について語っているのだということもできるかもしれない。ヘーゲルによれば、「理性は権力的であるとともに狡智的である。狡智は主として媒介活動に、すなわちもろもろの対象をそれ自身の性質に従って作用しあったり引き離しあったりさせて、しかも自らはこの過程には介入せず、このようにして己の目的をのみ遂行するところの媒介活動に存する」ということになる。もっともベーコンによれば、知識の獲得は、自然過程に介入しない限り可能ではないのだから、（技術的）理性はたんに狡智的であるわけではなく、むしろ、積極的に自然の連関の構成に関与しなければならない。この事情を三木清は次のように表現している。「しかし理性は単に狡智的でなく、まさに技術的である。技術において理性は単にその外部にあるのでなく、その内部に入っている」（三木 1967a: 213）。

3　進歩の制度化

(1) ニュー・アトランティスの世界

ベーコンの知識観に錬金術や魔術の伝統と結びついた面のあったことはたしかであるにしても、他方で、ベーコンがそれらの伝統とは決定的に異なる科学観、知識観を抱いていたことも無視できない。その最も重要な点として、ここまで見てきた点に加えて、知識の営みが個人的な才能によるものではなく、社会的に組織された共同作業によるものだという見方をあげることができる。この考え方を最も明確な仕方で述べたのが、一種のユートピア物語ともいえる『ニュー・アトランティス』である。

この物語の内容は、ペルーから日本に向かった船が太平洋で風に流されて、未知の国「ニュー・アトランティス」に漂着し、漂着した船員が、その国の様子を報告するというものである。その物語のなかで、サロモン学院について以下のような記述が見られる。

この王様のすぐれたご事業のうちで特に秀でたご事業がひとつございます。それは『サロモン学院』とよぶ教団といいますか学会といいますか、そういうものの創設でございます。地上にかつてみざる高貴な施設で、この王国の灯ともわたしどもは考えております。それは、神様のお仕事とその被造物の研究に捧げられております。……(『ニュー・アトランティス』423）

（サロモン学院院長の言葉）「わが学院の目的とするところは事物の諸原因とひそかな運動に関する知識であり、人間帝国の領域を拡大して、可能なあらゆることを成就するにある」。（同上、436）

サロモン学院に備わる具体的な施設としては次のようなものがあげられている。さまざまな物質の研究や貯蔵のために地下深くの洞窟や高い塔に作られた実験室や貯蔵庫。動力を生み出す水力ダム。天体現象、気象現象、生命現象を実験的に再現する巨大な装置。生物学の研究や動植物の品種改良のために設けられた植物園や動物園。食品の研究開発に従事する研究所兼工場。薬剤の研究開発を行う薬学研究所兼薬局。あらゆる機械技術の研究開発に携わる技術研究所。熱学、光学、音響学、香気や味覚に関する研究所。そして数学の研究所などなど、およそこの世のなかのあらゆる現象を研究と技術の対象とする機関が用意されている。

（2）科学と技術の制度化

もちろんここでベーコンが述べたことは、ユートピア物語のなかにとどまるものであり、ここで述べられた構想に関しては、ベーコンの度重なる努力にもかかわらず、当時はほとんど実現できなかった。そのうえ、この物語に登場するサロモン学院は、専門家の集団からなる一種の秘密組織のようなものであり、また、ニュー・アトランティスの社会と同様、その組織も家父長制的、権威主義的秩序に支配されたものとして描かれている。こうした点でも、ベーコンの叙述に備わる古さと新しさの混在という特徴を無視できない。にもかかわらず、ここで描かれた科学と社会の関係に関する理念は、そののちロンドン王立協会の設立理念へと受け継がれ、その後の科学や技術の制度化に対して大きな影響を与えることになる。そして、現在の世界でわたしたちが目にしている多くの研究所のあり方は、ベーコンが四〇〇年前に構想した理念を実現したものといっても過言ではない。

例えば、最近の科学論では、科学研究のスタイルに関して「モード論」と呼ばれる見方が提唱されている。一九世紀の末から確立された大学や研究所などの制度化された枠内での科学者の活動は、社会的影響から一定の距離を取って「真理」自体を目指した研究が保障されるように（少なくとも建前上は）なっていた。それに対して、二〇世紀も後半になると、そのような仕方での研究のあり方が変化し、社会のなかで意味をもつ具体的な問題解決に関係する研究が増大するようになってきた。「好奇心駆動型」から「使命遂行型」へ、専門領域に閉ざされた研究から社会に開放された研究へ、といった具合に研究のあり方（モード）に変化が起きているというわけである（ギボンズ 1997 参照）。このような現状把握を耳にすると、まるでベーコンが四〇〇年前に主張していたことがそのまま現代に繰り返されているかのように思われてくるし、また、ベーコンにとって見果てぬ夢であった科学の制度化と社会的利用という事態が明確に実現したのが二〇世紀だったのではないかと思われてくる。現代はその意味でまさしくベーコンの時代といってよいだろう。

それほどベーコンの構想は先駆的だったのである。そしてこれほどの先見性を示したベーコンの構想の最も大きな意義は、知識の拡大、力の拡大を可能にする論理、すなわち「帰納法」と呼ばれる論理が、決して個人の心のなかで機能するようなものではなく、社会のなかで制度として実現することによってはじめて機能するものであることを見抜いた点にある。まさに知識を社会化し、進歩を制度化したことこそが近代の推進力を形成していると考えられるとするなら、この意味でも、まさしくベーコンは近代性（modernity）を代表する哲学者だったといってよいだろう。

第六章　科学革命——近代科学の成立と技術の役割

技術哲学のなかで最もよく話題にされる主題のひとつに、技術と科学の関係をめぐる問題がある。とりわけ、知識という観点から技術の特有性を考えるときに避けて通れない重要な問題である。それゆえ、この問題はこれまでもさまざまな文脈で繰り返し話題にされてきたが、にもかかわらず、この問題に関する見通しのよい議論を見いだすことは容易ではない。

技術と科学の関係に関しては、これまで、「技術は科学の応用である」という応用科学説をはじめ、それとは逆の「技術は科学に先行する」という技術先行説、あるいは「科学と技術とは鏡像のような関係にある」という鏡像説、さらには両者の相互関係を強調する相互作用説、ひいては現代の状況を踏まえて両者は区別できないという主張に至るまで、さまざまな見方が提出されてきた。議論の文脈という点でも、哲学者や歴史家によるもの、さらには技術革新に科学が役立つのかどうかに関心をもつ科学技術政策に関係する論者によるものに至るまで、多様な議論が展開されてきたが、いまだに決着はついていない。

それでは、こうした事情からどのような教訓が引き出されるだろうか。ここで注意すべきは、「技術」や「科学」という言葉や概念が一般に使われているからといって、それらが指し示している何らかの独立した実体が存在していることを素朴に前提したうえで議論をするわけにはいかないという点である。むしろ必要なことは、「技術」や「科学」と呼ばれる営みが個々の歴史的脈絡のなかでどのように関係しあいながら成立したのかを具体的に明らかにすることだろう。そこで以下の三章では、近代以降の歴史的脈絡を考慮しながらこの問題を考えていくことにしたい。

まず本章では、近代科学の成立期にまでさかのぼり、そもそも近代科学の成立にさいして技術はどのような役割をはたしたのかについて考えてみたい。近代科学の成立過程はしばしば「科学革命」の時期といわれてきた。したがって本章の課題は、科学革命とはどのような出来事であったのかについて考えることでもある。

1　科学革命とは何だったのか

F・ベーコンがアリストテレス的な自然観の根本的転換を提唱した一六世紀後半から一七世紀にかけては、アリストテレスの自然学の内容に関して、とりわけ天文学と運動学や力学に関して、アリストテレスの見方と明確に衝突する事実や自然法則が次々と見いだされ、新たな理論が提出された時期であった。

コペルニクスによる地動説の提唱（一五四三年『天球の回転について』）から始まって、ガリレオによる望遠鏡の製作とそれを用いた天体の観測（一六一〇年『星界の報告』）、そして、ケプラーによる惑星軌道に関する三法則の発見（一六〇九年『新天文学』第一、第二法則、一六一九年『世界の調和』第三法則)。地上の運動に関しては、ガリレオによる落体の法則の発見(一六三八年『新科学対話』)、そして、ニュートンによる地上の運動と天上の運動を統一する運動学の体系の完成(一六八七年『自然哲学の数学的原理』)などに見られるように、近代の数学的自然科学の基礎が形成された時期であった。

これらの他に、ギルバートによる磁気現象の発見(一六〇〇年『磁石について』)、W・ハーヴィによる血液循環原理の発見(一六二八年『心臓と血液の運動について』)、トリチェリによる真空の発見(一六四三年)、そして、ボイルの法則(一六六二年『空気の弾性とその効果に関する物理力学的新実験』第二版)やフックの法則(一六七八年『復元力についての講義』)の発見などなど、その後の科学の発展に決定的な意義をもつ発見が続いていく。そしてこれらの諸発見によってアリストテレス的な自然観が根本的に転覆され、新たな自然観と思考法が定着することになった。よく知られているように、これらの自然学や自然観の変革は、科学史家のバターフィールド(1900-1979)やコイレ(1892-1964)などによって「科学革命(the scientific revolution)」という名で呼ばれるようになった。バターフィールドによれば、この科学革命は、ルネサンスや宗教改革以上に、近代という時代の成立にとって決定的な出来事だったのである。

たしかにこの時期に多くの新しい発見が生まれたことは確認できる。しかし、そもそも、この「科学革命」ということで何が根本的に変化したのだろうか。近代科学がそれ以前の自然研究と根本的に異なる特徴をもつとするなら、それは何だろうか。わたしたちはすでにこの問いに対するベーコンによる答えを知っている。しかしベーコン的な答えが現代の科学史家や科学哲学者の典型的な答えとなったわけではない。むしろ反ベーコン的答えのほうが多かったということさえできる。その代表がここで名前をあげたバターフィールドやコイレたちの答えである。まずその答えをみておこう。

2　「思考法の革命」

バターフィールドやコイレが科学革命という言葉を使ったときにおもに念頭に置いていたのは、プトレマイオスの天動説からコペルニクスの地動説への天文学上の大きな変化であり、また、アリストテレスの自然学がガリレオやニュートンらによって根本的に変革される過程だった。

例えば、プトレマイオスの天文学では、公理ともいえる二つの基本前提が存在していた。ひとつは、天体の運動は円運動であること、二つ目は、地球が宇宙の中心であることである。そして、このような前提のうえで、さまざまな天文学上の観測データを整合的に「説明」することが求められていた。当時の言葉を使うと「現象を救う」ことが求められていたのである。そして特に複雑に見える惑星運動を説明し、現象を救うために、周転円、離心円、さらにはエカントといったさまざまな概念が提出された。それに対してコペルニクスが行ったことは、前提となる公理のひとつを変換して説明の仕方をより簡潔にし、予測の精度をあげることだった。それゆえ、天動説から地動説へのコペルニクスによる天文学上の「革命」は、新たな観測データを見いだすことにあったのではなく、それまでとは根本的に異なる理論を提出したこと、つまり、「現象を救う」試みとして、新たな理論を提出したことにあったのである。

似たような事情は、自然学の基本のひとつである運動理論の革命に関しても見られる。アリストテレスの運動論では地上の運動は「自然運動」と「強制運動」とに大きく区別されていた。自然運動とは、四元素から成る物質が外的な力を受けない状態にあるときに、その本来の位置へと戻っていく運動であるのに対して、強制運動とは、自然運動から外れた運動であり、物質に対して外から力が及ぼされることによって引き起こされる運動と見なされていた。そして、このような理論枠組みのなかでさまざまな現象が説明されてきた。

なぜ重い物体は落下し、炎は上昇するのか。なぜ、大洋は、地上にとどまり、大気は大洋の上にとどまっているのか。なぜ、地球は宇宙の中心にあるのか。こうした問いに対して、この理論枠組みはそれなりの解答を与えることが可能となっている。他方、この枠組みのなかでは説明されるべき問題が登場することになるが、そのなかで最も困難なもののひとつが投射運動であった。

例えば、手を使って石を放り投げる場合、投げられた石は、手から離れた後も前進運動を続ける。ところが、手から離れた後には力が加わっていないのであるから、アリストテレスの理論によると、ただちに石の自然運動が生じて、落下するはずである。ところが実際には動き続けるのはなぜだろうか。

アリストテレスはこの難問に答えるために、例えば、運動の媒体である空気は、動くものが運動をやめた後も運動を運搬することができる、と述べている（『自然学』第八巻第一〇章）。しかしながら、空気のような媒体に、落下運動の場合には運動に対する抵抗の役目が与えられ、他方、投射の場合には運動を保持する役目が与えられるという説明は、いかにもアドホックであり、不十分に思われる。実際、そののち中世の「インペトゥス（勢い）理論」を始め、さまざまな解決策が提案されたが、どれも満足のいくものではなかった。

それに対して、ガリレオが行ったのはまさに考え方を根本的に変換することだった。よく知られているように、ガリレオの提起した理論枠組みのなかで基本となるのは慣性の法則である。この見方のもとでは、自然運動と強制運動という区別はなくなり、運動体は外から力が加わらない限り、最初の状態を保って運動を続けると見なされる。あるいは、「自然運動」と「強制運動」という概念が逆転されたということもできる。いずれにしても、新しい見方のもとでは、投射体はなぜ運動を続けるのか、というアリストテレスの枠組みでは解決困難だった問題はもはや問題ではなくなり、投射体の運動は慣性運動とそれに対する外からの働きかけとの組み合わせによって説明されることになる。

以上のように見てくれれば、コペルニクスの天文学上の革命にせよ、ガリレオによる運動学上の革命にせよ、それらは、観察や実験といった経験に関することではなく、もっぱら理論に関することであり、「思考法の革命」と呼ぶことができるという見解がもっともらしく思われてくる。バターフィールドは次のように述べている。

およそ天体の物理学であれ地上の物理学であれ――この両者は科学革命全体を通じて戦略上の拠点となったものであるが――、その改革をもたらしたものは、新しい観測とか、新事実の発見とかではなく、科学者の精神の内部に起こった意識の変化なのであった。

この点に関して述べておきたいのであるが、あらゆる精神活動のなかで最もやりにくいこと、まだ柔軟性を失っていないと考えられる若い頭脳にとってすらきわめて困難なこと、それは、従来と同じ一連のデータを用いながら、しかもそれらに別の枠組みを当てはめて相互の関係を新しい体系に組みかえることであると言えよう。それはつまり、いわば新しい思考の帽子をかぶって今までとはまるっきり違った見方をしてみることである。

（バターフィールド 1978: 20）

「新しい思考の帽子をかぶって今までとはまるっきり違った見方をしてみること」、この意味での思考法の革命、理論の変換こそが科学革命の中核を作っていたというわけである。ただしここで理論上の変換といっても、たんにそれまでのアリストテレスの自然学の理論と同じレヴェルで「現象を救う」ために新たな理論が提示された、ということに過ぎないわけではない。理論の性格が根本的に変わっているからである。この点を典型的に示しているのが、慣性の法則である。

この法則で示されている運動は、運動体がいっさい外的な力を受けない場合に、無限に直線的に進むと見なされる運動であり、このような運動は、日常的な経験のなかでは決して見いだしうるものではない。むしろ、抽象的な思考のなかでのみ可能なものである。もし日常経験を出発点にして観察される現象に即して理論化を試みるなら、決して慣性運動のような概念に到達することはなく、むしろ、アリストテレスの運動論の妥当性を確認することに終わるだろう。それに対してガリレオが行ったのは、そもそも出発点を日常経験には見いだしえない理想的な状況に設定し、そこで成り立つと想定されることに関して理論を立て、その理論にもとづいてさまざまな経験的に見いだされる現象を解明することだった。そしてガリレオにこのような観点をとることを可能にしたのは、古代ギリシャから伝統として伝わっていた幾何学を中心とする数学的思考法だった。そもそも、力を受けない物体が無限に直線運動(ガリレオの場合には円運動)を続けるということは、幾何学的空間のような抽象的な空間のなかでのみ可能なことであり、こうした幾何学化され、数学化された世界を想定することができたからこそ、ガリレオは慣性運動のような地上では存在しない運動を考えることができたのである。この意味で近代科学の成立にとって数学は決定的な役割を果たしたと考えられる。

さてしかし、もし慣性の法則のような自然法則と呼ばれるものが幾何学化された理想的な世界でのみ成り立つものであるとするなら、なにゆえそれらは、自然法則として、わたしたちの経験しているこの世界にも妥当すると見なされるのだろうか。例えば、ガリレオの『天文対話』のなかでは、実験や観察の重要性を訴えるのはもっぱらアリストテレス自然学の信奉者のほうであり、ガリレオの見解を代弁する論者は、多くの事柄は、実験するまでもなく明らかであることを強調している。例えば、ガリレオの有名なピサの斜塔での落下実験は実際には行われなかったといわれているし、また、重い物体と軽い物体の落下速度が同じであるということを「証明」する実験は「思考実験」だった。

ガリレオは『新科学対話』のなかで、「いや、大した実験をしなくても簡単にそして確実に、二つの物体が同じ材料から出来ていて、要するにアリストテレスの言っているような物でありさえすれば、重い物体の運動は軽い物体より速くはないことが証明できます」と述べている（ガリレイ 1937: 97）。さらには、ガリレオは『天文対話』のなかで、地球が運動することと物体が地上で垂直な落下運動をすることとが矛盾するものではないことを示すために、動く船のマストの上から物体を落下させる実験を行えば、そのことを示せると主張しながら、実験も不要なほどこのことは自明であると述べている。

シムプリチオ　ではどうして君は百の立証どころか一つの立証すらなさずに、こんなにはっきりとそれは確かだと主張するのですか。……

サルヴィアチ　ぼくは実験なしに、結果は君にいったようになることを確信します。というのは、そうならなければならないからです。（ガリレイ 1959: 221f.）

このような事情のために、コイレは「よい自然学はアプリオリに作られる」（コイレ1988: 212）と述べており、また、ファイヤアーベントは、実験なしでも説得力をもつガリレオの議論の仕方にレトリックの力を見いだしている（ファイヤアーベント1981: 95f.）。あるいは、現象学者のフッサールは、ガリレオによって、数学的な理念の世界と日常的経験の世界（生活世界）とが「すり替えられた」と述べている（フッサール1995: 89）。そして、バターフィールドも次のように明言している。「さて、もしこの近代科学の誕生を理解しようとするならば、実験尊重の風潮によってすべてが説明されるとか、さらには、実験そのものが画期的な新しい事柄であったとか思い込んではならない。……要するに、ガリレオの先輩たちは推論によってこの問題［物体の重さと落下にかかる時間との関係の問題］の答えに迫ろうとしたのである。そして、彼らにしてもガリレオにしても、その判断が実験によって確証されなかったからといって、結論を改めようなどとは考えていない」（バターフィールド1978: 131, 135f.）。

以上見てきたように、バターフィールドに典型的に見られる理論重視の考え方が二〇世紀の科学論の基本を形成した。しかしもちろんこのような見方だけで、近代科学の特徴をとらえることはできない。それは、あらためて次のような問いを考えただけでも明らかだろう。もし科学革命の本質が「思考法の革命」にあったとしても、それでは、なにゆえ、数学的に定式化された法則は、それがこの世界では厳密には成立しないにもかかわらず、この世界でも成り立つ客観的法則と見なされるのだろうか。

3 「実験法の革命」

(1) 現象の製作としての実験

科学革命という概念を提示したバターフィールドやコイレは、しばしば、それが理論上の革命であることを強調するあまり、科学革命は実験や観測に関する革命ではない、あるいは、実験法のあり方とは独立だという言い方をする場合がある。同時に、ガリレオやデカルトが自然科学の数学的側面を強調した点で評価されるのに対して、F・ベーコンは経験的側面を強調するあまり、数学的、理論的側面を軽視しているとして批判されることになる。バターフィールドなどによると、実験法が科学革命の時期を経て変化したことは認められるにしても、実験法の新たな性格はもっぱら数学的理論の手引きによって可能になったのだと解釈される。

しかしながら、はたして、科学革命の本性を考える場合、経験的側面を軽視して、もっぱら理論と数学の側面にのみ注目することができるだろうか。数学的自然科学がたんなる抽象的な理論的世界に関する事柄ではなく、あくまでもわたしたちの経験するこの世界に関する科学であるというのであれば、この世界で行われている経験と無関係であり続けることはできないはずである。他方、わたしたちの日常的な経験はそれに忠実であるかぎり、むしろアリストテレスの理論を擁護するのに役立つことはあっても、ガリレオ的な理論を支持するものとはなりえないとするなら、数学的自然科学と日常的経験とのギャップを埋める何らかの方策が生み出されねばならないはずである。そしてまさしくこの方策を実現するものこそが、さまざまな器具を使った近代科学の観測や実験だと考えることができる。

この事情は次のように考えることにより理解しやすくなるのではなかろうか。

すでに見たようにガリレオの自然科学の基本は、日常経験を出発点とするのではなく、むしろ幾何学化され、理想化された状況を出発点に据える点にあった。このような理想化された視点から日常経験を見直すと、日常経験で生じる現象は、理想化された状況で生じるはずの現象に対して、「不完全」な現象、「近似的な」現象ということになる。つまり、この経験世界は、数学的な自然法則が不完全な仕方で、近似的に成り立つ世界だということになる。しかしさらに、ここで近似について有意味な仕方で語りうるためには、たんに漠然と出来事が記述されるのみではなく、実際にどれほど近似しているか、どれほど理想的状態から離れているかに関して精密なデータが示されねばならない。つまり、数学的に定式化される測定がなされねばならないはずである。そして数学的に定式化可能な結果を獲得するためには、たんに現象を眺めているだけでは不十分であり、正確な測定値を得られるような装置を工夫し、実験、観測状況を注意深く作り上げなければならない。こうして、経験や観察という意味が根本的に変更されることになる。

科学的に意味のある経験とは、アリストテレスのいう「観想」のような経験ではなく、数学的に定式化された法則に対して「近似」という意味が与えられるような結果をもたらすことのできる実験や観測のことであり、こうした意味での経験状況を作り上げることによって数学的に意味ある一定の結果を得ることであるということになる。したがって、このような実験・観測状況で見いだされるのは、「自然現象」というより、むしろ、技術的に作られた「人工現象」ということになる。注意深く制御された状況で作られた技術的現象を獲得することこそが科学的に意味ある経験だと見なされることになる。

以上のように考えることができるなら、F・ベーコンがアリストテレスの自然観と自然学の方法に対抗して強調した実験法の改革の意義は決して否定されるのではなく、あらためて再確認されることになる。そしてさらに、自然を制御し操作するというベーコンの唱えた実験の意義は、ベーコン自身は必ずしも強調しているわけではないが、数学化や理想化というガリレオに典型的に見られる科学観と決して対立するわけではなく、むしろ相互に補い合う関係にあることが明らかとなる（以上の議論に関してはさらに、村田 1999c 参照）。

(2) 観測・実験器具の役割

実験法の革命という科学革命におけるベーコン的側面は、必ずしも数学化と密接に結びついた量的な測定が行われる実験や観測に限られるわけではない。質的に新しい現象が見いだされる場合にも類似した事情が見られる。その典型例がガリレオによる望遠鏡を使った天体観測である。

ガリレオは一六〇九年に当時発明されたばかりの望遠鏡をみずから作成し、それを天に向けてさまざまな現象を発見することになった。天の川は輝く星の集まりであること、月は滑らかな完全な球体ではなく、地上と似たような起伏に富んだ物体であること、木星には四つの惑星が存在すること、太陽の表面は変化しており、黒点と呼ばれる現象が生じることがあること、などの発見である。しかしながらガリレオがこうした新たな現象を発見し、公表したとき、これらの発見は多くのひとによってただちに認められたわけではなかった。地上のなじみの物体に関しては、遠方にあるものが望遠鏡でよく見えることは確かめられたが、これまで見ることのできなかったものが望遠鏡によって見られるようになった場合、そこに現れた現象が例えば蜃気楼のような錯覚現象ではないことを示すのは容易ではないからである。

この点を少し論理的に表現すると次のようになる。まず、見られた現象が正しいものであることを示すには、望遠鏡が正常に機能していることが前提となる。ところが他方、望遠鏡が正常に機能していることを示すためには、見られている現象が正しいものであることを示す必要がある。こうして観測の正しさと器具の機能の正常さとは相互に前提条件とならねばならないために、論理的な循環関係に入り込んでしまい、いわゆる「実験の不確定性（実験者の後退）（experimenter's regress）」が避けられなくなる。実際、ガリレオが苦労したのも、自分の見た現象が、望遠鏡という器具によって可能になった点から見れば人工的と呼ぶべきものであるにもかかわらず、それが自然現象を示していること、あるいは、肉眼で見られる現象よりそのような人工的な現象のほうがより正確な「自然」現象であるということを当時の人びとに納得させることだった。そしてそれは同時に、自分が用いている望遠鏡が信頼のおけるものであることを証明することでもあった。自然がみずからを露わにする場面、あるいはそれまで安定していた可視性の水準が技術的装置によって変更を受けること、すなわち「経験」のあり方自体が人工的な技術によって変換されること、逆にいうと、技術的装置を通して「発見」される現象こそ真の自然現象であること、これらが一挙に納得されることによってはじめて、ガリレオの望遠鏡は科学革命を象徴する機能を果たしえたのである。

これまでの科学史や科学哲学で実験や観測が問題になるのは、もっぱら理論の検証や反証という脈絡であった。こうした脈絡では、検証にせよ反証にせよ、理論がなければ話が始まらないという意味で、理論の優位という観点がつねに一定の説得力をもって主張されてきた。バターフィールドの主張に即して見てきたように、科学革命の特徴を考える場合も同様である。それに対して、ここで焦点を当てた経験の意味変換という事態、つまり、日常的な経験ではなく、器具を使った実験や観測による経験のほうが科学的に意味ある経験であると見なされるようになる事態は、そうした理論の検証や反証が問題になるための前提に関するものであり、そもそもどのようなデータが科学的に意味ある経験データとして認められるのかに関するものである。ここで見てきたような仕方で自然現象と人工現象の区別の撤廃がなされ、経験の意味変換がなされない限り、望遠鏡や顕微鏡が科学的発見の道具として認められることはなかっただろうし、また、数学的理論の提出はあくまでも「現象を救う」営みのひとつとして、しかも経験を説明するうえでは必ずしも説得力を多くもつものではない試みと見なされ続けたはずである。

新しい現象を発見することではなく、新たな現象を作成すること、たんにそれまでなかったという意味での新たな経験を見いだすことではなく新たなタイプの経験を作り出すこと、これが近代科学の観測や実験の基本特徴をなしている。また、近代以降の実験や観察の役割の重視とは、このような意味での実験や観察の重視を意味しているのである。

政治哲学者として著名なH・アーレントはこの事情を次のように述べている。

> しかし、実際に物理的な世界観を変えたのは、理性ではなくて、望遠鏡という人工の器具であった。つまり新しい知識は、観照、観察、思弁によってもたらされたのではなく、製作を事とする〈工作人〉が積極的に割り込んできた結果、得られたものであった。……なぜなら、この挑戦がはっきりと意味していたのは、真理にしろリアリティにしろ、与えられるものでなく、いずれもそのままの姿では現れず、むしろ現象に干渉したり、現象を取り除くことによって、ようやく真の知識が得られるかもしれないということだったからである。（アレント 1994: 437f.）

同じ観点から科学革命の特徴を見ている技術史家の言葉を付け加えておこう。

> そうなれば、一七世紀——およびそれ以来ずっと——におこった科学の急激な発達の非

常に大きな部分が、科学器具の発明にもとづいていることが理解されるだろう。これは、非常にひかえめないいかたである。むしろ、科学の発達はつぎの事実にもとづいているといえる。すなわち、科学者たちは、たんにものごとについて考えるだけか、せいぜいごく簡単な実験しか行わなかった時代をすぎて、ついに科学研究の多くの分野で、自然に関する真理を発見する方法は、そのため特に考案して作られた器具をつかって実験を行うことにある、とさとるようになったのである。(リリー 1956: 73)

4 「科学革命」の多様性

以上によって、わたしたちは近代科学の中核にあらためてベーコン的科学観を見いだすことになる。ただし、以上のような見方によって、科学革命とは何であるかという問いに関して一義的な答えが得られたわけではない点に注意しておく必要がある。実際、以上の議論はかなり図式化して述べられているため、個々の論点に関しては、留保が必要になることも多い。例えば、先に取り上げたコイレに典型的に見られる「プラトン主義者」としてのガリレオという解釈については、S・ドレイクを筆頭として、すでにさまざまな科学史家から批判がなされてきた(この点に関しては、伊東俊太郎 1985: 305 以下を参照)。

さらに最近では、そもそも「科学革命というようなものはなかった」(シェイピン 1998)という言い方で、科学革命というものは一義的には規定できない多様な現象であったことを強調する論者もいる。あるいは、T・クーンのように、「革命」と呼ばれるパラダイム変換がすべての科学に一様に生じたと見るのではなく、科学の種類によって区別する必要性に注意を喚起している論者もいる。クーンによれば、天文学を代表とする「古典的科学」と化学や電磁気学を代表とする「ベーコン的科学」とでは、その成立と変化の時期が異なっているうえ、前者では思考法の革命、後者では実験法の革命という色彩が強いのである（クーン 1987 第3章）。こうした点を考慮するなら、この章で述べた科学革命に関する見方はかなり限定された分野でのみ成り立つものであり、必ずしも無条件に多くの分野で妥当するわけではないといわねばならない。

にもかかわらず、ここで確認した自然の数学的理念化とそれに対応する精密な測定可能な実験状況の製作、あるいは、望遠鏡などの器具を使った観察によって自然の本性が見いだされるという考え方、これらは、ガリレオらによる自然学の革新の中核をなしていたこと、そして、このような見方がその後の多くの自然科学のモデルとなったことは間違いないだろう(Price 1984)。それゆえまたこの点から見るなら、科学革命の中心となったガリレオ的科学は、ベーコンの呈示した「知は力なり」という新たな知識観を具体的な形で実現したものであり、したがってまた、この意味で、近代科学は技術との結びつきのなかから成立した、ということもできるだろう。こうして見ると、近代科学の本性は、決して理論科学というあり方のなかにのみ見いだされるのではなく、むしろ最初から「科学技術（Techno-science）」というあり方のなかに見いだされることになる（出口康夫は、理論と実験の関係をめぐって科学哲学のなかで闘わされてきた議論を概観したうえで、「科学はそもそも最初から技術知だったのである」（出口 2008）と結論づけている）。

ここで述べた論点は、社会学的知見によっても支持されている。科学社会学者のツィルゼルによるとルネサンス期の近代科学の成立は、一方の大学教授やヒューマニストと他方の高級職人との間の知識の交流から生じたとされる。古代からルネサンスに至るまで、手仕事にかかわる技術、そしてそれと関連した実験、計測、操作の量的法則、因果的思考法などは、もっぱら職人階層に独占されており、アカデミックな分野に属する人々からは軽蔑されてきた。また他方で、理論的学や論理的、数学的訓練、また文献学的訓練のほうは、知識を重視したアカデミックな階層に属する教授やヒューマニストに独占されてきたが、職人たちのほうはこうした知識の訓練に明け暮れる学校の権威を軽蔑してきた。こうした状況が大きく変わり始めたのが、ルネサンスの時代から近代初期にかけての時期であり、それはちょうど近代資本主義社会が成立する時期でもあった。

具体的には、技術の発展のなかから、それまで大学などの組織に属していた人びとが、航海術と地図作製術、鉱山業と冶金術、測量術、機械術、砲術などさまざまな技術に興味をもちはじめ、知識人と職人との交流が少しずつ始まることになる。その集大成が、ギルバート、ガリレオ、そしてベーコンであるといわれる。ツィルゼルはこの事情を次のように描いている。「技術が発展し、実験的方法が手仕事に対する社会の偏見を克服し、これが合理的な訓練を積んだ学者によって採用されたとき、初めて科学が生まれたのであった。このことは一六〇〇年ごろ（ギルバート、ガリレオ、ベーコン）達成された。これと同時に、スコラ学的な討論法と、ヒューマニストの個人的栄誉の理想とは、科学的共同による自然の制御と学問の進歩という理想によって置き換えられたのであった」（ツィルゼル 1967: 2）。

もっとも、このツィルゼルの見方に対しては、異論がないわけではない。例えば、科学史家のヘンリーのように、ツィルゼルは「実験的手法が職人によって生み出されたと考えた」（ヘンリー 2005: 47）と解釈し、その見方の一面性を指摘する論者もいる。しかし、そのヘンリーも、科学革命を「社会や文化の変容により、数学的職人やその他の職人といった人々の社会的、知的地位が向上し、やがてそれまで低級なものと見なされていた学問や技芸が、中世大学の高級な自然哲学と融合する過程」（ヘンリー 2005: 19f.）と見なしている点では、数学的理論化と実験の重視の融合としての科学革命という本章で提示してきた見方と合致するものではあれ、反する見方ではないと思われる。

以上で見てきた事情にもかかわらず、あらためて次の点を再確認する必要がある。すなわち、近代科学の本性のひとつとして技術との結びつきを見いだすことができるにもかかわらず、近代科学の成立した時期に、技術と科学の結びつきが一般に見られるようになったわけではないし、また、近代科学の本性を技術との結びつきに見る見方が一般化したわけでもない。すくなくとも制度やイデオロギーの面では、むしろ事態は反対の方向へと進んでいく。

近代科学の「本性」がだれの眼にも明らかになるには、ベーコンのテーゼが文字通り実現することになる二〇世紀を待たねばならなかったのである。

第七章　イデオロギーとしての科学と技術——近代のパラドックス

技術と科学の関係をめぐる問題は、技術史の世界でも最もポピュラーな話題のひとつである。例えば、技術史に関する国際雑誌として定評のある『技術と文化（*Technology and Culture*）』では、一九六〇年代からこの問題をテーマにした特集号が何度も編集され、歴史家ばかりではなく、哲学者や社会学者などをも巻き込んだ議論が繰り返されてきた（議論状況の詳細な分析に関しては、Staudenmaier 1985 を参照）。しかしながら、それらの議論を通して、ひとつの見方が圧倒的な説得力をもつようになることはなく、最近では、このような議論からは積極的な論点を導くことはできないのではないか、という悲観的意見のほうが多くなっている。

こうした事情はあらためて前章で確認したことを想起させる。すなわち、技術と科学の関係を考える場合には、「技術」や「科学」という言葉が使われているからといって両者が示す実体が存在すると素朴に考えてはならないのである。この点が特にはっきりするのは一九世紀から二〇世紀にかけてである。この時期に技術と科学はそれぞれ固有の学問分野として確立し、高等教育機関のなかに独立した制度として実現されていく。他方でこの時期は、産業革命以降、技術と科学の結びつきが次第に強まっていく時期でもある。実際の両者のあり方と、制度や理念として実現していくあり方とは必ずしも一致しないのである。それゆえ、「技術」と「科学」の関係をめぐる問題はむしろイデオロギー的問題という性格を強くもつことになる。以下本章ではこうした特徴に着目して両者の関係がもつ問題に焦点を当てていくことにしたい。

1　発明家と科学者の競争

技術と科学の区別がイデオロギー的性格をもつことを印象深く示す事例のひとつとして、T・ヒューズの取り上げている事例を見てみよう。

一九一四年に勃発した第一次世界大戦が科学技術と戦争の関係に大きな影響を与えたことはよく知られている。戦争が始まって以来、機関銃、戦車、毒ガスなどが発明され、また発明されたばかりの航空機が戦争に投入され、戦争の機械化が大幅に進むことになった。戦争のなかで科学技術が人的資源とともに、あるいはそれ以上に、重要な役割を果たすことがだれの目にも明らかになっていった。この時期にアメリカでも、ドイツの潜水艦による被害などをきっかけにして、戦争に対する技術的発明の貢献を組織的に利用しようとする動きが始まり、一九一五年には海軍に「独立した発明家」のエディソンを代表とする「海軍諮問委員会」が作られた。エディソンによって選ばれた委員は、もっぱら発明家や技術者に分類される人びとであり、アメリカ物理学会や科学アカデミーの代表はメンバーから外されていた。

　こうした動きに対して、科学者のなかからも、科学の軍事的貢献を推進しようとする動きが始まったが、なかなか科学者の組織である学会での意志の一致を得るまでには至らなかった。しかし、ドイツの潜水艦の脅威が次第にはっきりしてくると、科学者たちも独自に「国立研究審議会」を形成し、自分たちも国家の役に立つ存在であることを示そうと努力し始めた。一九一七年には、海軍はこの審議会に潜水艦探知の技術開発という重要な仕事を依頼することになり、それを受けて、著名な実験科学者のR・ミリカンを代表とする委員会が設置された。ミリカンはイギリスのラザフォードなどとも協力して、さまざまな探知装置の開発を試みた。他方、「海軍諮問委員会」のほうでも、潜水艦対策に特別委員会を設置し、さまざまな新たな対策が考案された。このように潜水艦対策の研究の過程では、一方の技術者、発明家と、他方の、大学や産業界に属する科学者との間での共同作業が推進されたのみならず、両者の間の競争もまた激しくなった。

　ヒューズによれば、この潜水艦探知装置の開発に関して、科学者と技術者、あるいは科学研究と発明とを区別することにはあまり意味はないことになる。というのも、科学者のほうも発明家に劣らず、あるいは、発明家以上に新たな装置の発明能力のあることを証明したからである（Hughes 1989: 118f.）。

2　科学と技術の制度的分離

前節で見た事例によると、科学者と技術者は同じ課題に類似した仕方で取り組むことができるのであり、両者がお互いを競争者と見なすこともありうるということになる。このような物語からも窺えるように、科学と技術の区別が話題になる場合、そこで問題にされている区別は必ずしも具体的状況を正確に反映したものではなく、むしろ、実態から懸け離れたレトリックやイデオロギーを反映したものであることが多いのである。

言い換えると、科学と技術の区分を問題にするには、たんに両者それぞれの活動内容を取り上げるだけでは不十分であり、両者が置かれた歴史的、社会的な文脈を考慮する必要があるということになる。実際、両者の区別がしきりに話題になり出すのは、一九世紀において、科学と技術が高等教育機関、研究機関のなかで専門分野として制度化を始めた時期である。当時、大学のなかでは、それまでの古典的な学問観が大きく変化し始め、学問の専門化、個別化、実証科学化が急速に進展し、現代にまでつながるような学問観と大学の組織が形成された。こうした動きのなかで、以前から大学のなかに位置を占めていた数学や天文学などに加えて、それまで技術との密接な結びつきのなかで発展してきた実験科学が大学のなかに位置を占めるようになる。

とりわけ興味深いのは、この過程で、実験科学もまた、直接には技術などとは結びつかず、真理自体を探究する「純粋」科学、あるいは、「専門化された」科学として、産業と結びついた「応用」科学ないし技術から区別され、一段高い位置に立つものとして理解され始めるようになった点である。こうした事情にもとづいて、「「純粋」科学と「応用」科学との間の厳密な区別は、一九世紀に生じた制度的変化のもたらしたイデオロギー上の産物なのである」（Kohler 1976: 621f.）といわれることになる。

一九世紀のドイツではフンボルトらの努力によって、「文献学」をモデルにする「学問（Wissenschaft）のための学問」を理念とした新しい大学の建設が始められたが、まさにその過程で、実用と密接に結びついた「化学」が大学のなかに位置を占めるようになった。村上陽一郎はこの「皮肉な」事態をドイツのギーセン大学で化学者のリービッヒが実験室を設立した事情に即して次のように描いている。「たちまちのうちに、幾つもの大学がギーセン大学を真似て、化学研究室を置くようになった。ここにこそ、筆者は、単なる「知識」ではなく、「科学」と呼ぶことのできる最初の出発点をみるのである。高等教育機関を通じて、「専門家」として、その分野だけに必要十分な知識と技術の双方を教育され、一人前の研究者としてその後その分野でさらに研究を続けて行くことのできる能力を開発されることが、「科学者」《scientist》であることの条件であるとすれば、リービッヒの研究室から生み出された人々は、まさしく「科学者」であったということができよう」（村上 1986: 129）。このような事情に即して見るなら、一方では、一九世紀における「科学」は最初から技術と密接な関係のなかで生まれたのであるが、他方では、まさにそうであったがゆえに、この「科学」が「学問（Wissenschaft）」という理念をもつ大学に受け入れられることは必ずしも歓迎されるべきことではなく、むしろ否定的に評価されることであった。「したがって、成立したばかりの「科学」から応用的技術的側面をできるだけ削ぎ落した形の、「純粋科学」や「理論科学」や「基礎科学」が、そうした状況のなかから生み出された、と考えてよいのではないだろうか。むしろ、そうした応用的科学に対する冷たい雰囲気こそ、大学において理論科学を錬磨する格好の研石となったのではないか」（村上 1986: 130f.）。

他方、このような流れのなかで、技術者の方でも、「純粋」科学としての自然科学を含んだ総合大学に対抗して、自らの学問分野を独自の意味をもつものとして確立しようと試み始める。例えばドイツに見られるTH（Technische Hochschule）のような「工科大学」と呼ばれる新たな高等研究・教育機関が世界各地で次々に生み出されていくことになる（村上1986、第3章、第4章参照）。興味深いのは、「技術の哲学」という言葉がはじめて繁雑に用いられるようになったのが、ちょうどこの時期だという点である。

実際、一八七七年に出版されたE・カップによる『技術哲学の基礎（*Grundlinien einer Philosophie der Technik*）』を筆頭として、E・チンマーやF・デッサウアーらが「技術の哲学」という言葉を表題に含んだ著作を次々に出版することになった。そしてそれらの著作のなかでは、科学と違った技術の特有性がさまざまな仕方で強調された。とりわけデッサウアーの著作では、プラトンやカントの哲学を基礎にしながら、技術は「第四帝国」に存在するイデアを具体化する試みとしてとらえられ、その点で自然科学とは根本的に異なる性格をもつものであることが強調された（Dessauer 1933）。

こうして見れば、「純粋」と「応用」の区分、あるいは、科学と技術の区分は、それぞれ固有の意味をもっているというより、そのつどの歴史的状況のもとで一定の意味をもたらされてきた概念区分であり、したがって、そうした歴史的前提を無視して二つの概念を無条件に前提したうえで、両者の関係を問題にすることはできないということになる。そのうえ、この区分はさらに問題をはらんでいる。

3　近代のパラドックス

一九世紀後半といえば、科学の技術化と技術の科学化がしだいに進み、実際には両者が次第に区別しがたいようになる過程が始まった時期である。産業革命のなかで技術革新の果たす役割が増大し、技術から科学への需要が生じ、技術のなかで生じた問題を解決するために科学の成果と方法が技術のなかで応用される機会が増大する（例えば、トーマスによる製鉄技術の改良やレーデンバッハーによる鉄道技術の改良（Böhme et al. 1978: 364）など）。他方、先に取り上げた化学や電磁気学のように産業の発展と直接的に結びついた科学が発達してくる。こうして、科学と技術の間で相互の需要・供給関係がしだいに組織的なものになっていく（例えば、電磁気学と電信技術との相互交流（橋本 1995）。さらに、産業革命の時代から、それ以降の産業化の流れのなかでの科学と技術の関係を広く扱った中島秀人の議論（中島 2008）を参照）。

こうした過程を経て、科学は巨大化し、技術的な装置への依存を強め、その課題自身をたんなる自然現象のみならず、技術現象からも受けとるようになっていく。それに対応して、技術の方も、たんに科学の成果を応用するばかりではなく、自らの方法のなかに理論化の作業を不可欠なものとして含むようになり、独自の理論をもった学問領域を形成していく。こうした勢いは、二〇世紀になると、例えば、第二次世界大戦における「科学動員」のような要因によって加速されていく。そして最終的には、両者のなかで行われていることが基本的には区別がつかなくなり、「科学技術」という言葉でしか表現できない事態が生じるようになる。こうしてみると、ちょうど科学と技術が相互に関連を強め始めた時期に、両者の区別を強調する言説が繁雑に用いられることになったと考えることができる。

このような歴史の流れを考慮するなら、「技術」と「科学」を区別することに含まれているイデオロギー的性格はさらにはっきりしてくるだろう。例えば、技術史家のE・レイトンは、技術と科学は近づけば近づくほど、そして両者の相互作用が密接になればなるほど、両者を区別する境界がより厳密に定義されるようになるという事態を指摘し、それを「逆説（パラドックス）」と呼んでいる（Layton 1987: 597）。この事態はB・ラトゥールが「近代の逆説」と呼んだ事態を典型的に示すものといえる。

ラトゥールによると、近代の特徴は、「人間と自然」をはじめ、「文化と自然」あるいは「科学と技術」などさまざまな概念区分が「純化（purification）」され厳密になり、さまざまな厳格な二元論が作られると同時に、その裏で、区分されているはずの二つの契機の間での「翻訳（translation）」、「媒介（mediation）」あるいは「ハイブリッド化（hybridization）」が無制限に生じる点にあるとされる（ラトゥール 2008：27f., 59f.）。ラトゥールはこの事情を次のように述べている。

一方の翻訳ないし媒介と、他方の純化の働きとの間にはどのような結び付きが存在しているのだろうか。わたしが光を当てたいのはこの問いである。わたしの仮説は、まだ粗削りであるが、第二の働きが第一の働きを可能にしているというものである。つまり、わたしたちがハイブリッドを考えることを禁じれば禁じるほど、両者の交配がそれだけ盛んになるというわけである。これが近代の逆説というものであり、この逆説をわたしたちが把握できるのは、今日わたしたちが置かれている［社会がハイブリッドに満ちているという］例外的な状況のためである。（ラトゥール 2008：28）

このラトゥールの考え方を利用すると、純粋科学と応用科学、あるいは、科学と技術という区別を少なくともイデオロギーのうえで厳格に行えば行うほど、実際に生じている両者の結合のあり方から目がそらされ、両者の結合はむしろ自由に制限なく発展可能となる、あるいは、暴走することになる、ということができるかもしれない。つまり重要なのは、形式的な区別が両者の関係にブレーキとなって働いたのではなく、むしろ逆に、両者の実質的な結合を加速させる役割を果たしてきたという点である。科学は、真理自体を求める、という理念を掲げることによって、その研究の範囲、成果に関してまったく社会的関係から切り離されているかのごとくに研究を進め、その規模を拡大することができた。他方、技術は、そのような仕方でもたらされる科学の成果を無制限に手にする自由を獲得できるのである。

そして現在では、さまざまな大規模な技術的装置を用いることによって成り立つ巨大科学が出現すると同時に、他方では、例えば原爆製造などに関連して科学者の活動に関しても社会的責任が議論されるようになり、もはや（社会から相対的にではあれ独立した）科学と（社会と密接に関係する）技術とは別ものであるという考え方は簡単には維持できないことがはっきりしてきた。そしてこのことは同時に、科学と技術がもはや両者が置かれている社会的、自然的関係から切り離しては考えられなくなった、ということをも意味している。

こうして、技術と科学の関係をめぐる問題は、現代では、それぞれの概念を前提したうえで、両者の関係がどうなっているかを問うことにではなく、むしろ、両者が具体的にどのような仕方で相互作用しているのか、あるいは、そもそも区別のできない活動が、どのようにしてそれぞれが「技術」や「科学」という題目のもとであたかも別の組織や分野であるかのごとくに形成されるようになっているのか、といった点を問うことに見いだされるのである。

第八章　技術は科学の応用か――知識論の「技術論的」転回

本書ではこれまで、近代科学の本性には人工的現象や人工的装置を製作するという技術的要因が含まれていること、さらには、技術と科学の関係という問題は、歴史的、社会的脈絡のなかで意味を与えられる「イデオロギー的」性格をもつこと、こうした点を確認してきた。このような観点から振り返ってみると、技術は科学の応用であると見なす「応用科学説」が技術と科学の関係を考えるうえでどれほど事態を一面的にとらえる見方であるかを再確認できる。たしかに、現代の技術と科学の密接な関係を考えると、技術のなかで科学の応用という面が重要不可欠な役割を果たしていることは間違いない。しかし、そのような面のみを一般化して両者の関係を見ると、歴史的、社会的文脈に応じて両者の関係が示す多様な姿をとらえられなくなってしまうのである。

しかしそれでは、「応用科学説」には見るべき点はまったくないのだろうか。ほとんどの歴史家が繰り返しこの説は間違っていることを指摘しているにもかかわらず、この説が根強く残り続けている理由のひとつは、近代技術の知的性格を考える場合に、この説がひとつの明瞭な説明を与えてくれるように思われる点にある。以下では、「応用科学説」の批判的検討を通して、技術に備わる特有な知的性格に焦点を合わせることにしたい。そしてさらには、技術に関する「認識論的」検討が認識論の枠組み自体に関係する重要な知見をもたらすことを確認したい。

1 応用科学説

現代でも「応用科学説」を支持しているように見える論者は少なくないが、この考え方を明確な仕方で定式化した試みは必ずしも多くはない。そのなかで、M・ブンゲの「応用科学としての技術」(Bunge 1966)という論文は、ずいぶん前に書かれたものであるにもかかわらず、応用科学説を明確に定式化した論文として今でもしばしば参照されている。

ブンゲの論文のなかで中核をなしているのは、人間活動のあり方を科学と技能(craft, art)とに大きく分類し、その中間にあるものとして技術(engineering)を位置づけるという考え方である。背景にあるのは、一方の極に、実在を統括している科学的法則に関する合理的知識を置き、他方の極に、行動に関する必ずしも合理的とはいえない習慣的規則に関する「知識」を置くという、知識に関する区分である。ブンゲによると、習慣的行動に関する規則がこれまでしばしば成功をもたらしてきたからといって、その規則が実在のあり方に正確に対応しているとは必ずしもいえないのであり、実在に関する真なる知識を与えるのは科学のみなのである。

ブンゲの特徴は、このように科学理論と習慣的な行為規則とを峻別したうえで、真理と知識の源泉をもっぱら科学理論のなかにのみ見いだすところにある。習慣的行為規則が現実を的確にとらえる場合があるにしても、それはあくまでも偶然のことであり、その適合性が根拠のあるものであるためには、科学理論による裏づけが必要になると見なされる。そして、ブンゲによると、「技術」はこの科学理論と習慣的規則との中間に位置するものであり、それが知識としての合理的性格をもつとすれば、それはもっぱら、そのなかに応用という仕方で科学理論を含んでいるからだと見なされる。ブンゲはこの応用の仕方を二種類に分類し、一方を「実質的（substantive）」、他方を「操作的（operational）」と呼んでいる。

> 実質的技術理論（substantial technological theories）は、科学理論を現実に近い状況に適用することにその本質がある。例えば、飛行の理論は本質的に流体力学の応用である。他方で、操作的な技術理論（operational technological theories）は、最初から現実に近い状況のなかにある人間と人間－機械複合体に関係している。例えば、航空会社の経営理論は、飛行機ではなく、従業員の活動を扱うものである。実質的技術理論にはつねに科学理論が先行しているのに対して、操作的理論は、適用的探究のなかから生まれてくる。（Bunge 1966: 331）

ブンゲはここで、実質的な技術理論には科学理論がいつも先行していることを明言している。それに対して、経営理論のように、人間組織の活動に関する操作的理論の場合には、利用しうる科学理論が最初から用意されているわけではないので、理論形成自体も技術活動のなかで生じることになる。しかし、この場合にもブンゲによると、その方法として、勘や経験に頼るのではなく、科学的方法を用いるところに技術の特徴があると見なされる。

このようにブンゲは、技術における理論知の特有性を十分考慮しながらも、他方では、伝統的な知識観を大前提とした議論を展開している。すなわち、ブンゲによると、科学は、実在を正確に表象する（represent）という点で知識と真理の基本性格をもつものであり、この性格によって実在に関する「深い理解」をもたらすことができる。それに対して、熟練や技能などは、もっぱら役に立つ知識をもたらすことに限定されており、それゆえ、人間的なスケールの範囲に限定された実在に関する「浅い理解」をもたらすことができるだけである（例えば、ブンゲによると、たんなる熟練は対象に関する間違った理解によってもうまくいくことがありうる、という点で実在に関する「浅い理解」にとどまるのである）。したがって、もし技術が実在にかかわるものであるとするなら、それは科学理論を前提し、そこから認知的内容を得なければならないというわけである。以上のように、ブンゲの技術的知識の見方は、「技術」の特徴を「経験」から区分して「理論」にもとづくものと見なす点で、いわゆる「プラトン主義」の典型例と見なしうる。

2 「応用」の具体的過程

たしかにブンゲのような見方は、近代技術、とりわけ、「工学（engineering）」と呼ばれる学問が科学と密接な関係をもっていること、そして、たんなる職人技や熟練とは違って、固有の理論的内容を含んでいること、などの特徴を明確化する功績をもっている。にもかかわらず応用説が多くの歴史家の賛同を得られないのは、それが歴史的にみて非常に限定された妥当性しかもたないことのほかに、この見方では、技術の働きがもっぱら科学に依存するようにとらえられてしまい、「応用」と呼ばれる過程のもつ複雑さや、その過程で発揮される技術の独自性が無視されてしまうからにほかならない。

例えば、ルドルフ・ディーゼル（1858-1913）によるディーゼル・エンジンの発明を考えてみよう。ディーゼル・エンジンの発明は、カルノーによる理想的な熱機関に関する理論にもとづく点で、「応用科学説」の典型例と見なされるかもしれない。たしかに、ディーゼルが新しい熱機関の構想を抱くきっかけを与えたのはカルノーの理論だった。しかしながら、実際にエンジンを製作し、製品化する過程では、ディーゼル自身よりも、企業に属する技術者による開発と改良の仕事が重要となり、その過程でエンジンの基本原理も等温エンジンから等圧エンジンへと変更されるなど、さまざまな変更や修正を受けることになった。そのため、ディーゼルは最終的にできあがったエンジンがディーゼル自身の発明によることを法的に争わねばならなくなったほどである。このように、たしかにこの過程をカルノーの理論の応用と呼ぶことも不可能ではないが、しかし実用化されるに至った「ディーゼルの」エンジンとカルノーの理論との間には巨大な距離があり、その距離を埋めるためには、技術的、経済的、社会的要因との間でさまざまな「交渉」、「翻訳」を繰り返さねばならなかったのであり、その過程は決して直線的な過程ではなかった（村田 1995: 274f. 参照）。

あるいは同じく一九世紀後半から二〇世紀初頭になされた重要な発明である電信技術の例を考えてみよう。無線電信の発明者として知られているG・マルコーニ（1874-1937）は、電磁気学の理論を研究し、特にヘルツによる電磁波の存在を証明する実験から刺激を受けて、無線電信機の製作を開始した。マルコーニはそれまでのように実験室内でのみ送受信できる無線機とは違って、遠距離の送受信が可能となる無線機の製作を試みた。技術史家の橋本毅彦はマルコーニの仕事について次のように述べている。「試行錯誤の末にたどり着いた形のは、高い棒から吊り下げた金属板と、地面に埋めたもう一枚の金属板からなる、新しい形態のアンテナであった。新しい装置はよく働いた。しかしマルコーニは、何故それが遠距離送信を可能にしたのかわからなかった。彼には、それを理論的実験的に解析する能力が欠けていた。……もちろん彼は電磁気理論を応用して、無線装置を発明したわけではなかった。発明と改良が先行し、その理由付けは科学者に任された」（橋本 1995: 280f.）。

たしかにマルコーニによる無線機の発明も、マックスウェルの電磁気理論を背景としながら、ヘルツによる科学的な実験をきっかけに成立した点で、科学の応用の過程と見ることも不可能ではない。しかし、その過程は科学理論から自動的に導かれるようなものではなく、独自の工夫と才能を要する創造的過程であった。

以上見てきた例からも分かるように、技術の開発、改良、普及の過程が終わった時点から見れば、ひとつの技術の成立過程を先行する理論の「応用」として描くことも不可能ではないが、しかし、その「応用」過程自身を少し詳しく見るなら、そこには、理論には還元できないさまざまな固有の性格が見てとれる。そして、技術的活動とそれに備わる知識の性格はまさにこの「応用」の過程のなかに見いだされるのであるから、その点に焦点を合わせない限り技術の特有性を明らかにすることはできないのである。したがって、こうして見ると、「応用科学説」の最も重大な欠陥は、「応用」という言葉を使いながら、その内実に焦点を合わせていない点にあると考えられる。そしていったん「応用」という過程自身に焦点が合わせられると、そこには理論には還元できない多様な要因が見いだされ、もはや、理論を中心とする技術観が成り立たなくなり、結局「応用科学説」自体の一面性が浮き上がってくるのである。

3　技術知の特有性

「応用」の過程には理論には還元できない独自の創造的契機が含まれている。これが以上の議論からの結論だった。それでは、この創造過程を可能にしているのはどのような知的性格なのだろうか。

（1）設計の優位

ここでは技術史家のE・レイトンの考え方に従って、設計という営みに注目してみよう。レイトンによると、科学者と技術者の活動はどちらも製作と理論の両方の契機を含んでいる。科学者も技術者も知ることによって作り、作ることによって知るという「同じ」活動に従事しながら、目的として理論を置くか設計を置くかという点で両者は区別される。レイトンはこの点を以下のように述べている。

> 近代科学の観点から見ると設計は取るに足らないものであるが、工学の観点から見ると、設計がすべてである。設計とはあらかじめ考えられた目標に到達するために手段を目的にかなうように利用することであり、それが工学の本質である。技術の目的は知識にあるのではないので、工学の科学的部分は付帯的なものである。科学は設計に奉仕する限りにおいてのみ、技術に役立つのである。(Layton 1976: 696)

こうしたレイトンの観点にもとづくと、近代科学の本性には人工的装置や人工的現象を製作し、利用することが不可欠に含まれているにしても、科学の目的があくまでも知識、とりわけ理論的知識の獲得にある以上、人工的装置や人工的現象の製作自体が目的となることはない。他方で、技術の場合には、どれほど理論的知識が前提となっていても、問題はあくまでも人工的装置の製作、改良、そして社会的利用に置かれている。こうした点で、科学においても技術においても、作ることによって知り、知ることによって作るという共通の過程が見られるにしても、その過程が置かれた脈絡が異なるために、どちらに重点を置くかが異なってきて、最終的にはかなり違った姿（レイトンは両者の関係を「鏡像」になぞらえる）を呈するようになるというわけである。

しかしそれでは、技術、あるいは、工学にとって不可欠な「設計」に必要な知識とはどのような知識なのだろうか。

(2)「エンジニアの心眼」

ここで、技術論者のE・S・ファーガソンの議論を参照してみよう。ファーガソンは設計に必要な知を科学的な理論知と区別するために「エンジニアの心眼(mind's eye)」という興味深い言葉を使って表現している（ファーガソン 1995）。ファーガソンがこの言葉によって取り出すのは次のような知の性格である。

第一に、設計図を描いたり、読み取ったりするために必要な知識は、非言語的、イメージ的性格をもっていなければならない。ファーガソンはこのような知の具体的な実現形態を「視覚的思考」とか「視覚的言語」という言い方で表現している。実際、設計者同士、あるいは、設計者と製作者とのコミュニケーションを可能にしているのは、理論言語ではなく、こうしたイメージ的「言語」なのである。第二に、イメージ的要素を含む知は、直観や暗黙知という性格を示すために、明確な規則には定式化することはできない。この点にもとづいて、ファーガソンは設計の過程をコンピュータで置き換える試みには決定的な限界のあることを指摘する。

コンピュータ利用による確実性というのは幻想であり、設計がうまくいくのに必要とされる人間の判断の量や質を変更するものではない。かなり複雑なもの——エレベーター、鉄道の機関車、酸製造プラントの熱交換器——の設計を完成させるためには、延々と絶えることのない計算、判断、そして、設計しているシステムに経験をもつ技術者のみがなしうる妥協が必要となる。「大きな」決定は、エレベーター、車両、熱交換器についての、詳しい、直接の体験を通して獲得した知識にもとづいてなされなければならない。すべての設計者は、動く機械の性能の実用上の限界に対する直観、そして材料と製造過程の妥当性に対する幅広い判断力をもたねばならない。(ファーガソン 1995: 56、強調は引用者)

第三に、以上にもとづいて、ファーガソンは、技術者が必要な能力を獲得するためには、現場の機械工や溶接工などの熟練した技能を実際に見聞し、学ぶ必要のあることを指摘する。もちろん、設計技術者がそのまま生産現場の工員であるわけではない。にもかかわらず、実際に製品を作り、そして使う過程を直接体験することによってはじめて、設計に必要な直観や判断力を獲得することができ、創造的な設計に携わることが可能となるというのである。

こうして本章の議論は、知識に関して、ブンゲの議論のなかに見いだした区分とはずいぶん異なった区分の仕方に到達することになった。ブンゲの場合には、理論を含まない（職人の）技能に対して科学と技術（工学）とを峻別することに重点が置かれていた。それに対して、ファーガソンの場合には、理論に還元できない知識を必要とするという点で、技術（工学）と技能をまとめて科学に対比する点に重点が置かれている。イメージ、暗黙知、直観、判断力といった実際の現場で有効となる知の機能こそが技術を技術たらしめる役割を演じているのである。

（3）「飛行性」の設計

設計に現れた技術知の特有性を見るために、技術史家のW・G・ヴィンセンティによる飛行機の設計に関する議論を参照することにしたい（Vincenti 1990: Chap.3）。

飛行機が一定の速度でまっすぐに飛ぶためには、飛行機に働く推力、抗力、揚力、重力が釣り合っていなければならないが、同時に何かの原因で釣り合いが壊れたときにもとの姿勢に戻る性質を備えていなければならない。この性質を「安定性（stability）」と呼ぶ。他方で、飛行機は操縦者の希望通りに姿勢や方向を変更できなければならない。そのために必要な飛行機の性質を「操縦性（maneuverability）」と呼ぶ。操縦は、釣り合いを保った安定状態を破ることによって行われるのであるから、操縦性と安定性は、どちらも飛行機にとって不可欠でありながら、相反する関係にあり、両者をどのようなバランスで組み合わせるかという問題が飛行機の設計にとって不可欠の課題となる。

一九一〇年代以降、一定の安定性と操縦性とを備えたさまざまな飛行機が作られたが、それらは必ずしも操縦者に操縦しやすい飛行機として受け入れられたわけではなかった。特に、戦闘機などの場合には操縦のしやすさは死活問題であり、操縦士にとっての操縦しやすさは「飛行性（乗り心地）(flying qualities)」と呼ばれ、設計の重要課題と見なされた。

しかしこの「飛行性」を設計の概念に翻訳しようとすると、「安定性は必要であるが、過度の安定性は避けるべきだ」といった定式化ができるのみで、操縦士の感覚で示された問題を正確にとらえることができないままであった。ヴィンセンティは、この「飛行性」を設計概念に取り込む困難な過程を、問題の「不適切な定式化」から「適切な定式化」へと根本的に定式化し直す過程として描いている。

ヴィンセンティによると、この問題の定式化のし直しにとって決定的に重要だったのは、設計者が操縦士と密接に連携して、共同作業をすることだった。というのも、同じ飛行機を相手にして操縦性や安定性という言葉を使っていても、操縦士と設計者では視点が違うため、それらの意味が異なって理解されてしまいがちだからである。

操縦士にとっては、飛行機と操縦士は一緒になってひとつの閉じられたダイナミックなシステムを作っているように感じられる。他方で設計者にとっては、飛行機はさまざまな要因が働くことによって機能するひとつの開かれたシステムであり、操縦士もそのなかの要因のひとつと見なされる。

このように操縦士と設計者との間で視点が異なっているために、「飛行性」に関する理解がなされるには、両者の間での翻訳が不可欠となる。実際この問題は、一九四〇年代に入ってR・R・ジルルースが操縦士の見解を取り入れて、安定性と操縦性に関する設計に対するいくつかの「要請」を定式化することによって一定の決着を見ることになる。その要請のなかには、加速飛行における昇降舵の制御に関するものが含まれており、ジルルースはこれをちょうどその当時知られるようになった「1g（重力加速度）あたりの操舵力（操縦桿を引く力）」という考え方に求めた。この「1gあたりの操舵力」は、その後、操縦のしやすさに対する量的、客観的基準のひとつとして重要な役割を演じることになる。

以上のような「飛行性」の設計をめぐるヴィンセンティによる物語は、飛行機の設計が流体力学のたんなる応用という過程からは懸け離れたものであることを印象深く示している。

設計者は、たんなる物を相手にしているのではなく、そのものを使う人間を相手にしているのであり、その使用者の視点を考慮しなければ人工物の設計は不可能なのである。したがってここでは、使用者と設計者との間のコミュニケーションと相互理解が不可欠となる。他者の主観的理解を翻訳し相互理解に至るための能力を「解釈学的」能力と呼ぶとすれば、技術知のなかには、たんなる自然科学的な知のみならず、人間相互理解にかかわる「解釈学的」知も含まれているのである（なお、直江清隆は、ここで取り上げたヴィンセンティの設計論をはじめ、さまざまな設計についての考え方を、ハッブル宇宙望遠鏡の設計を事例にしながら論じている（直江 2008））。

多くの場合、応用という言葉は、「それは応用にすぎない」といった言い方に現れているように、応用されるべきものを前提している二次的、副次的活動と見なされることが多い。それに対してこれまでの考察から明らかになったのは、「応用」という課題を遂行する過程には、設計という技術に固有の創造的活動が含まれており、そのためには自然科学の理論的知には還元できないさまざまな形態の知が動員されねばならないということである。

4　知識とその「応用」

以上、ここまで、いわゆる「応用科学説」では十分注目されることのない「応用」という過程に注目することによって、技術知の特有性を明確化することを試みてきた。しかし、「応用」という過程を真剣に考えることは、たんに技術知の固有性を明らかにするばかりではなく、知識一般に関する見方に対しても大きな影響をもたらすことを最後にかいま見ておくことにしたい。

知識とその応用について語られるとき、多くの場合、まずは最初に知識があって、その後に「応用」という過程が可能となると考えられる。それに対して、むしろ、知識はそれが知識という性格をもつためにこそ、その本性に「応用可能性」を含んでいなければならないことを強調した論者として、I・カント（1724-1804）をあげることができる。以下では、カントが知識論の古典中の古典ともいえる『純粋理性批判』の「（超越論的）判断力論」のなかで展開している議論を参照して考えてみることにしたい。

カントによると、概念や規則に関する形式的な知（悟性の能力）は、それのみでは経験的知識を成立させることができないのであり、経験的知識を成立させるためには、それら概念や規則を実際の経験のなかで適用できなければならない。そしてこの適用の能力をカントは「判断力」あるいは「構想力」と呼んだ。

規則や概念は、経験のなかでの適用によって意味が与えられるのであり、この適用可能性を欠いては、意味をもちえない。他方、この適用の能力は、概念や規則に関する知（学校教育によって与えられる知）によって得られるのではなく、判断力の「習歩車」である具体的な実例をもとにした実際の「練習」を通してのみ得られるのであり、それは、むしろ「天性の機知」ないし「天賦の資質」に属するものと見なされる。したがって、概念や規則に関する形式的知のみを扱う「一般論理学」は、認識にとって最も重要な契機を把握することができないのである。カントは、『純粋理性批判』のよく知られた箇所で、次のように述べている。

ここでもし一般論理学が、どのようにしてわたしたちがあるものをこれらの規則のもとに包摂すべきか、すなわちあるものがこれらの規則のもとに属するか否かをわたしたちがどのようにして弁別すべきかを、一般的に示そうとすれば、それは再び規則によってなされるほかはないであろう。しかもこの規則は、それが規則であるというまさにそれゆえ

に、さらに判断力の指示を待たなければならない。（カント 1965: 147〔＝B172/A133〕）

認識の成立にとって、経験のなかで概念や規則を適用する判断力の働きが不可欠であるが、その適用の仕方自身は一般的規則では表現できない。というのも、もし適用の仕方が一般的規則で表現されるとすると、今度はその規則を適用するために、さらにもうひとつの規則が必要となってしまい、いつまで経っても、具体的事例に到達することができず、無限後退に陥ってしまうからである。したがって、その規則の適用能力は具体的な実例を通してのみ獲得されると考えるほかはないが、もしそうだとすると、知識の基礎には、一般的な規則に関する理論的知識には還元できない適用の能力としての一種の「技術」が存在することになるだろう。実際、カントによると、それぞれの適用に際しては、概念や規則を具体化した「図式」を形成しなければならず、その図式の形成能力は「人間の心の内奥に潜む隠された技術（Kunst）」と呼ばれることになる。

こうしてみると、カントが判断力（ないし構想力）の特徴としてあげている諸性質は、ファーガソンが技術知の特有性としてあげていた諸特性、すなわち、設計図などを描くときに不可欠な非言語的能力、イメージ化する能力、あるいは実例によってのみ学ばれる熟練の技、などといった特性とぴったり重なることに気づかされる。こうした点から見るなら、カントが認識を成立させる働きの最も内奥に見いだしたのは、世界をたんに客観として眺めている理論家の視点ではなく、世界のなかでさまざまな人工物を設計し製作している技術者の視点（「エンジニアの心眼」）だった、といってもいいすぎではないことになる。知識の成立にとっては形式的理論を適用する技術的、実践的能力が不可欠であること、このカントの観点はその後、さまざまな哲学者によって、さまざまな形で展開されることになる。

例えば、G・ライルは「方法を知ること（方法知）（Knowing how）」と「内容を知ること（命題知）（Knowing that）」という知のあり方を区別したうえで、前者が後者の基礎になっていることを強調した（ライル 1987）。ハイデガーは、日常的に出会われる存在者のあり方を「道具的存在」と「客体的存在」とに区分したうえで、前者の存在のあり方が後者よりも存在論的に先行することを強調した（ハイデガー 1963a）。どちらも、明確に定式化可能な理論的知に対して、技術的、実践的な知が優先することを指摘している。このように、さまざまな展開の仕方がなされているが、特に技術という点から見るなら、何といっても、プラグマティズムの代表者のひとりであるJ・デューイの議論が際立っている。

デューイ（1859-1952）によると、知識とは、問題状況に直面した人間が、問題解決のために製作し、利用するための「道具」なのである。問題解決の道具としては、具体的な技術的人工物から、思考の道具としての抽象的な理論に至るまで、さまざまな種類のものを考えられるが、いずれにしても、知識の本来的役割が発揮されるのは、それが具体的な問題解決に寄与するように適用され、「応用」されている場合である。こうした観点から見ると、純粋科学と応用科学、純粋理論とその応用、という伝統的な知識論で認められてきたヒエラルヒーは根本的に逆転される。実際、デューイによると、数学や物理学のような「純粋」科学よりも医学や工学などのようないわゆる「応用」科学と呼ばれてきたもののほうが本来の意味で「科学（知識）」と見なしうるのである。

ときに「応用」科学と名づけられるものは、したがって、慣習的に純粋科学と呼ばれているものよりも真の科学であるといえるかもしれない。というのは、応用科学は直接にたんに道具性と関わっているだけでなく、反省的に選ばれた結果を実現することを目指して、存在を効果的に修正するために機能している道具性と関わっているからである。……このように考えれば、知識は、数学や物理学においてよりも、工学や医学、あるいは社会的技術においてのほうがより適切な形で存在することになる。またこう考えれば、歴史や人類学も科学的だということになるが、そのような意味からすれば、一般的定式を得たところにとどまっている情報の集合は、それだけでは科学的ではないのである。（デューイ 1997: 173）

こうしていわゆる「応用科学説」の批判的検討から出発した本章の議論はずいぶん遠い地点に到達したことになる。技術的知識の特有性を明らかにするという技術をめぐる知識論の議論は、科学と技術の関係を明らかにする作業のみならず、伝統的な知識論の前提自身を問う作業を導き、結果的に知識論の変換をもたらす可能性を含んでいることが示された。そしてまさしくこのような帰結は、序章で述べた「技術についての哲学」にとどまらない「技術という観点からの哲学」という本書がとっているスタンスからのひとつの帰結にほかならないのである。

ここで読者は、以上の議論からは非常に片寄った知識の見方が導かれてしまうのではないかという疑問ないし批判を抱かれたかもしれない。実際、ここであげたデューイの引用文などを読むと、もっぱら知識の有効性が強調されているように思われるので、この考え方を押し進めると、基礎研究や「純粋」科学の軽視につながり、ひいては、「役に立つ学問の重視」というしばしば聞かれる主張や、先に見た「モード論」などの主張を追認するだけになってしまうのではないか、という疑念を抱かれたとしても不思議ではない。

しかしながら、知識を自己目的化することなしに応用という性格を強調すること、あるいは、科学と技術の結びつきを強調すること、こうした論点は、必ずしも、マンハッタン計画のような科学と技術の開発プロジェクトに見られる知識のあり方をそのまま知識のモデルケースとして認めることになるわけではない。それどころか、特定の目的を前提したうえで、それを実現するために役に立つ知識のみを評価することほど、ここで焦点を合わせてきた見方から懸け離れた知識観はないのである。この点を十全に理解していただくためには、技術と社会の関係をめぐる次章以降の議論、とりわけ技術の「創造性」に焦点を合わせた議論を待っていただかねばならないが、差し当たりここではデューイの見解を紹介して以上の疑念への暫定的な応答としておきたい。デューイは目的を決して固定したものとして理解してはならないことを強調して次のように述べている。

すべての認識は自分の外に目的をもつということと、認識の行為はあらかじめ達することを定められた特別の目的をもつということとは、別の事柄、反対の事柄である。まして、思惟の道具的性質とは、誰かの欲する私的な一方的な利益を獲得するために思惟が存在するという意味であるなどというにいたっては、いよいよ真実ではない。何であれ、目的が限定されていることは、思惟過程そのものが限定されていることを意味する。思惟過程が十分な成長や運動を遂げることができず、束縛され、妨害され、干渉されていることを意味する。認識が十分に刺激される唯一の状況は、探究およびテストが進む過程で目的が発展するような状況である。（デューイ 1968: 128）

デューイはここで、知識の発展とともに、目的自体も変化する可能性のあることを重視しており、既存の特定の目的のために特定の知識や技術を開発するような試みほど、知識の創造性を押し潰すものはないことを強調している。技術の開発過程は同時につねに、それが使用される目的の適切さへの批判的視点をも含んだものでなければならないからである。このように、技術を構成する手段と目的は相互に批判的関係にあるのだ、ということが目的・手段関係に関するデューイの基本テーゼであり、このテーゼは、技術と社会の不可分な相互関係から成り立つそのつどの状況のなかで、具体的、批判的に実現されねばならないのである

（ここで述べられた論点は、技術と倫理との関係として、一三章であらためて論じられる）。

第九章　技術と社会——技術決定論から社会構成主義へ

技術と社会の関係はどのようになっているのだろうか。

技術と社会の関係は、技術論の基本問題のひとつとして繰り返し話題になってきた。技術史のなかでよく取り上げられるのは、ある社会で生まれた技術が他の社会へともち込まれる過程で生ずるさまざまな現象であり、その過程は「技術移転」と呼ばれる。西欧近代技術が非西欧の国へ移転される場合がその典型例である。他方、哲学では、両者の関係はより一般的に議論され、とりわけ近代技術の根本的特徴をどのように解釈するのかをめぐる議論の文脈で取り上げられてきた。

両者の関係についての最もポピュラーな考え方は、技術が社会のあり方を規定するという、広い意味での「技術決定論」と呼ばれる考え方である。他方、少数派ではあるが、社会のほうが技術のあり方を決定しているのだという「社会決定論」と呼びうる見方も存在する。それに対して、一九八〇年代から話題になり始めた「社会構成主義（social constructivism）」のなかでは、このような単純な二分法を前提にしない議論が登場してきた。以下では、この社会構成主義の見方を中心にして、その考え方のもつ含意を探っていくことにしたい。

1　二つの逸話

（1）技術決定論

最初に、以下の逸話を読んでいただきたい。技術と社会との関係を実に印象深く描いている物語なので、少し長いが、引用しておきたい。

一九七〇年代の初め、スペイン北東部にある小さな村、イビエカの家々に上水道が引かれることになった。水は水道管を通して直接各家庭に送られることになったので、イビエカの人びとはもはや村の井戸から水を運んでくる必要がなくなった。村の家々では、しだいに洗濯機を購入するところが多くなり、女たちは洗濯物を手洗いするために村の洗濯場に集まることがなくなった。

つらい仕事は技術のおかげで余計なものになったが、同時に村の社会生活が予期せぬ仕方で変わってしまった。村の共同の井戸と洗濯場は、かつては活発な社交の場であったが、いまやほとんど人が集まらなくなってしまった。男たちは、子どもたちやロバとの付き合い方をしだいに忘れていった。子どもやロバは、水を運ぶために彼らの手助けをしてくれていたのである。女たちは、洗濯場に集まって洗濯をしながら、男たちや村の生活についてあれこれゴシップを語ることをやめてしまった。それらのゴシップは、かつては政治的な力をもっていたのだが。後になってみると、水道を引くということは、イビエカの人びとが築いていた結びつき、つまり、お互いの間で、あるいは動物たちとの間で、そして土地との間で築いていた強力な結びつきの破壊を助けることになったということになる。この結びつきこそが彼らの共同体を作っていたのであるが。(Sclove 1995: 3)

この物語のなかには技術と社会の関係を考えるうえでヒントになる事柄が数多く含まれている。イビエカの人びとは、上水道を引くという計画が立てられたとき、水汲みや洗濯など、それまでの労苦の多い仕事から解放されることになり、喜んだにちがいない。あるいは、ようやく近代的な生活を送れるようになったことを歓迎したかもしれない。しかし、その結果、人びとの社会関係や生活の仕方がこれほどまでに大きく変わるとは考えはしなかっただろうし、また、計画を立てた人びともそのような結果が生じるとは予想しなかっただろう。しかし、いったんこのような仕方で新たな技術が社会に導入され、社会のあり方が根本的に変化してしまうと、もはやそれを元に戻すことは不可能である。こうした事情があるにもかかわらず、多くの場合、技術の導入に関してその結果生じるだろう事柄を広く予想したり、議論したりすることはほとんどなされることはない。新しい技術の導入は、ほとんどの場合、それまでの労苦の多い仕事量を軽減してくれたり、効率化してくれたりする点で、あたかも導入することが自明であるかのごとくに進んでいく。

しかしそれでは、わたしたちは技術の進展とそれが用いられることによる社会の変化をただ受け入れるしかないのだろうか。新技術の導入に関して、批判的な議論をし、新しい技術を取捨選択し、導入の仕方を制御することは不可能なのだろうか。

イビエカの物語のような事例を前にすると、多くのひとは、それを技術が社会のあり方を「決定」することを示している事例として理解しようとする。技術と社会との関係を考える場合の最もポピュラーな見方のひとつがこの「技術決定論」と呼ばれる見方である。現在でもこの見方のもとで、「インターネットが社会を変える」とか、「新しい家電製品の登場は家事労働のあり方を大きく変えた」といった表現がごく当たり前のように使われている。しかしながら、歴史的事例のなかには、逆に、社会の方が技術のあり方を「決定」すると見なしうる場合もないわけではない。

（2）社会決定論

例えば、『鉄砲を捨てた日本人』という著作で知られるN・ペリンは近世初期に日本に伝えられた鉄砲の歴史を踏まえて興味深い物語を描いている。

よく知られているように、日本に鉄砲がもたらされたのは、一五四三年にポルトガル人が種子島に漂着したときだといわれている。その後、鉄砲は、日本社会に受け入れられると同時に、いくつかの重要な機能に関して改良が加えられ、その後の一〇〇年にわたって広く用いられるようになった。例えば、織田信長は武田勝頼軍と戦った長篠の戦いで三〇〇〇丁もの鉄砲を使ったといわれている。これだけの数の鉄砲を使った戦いは当時のヨーロッパでもほとんど例のない大規模なものだった。徳川家康もまた多くの鉄砲や大砲を使うことによって支配権を握ることになった。ところが、徳川幕府は天下統一を成し遂げると、鉄砲を公式に禁止しはしなかったが、次第に鉄砲を一定の使用（例えば狩猟）にのみ制限するようになり、また鉄砲鍛冶を統制下におくようになった。その結果、鉄砲の数は大幅に減っていき、その後二五〇年の江戸時代を通して、鉄砲が大規模に使われる機会はなくなっていった。鉄砲の生産も一部の鉄砲鍛冶のもとで限定的に続けられるにとどまった。実際、江戸末期に日本にやってきた西洋人たちが見たのは、ほとんど使われることなく、役に立たなくなっている大砲や鉄砲だった。

このような物語にもとづいてペリンは、この事例のなかに「技術決定論」の反証例を見いだしうると考え、次のように述べている。

にもかかわらず日本の歴史的経験は、次の二点の証にはなっているはずである。第一、ゼロ成長の経済と、中身の豊かな文化的生活とは、一〇〇パーセント両立しうる、ということ、第二、人間は、西洋人が想像しているほどの受け身のまま自分の作り出した知識と技術の犠牲になっている存在ではない、ということ。この二点である。（ペリン 1991: 150）

江戸時代の歴史と鉄砲の歴史からペリンのような結論を導き出しうるかどうかについては

異論がありうるだろう。幕末に西洋の近代的武器を再導入しなければならなくなったとき、江戸時代に維持されていた鉄砲鍛冶が重要な役割を果たしたといわれており、その点では鉄砲技術は江戸時代を通じて一定の水準で維持されていたと考えることもできるからである。しかしいずれにせよ、日本での鉄砲の導入と使用の歴史は、西洋の先端技術を一度は大規模に導入しながら、その方向を極端な仕方で変更した稀な例であるということはできるだろう。

みなさんはこのような例を前にしてどのように思われるだろうか。このような事態は歴史的にごく限られた例には見いだされるかもしれないが、現代ではほとんど意味をなさないだろうと思われるかもしれない。そのように思われる場合には、現代でも近代技術のかなりの部分を拒否ないし制限しながら、農業中心の生活を続けている人びとがいることを想起していただきたい。アメリカ、オハイオ州やペンシルバニア州に住んでいるアーミッシュと呼ばれる人びとである。現代でも、自動車をもたず馬車を利用し、家には電気や電話を直接引くことはしないで生活を続けている。

もっともアーミッシュの人びとも近代技術をまったく拒否しているのではなく、いわば厳密な「テクノロジー・アセスメント」による評価の結果、新しい技術の導入を制限していると考えることもできる。例えば、次のような解釈をする論者もいる。「アーミッシュは、トラクターの件について長らく熟考し、トラクターを導入するとコミュニティがむしばまれると判断した。トラクターを使いはじめると農業の規模がだんだん大きくなって、ついにはトラックが必要になるだろうと考えたのである」(マッキベン 2005: 224f.)。

さてそれでは、技術と社会の関係はどのように考えたらよいのだろうか。はたして、新しく登場する技術はほとんど自動的に社会のあり方を「決定」するのだろうか、あるいは、社会のほうがどのような技術を導入するかを「決定」するのだろうか、あるいは決定できるのだろうか。この問題は、科学と技術の関係の問題とならんで、技術哲学のなかで最もよく話題にされるテーマのひとつであるが、同時に、二つの見方が真っ向から対立するように見えるために、解決困難なアンチノミーのようにも見なされてきた。

しかしながら、この問題を考えるときにも、前章で見た技術と科学の関係を考える場合と同様に、性急に既成の概念図式を前提したうえで答えを求めることに対しては十分注意する必要がある。「技術決定論」と「社会決定論」の対立は、あたかも技術と社会とが独立の領域として存在しており、そのうえで、どちらが決定権をもっているのかを問うことができるかのような議論構成になっている。しかし、少し考えてみれば分かるように、技術と無関係な社会はありえないし、また、どのような新しい技術にしても、社会とまったく無関係に成立しうるものは存在しないはずである。したがって、技術と社会の関係を問う場合に、「決定論」の概念枠組みは、確かにマクロな視点からの問題設定に役立つ場合があるとはいえ、決して自明視することはできないことに注意しなければならない。

こうした観点から見ると、一九八〇年代以降にさかんになった「社会構成主義」の議論は重要である。というのも、「社会構成主義」による技術の成立過程に関するさまざまなミクロレヴェルでの具体的な分析は、技術と社会の関係を考えるうえで重要な手がかりを与えてくれるばかりではなく、適切に理解されるなら、技術が社会を決定するのか、社会が技術を決定するのかという二者択一にとらわれない見方を提供していると考えることができるからである。以下ではこのような観点から、まず、「技術決定論」の特徴を簡単に見たうえで、「社会構成主義」の新たな知見を手がかりにしながら、技術と社会の関係を「決定論的」見方とは違った仕方でとらえる可能性を探ることにしたい。

2　技術決定論

技術決定論とはいっても、そこにはさまざまな見方が含まれている。ここでは大きく三つの見方を区分しておくことにしたい。

(1)　決定論

技術と社会の歴史的進展のあり方を説明する場合、技術決定論は説明図式のひとつとしてしばしば使われてきた。

例えば、L・ホワイトは、馬具のあぶみの発明が、西ヨーロッパにおける封建社会の形成に重要な寄与をなしたという有名なテーゼを提出している（ホワイト 1985 第一章）。ホワイトによると、あぶみが可能にした馬上刺突戦のような新戦法によって、新たな専門的な戦士集団が必要となり、その戦士集団に見あう貴族階級の社会と文化が生まれ、それがヨーロッパ中世社会の中心を形成することになったと見なされる。

もう少し一般的な古典的「技術決定論」では、産業技術のあり方によって生産力と生産関係のあり方が規定され、それにもとづいて日常生活や文化のあり方も間接的に規定されるという道筋で、技術と社会ないし文化の関係が論じられてきた。例えば、水車や風車は中世の封建性を生み出し、蒸気機関は産業革命を引き起こし、資本主義体制を生ぜしめた、といった具合である。典型的なものとして、マルクスが『哲学の貧困』のなかで述べた次の言葉がよく知られている。「社会的諸関係は生産諸力に密接に結びついている。新たな生産諸力を獲得することによって、人間は彼らの生産様式を変える。そしてまた生産様式を、彼らの生活の資を獲得する仕方を、変えることによって、彼らは彼らのあらゆる社会的関係を変える。手回し挽き臼は諸君に、封建領主を支配者とする社会を与え、蒸気挽き臼は諸君に、産業資本家を支配者とする社会を与えるであろう」（マルクス 1960: 133f. 強調は引用者）。

他方、二〇世紀には、序章でも見たように、生産技術のみならず消費財に関係する技術が飛躍的に発展し、技術革新は直接的に社会や文化のあり方に影響を与えるようになった。例えば、第二次世界大戦後の日本の高度経済成長期には、テレビ、冷蔵庫、洗濯機などの電化製品が次々と家庭のなかに入り込み、また、その後も、カラーテレビ、自動車、クーラーなどが続き、暮らしのあり方を大きく変化させてきた。ここでは、日常生活を形成する文化のあり方が技術によって規定されることになり、経済学者の佐和隆光はこの時期の日本のあり方を理解するために「文化としての技術」という解釈軸を提起している（佐和 1987）。

以上の見方は、技術革新がそれぞれの仕方で社会や文化のあり方を規定するという意味で「技術決定論」と呼ぶことができるが、この見方が正しいかどうかは、歴史や社会に関する具体的な研究によって個別的に決着づけられねばならない問題といえるだろう。

ところが、技術と社会の関係が問題になる場合、しばしばそのような個別的な歴史的説明の妥当性の問題を越えて、説明に価値評価が入り込み、イデオロギー的意味合いが込められる場合がある。とりわけ、近代以降の技術が問題になる場合に、技術が社会を決定するという過程を肯定的に見る（近代主義）か、あるいは、否定的に見る（反近代主義）か、あるいは楽観的に見るか悲観的に見るかで、しばしば大きく見解が分かれる。この意味で、技術決定論は近代という時代に関する価値評価と密接に結びついた概念装置として用いられてきたということができる。

(2)　楽観論

例えば、**図4**をご覧いただきたい。この絵は、一八七二年にアメリカの画家J・ガストが描いた「西へ向かって」あるいは「アメリカの進歩」と題された油絵である。

この絵の中央には、若く美しい女神が描かれており、女神はその右手に教育を象徴する書物を、そして左手に近代技術を象徴する電信用の電線をもっている。この電線は、彼女と文

図4　「アメリカの進歩」(Smith and Marx 1994, 12より)

化の中心であるアメリカ東部とを堅く結びつけている。絵の左側に描かれているのは、この女神に導かれた西部開拓の動きに対して、抵抗することができず、絶望して追い立てられるだけの原住民や野生動物の姿である。このような描き方によって、西部開拓という形でなされるアメリカの進歩は妨害不可能であることが強調されている。こうして、この絵は、西部開拓が文明の発展と拡大の必然的な過程であること、そして、文明の発展と拡大の中核的役割を担うのが技術であることを実に印象深く描いている。つまり、文明社会の進歩の推進力は技術であるというテーゼを掲げる「技術決定論」は、ここでは、近代啓蒙の理念を体現する考え方と解されているのである。

明らかにこの絵では、描かれた事態は積極的、肯定的に評価されている。しかし同時にこの絵は、図らずも、そのような見方がひとつの立場、つまり、西部開拓に従事する西欧白人の立場からのものであることをも示している。同じ事態は、未開の西部を生活の場としている原住民や野生動物の「立場」からすれば、自らの存在を否定される事態であり、しかも、それにもかかわらず、その過程に逆らうことのできない悲観的・絶望的事態にほかならないことが示唆されている。つまり、技術決定論で表現されるような事態が生じる場合、その事態は必ずしも一義的に解釈されるわけではなく、同じ事態が立場によってまったく逆転した評価のもとで解釈されることが示されているのである。

(3) 悲観論

二〇世紀のように、技術が社会全体に影響力を及ぼすようになると、新しい技術が社会に導入される場合に生じる事柄は、もはやこの絵で描かれている「未開と文明」の対立というほどはっきりしたものではなくなる。技術の「進歩」を享受する者とそれから排除される者との区別がつかなくなり、だれもが、肯定面、否定面の両方に関して技術の影響を受けることになるからである。にもかかわらず、技術の「進歩」をめぐって対立した構造が見られることには変わりはない。とりわけ、二〇世紀に見られるように、技術の進展が加速度的に拡大する場合には、技術の進展がもたらす肯定面よりも否定面が目立つようになり、例えば、チャップリンの映画、「モダンタイムズ」に見られるように、その過程に巻き込まれて翻弄される人間や社会のあり方を否定的、批判的に描く試みが多くなってくる。

哲学者による議論のなかではこの傾向がさらに強くなっている。技術決定論に属すると見なしうる哲学者の議論のほとんどは、技術による影響を否定的、ないし悲観的に描くものである。その代表が序章でも触れたハイデガーによる技術と社会との関係に関する見方であるが、以下のようなJ・エリュールによる主張もよく知られている。

以前にはできなかったが、現在ではできる外科手術は、選択の対象ではない。それは絶対的に存在する。ここに技術の自動性の主要な特色をみる。技術自体が事実上、きびしく、また議論の余地なく、使用さるべき手段の中から選び出す。人間はもはやいかなる意味でも選択の主体ではない。……人間はさまざまな技術によって得られた影響や結果を記録する装置である。かれは複雑な、ある意味では人間的動機から、選択するのではない。かれは、最大限の効率を与える技術を支持して決定することができるだけだ。（エリュール 1975: 124）

エリュールは、この引用のなかで、技術に備わる合理性や効率性の論理が人間にとって受け入れざるをえない必然性をもつことを印象深く描いている。実際、例えば、けがをしたため輸血を用いる外科手術が必要になった子どもに対して宗教上の理由からその親が手術を拒否した場合、わたしたちはどのように反応するだろうか。可能な手術であれば、それを行わないことを認めることは非常に困難に思われる。エリュールのいうように、それはもはや選択の対象ではないのである。

このように技術が自律化、自動化して社会のなかに貫徹していく有様を「存在論的」なスケールで描いたのがハイデガーの技術論であった。ハイデガーによれば、近代から現代に至る技術のあり方と、それに規定される社会のあり方はその根底において「存在の命運」によって規定されていると見なされる。

以上のように、技術と社会の関係の見方に関して、悲観的立場と楽観的立場は対立し、相互にまったく相いれないように見える。「技術哲学」と呼ばれる試みが、長い間、具体的な技術現象の分析と結びつくことなく、もっぱら抽象的なイデオロギー論争のような様相を呈してきたのも、このような仕方で「技術決定論」の枠組みにとらわれ続けてきた点にその理由のひとつがあるように思われる。

もちろん、技術決定論にも見るべき論点がないわけではない。とりわけエリュールやハイデガーの議論のなかでは、現代社会のなかでの技術はたんなる中立的手段には還元できない働きをすること、また、技術的論理が社会の至るところに浸透していること、などに光が当てられており、これらの点に関しては、どのような技術観をとる場合でも無視することはできないだろう。

しかし、問題は、現代技術の示しているこれらの特質を、はたして、技術決定論のように、技術が社会を「決定」する、といった仕方で描くことが適切かどうかという点にある。決定論的な語り方がなされる場合には、あたかも技術が社会的要因から独立に存在し、独自の論理を備えているかのように考えることが前提されている。しかしそれに対して、技術に固有な合理性や効率性などの論理自身が社会的要因と無関係には成立しえないことが示しうるとしたらどうだろうか。技術の成立過程を細かく見ていくと、さまざまな社会的、文化的、価値的要因を見いだしうるとしたらどうだろうか。

実際、以下で見ていくように、まさしく技術の「内部」自身にさまざまな社会的、文化的要因を見いだしうること、技術の論理自身がその意味で社会的な要因によって「構成」されていることを示し、決定論の中核を打ち破る論点を提供したのが「社会構成主義」の功績である。

3　社会構成主義の挑戦

(1) 社会構成主義のテーゼ

技術論における社会構成主義の興隆の基盤を作ったのは、科学社会学の新たな展開だった。クーン以降の科学論によると、科学理論の成功を説明する要因として客観的自然をもち出すことはもはやできないとされる。それゆえ、正しい理論も間違った理論の場合と同じように、その成功は社会的要因によって説明できるし、またされねばならないのであり、理論の社会的説明に関して(正しい理論と誤った理論の間で)対称性が成り立つという見解(D・ブルーア、B・バーンズらのエディンバラ学派がその代表)が支持を受けるようになった。この「対称性のテーゼ」が最近の科学社会学のなかの最も重要な成果であり、このテーゼが技術論にも拡張され適用されるようになった。

技術論に拡張された対称性テーゼによると、一定の機械が発明され、うまく機能し、普及し、利用されるようになった場合に、その成功を説明するためには、技術的要因のみで十分なわけではなく、失敗した技術の場合と同じように、社会的要因による説明が可能であるし、また必要なのである。一定の技術が成功裏に実現するに先立って、技術の合理的論理というものがあらかじめ存在すると考えるわけにはいかないのである。

しばしば技術の成立過程は、次のように一方向的に進むものとして説明される。すなわち、科学的探究↓技術的構想↓発明↓技術的・経済的実現（モデルの製作）↓改良↓社会的利用・普及、といった具合であり、前章で取り上げた応用科学説がその典型例である。しかし、すでに前章で見たように、技術の実現過程は、決して科学理論の応用といった一元的論理のみによって進むわけではなく、そのつど生じる具体的問題を解決しなければならない「創造的過程」である。社会構成主義者によれば、技術の実現過程が一元的な進行のように見えるのは後知恵によるのであり、実際の過程は閉じられたものではなく、そのつど最初から技術的要因のみならず社会的、文化的要因などさまざまな要因が重要な役割を果たしている「開かれた」過程なのである。具体的な事例を見てみよう。

(2) 一九世紀後半の自転車の製作と使用

社会構成主義の代表者であるT・ピンチとW・バイカーは自転車の技術開発の過程を例に

図5　A typical Penny Farthing 最初に流行した型（Pinch and Bijker 1987: 30より）

してこの「開かれた」過程を大変印象深く記述した（Pinch and Bijker 1987）。

一九世紀後半、自転車技術の黎明期には、実に多様なモデルが生まれては消えていき、その過程で自転車のデザインは大きく変化した。最初に人気を獲得したのは、「ペニーファージング（penny-farthing）」と呼ばれる、前輪が極端に大きく後輪が小さな型であった（図5参照）。この型の自転車は、サドルに座ると足が地面につかず乗りにくいが、下り坂などで大きなスピードを出せるので、もっぱら若い男性にスポーツないし娯楽用として好まれた（図6参照）。ただし安全面では優れたものではなかったため、とりわけ女性の使用にはふさわしいものとはいえなかった。言い換えると、この型は、ヴィクトリア風の道徳、慣習には合致したが、一九世紀末から強まり始めた女性解放の流れには逆らう機能と構造を備えていたということができる。

その後、長いペダルをつけたものや、ペニーファージングとは逆に後輪の方が大きな型などさまざまな型が試されたのち、「ローソンの自転車（Lawson's Bicyclette）」と呼ばれる型が誕生した。このモデルは前輪と後輪の大きさはそれほど違わず、さらにチェーンを用いた点が画期的だった。このモデルは商品としては成功しなかったが、その後、前輪と後輪が同じ大きさで、足が地面につく高さの「安全自転車（safety bicycle）」が作られ、さらに空気タイヤを用いることで快適さが加わり現在のわたしたちが知っているモデルが支配的になった。このモデルは、スピードは劣るが、安全であり、日常の使用、特に女性の使用に有利なものと見なされた（図7参照。一九世紀の末、女性活動家たちには、自転車は「自由のマシン」と見なされたが、ズボンをはいて颯爽と自転車を走らせる姿は、伝統的価値観をいだく人びとからは、「そんな格好で外出はもってのほか」と思われた（ロス 2023: 67ff.））。結局、使用者の社会的グループの間の力関係（若い男性や競技者のグループと老人や女性のグループとの関係など）と技術的要因（空気タイヤを使用するか否か、など）の両方が絡まりあって、現在用いられているモデルが支配的になるに及んだのである。

図6　男性たちのスポーツ用具としての自転車、スピードとスリルを楽しむ（Bijker 1995: 39より）

図7　Women's emancipation: the wheel of the past and the wheel of the present. 女性解放の象徴としての自転車（Bijker 1995: 3より）

　このように、自転車の形成過程は中立的な意味での手段としての自転車のみに関係しているのではなく、自転車に乗ることの意味（スポーツに用いるのか日常生活に役立たせるのか、など）や価値（男性的か女性的か、など）に関係している。技術の成立過程は、最初から最後まで、さまざまな社会的要因の間での解釈の争いにさらされており、価値的要因から切り離すことが決してできないという意味で価値負荷的である。少なくとも、技術の成立過程では、技術的製品は、さまざまな要因に対して閉じられてはおらず、開かれた「解釈の柔軟性（interpretative flexibility）」を備えていると考えることができる。

　ところが、ひとたび一定の型の自転車が作られ、使用され、生活のなかで自然なものと見なされるようになると、最初にもっていた「解釈の柔軟性」はしだいに少なくなり、成功した技術といわれる場合には、最終的にそれはどんな社会でも、どんな価値判断のもとでも使用可能であるかのように見えてくる。つまり、成功した人工物は一種の「ブラックボックス」として機能しはじめる。しかし、製作過程を少し詳しく見てみるなら、社会的要因と価値的要因が、自転車の構造と形態の決定過程で重要な役割を果たしていることが明らかとなる。それが閉じられた「ブラックボックス」になるのは、技術的、社会的、そして価値的要因が一定の仕方で結合され、安定化し、解釈が確定的なものになった後なのである。

(3) 大陸間弾道ミサイルの信頼性をめぐる評価

D・マッケンジーは、以上で見てきたような一義的に決定されていない開かれた過程をアメリカ合衆国における大陸間弾道ミサイル(ＩＣＢＭ)の開発を例にして描いている。一九六〇年代初め、核弾頭を備えたミサイルは実際にうまく機能するのかどうかという点に関して激しい論争が生じた。というのも、実験としては核弾頭とミサイルとを別々にして行うことができたのみであり、両者を一緒にして実験がなされたことは(一度も)なかったからである。このような状況下で、実験ミサイルの信頼性に関する懐疑論が台頭し、アメリカのミサイルは実戦では役立たないのではないか、という「批判的な仮説」が登場した。ところがその後、部分的核実験停止条約が締結され、核弾頭を装備したミサイルによる実験がまったく不可能になると、この論争はパラドクシカルなことには、「批判的な仮説」には不利なように、そして他方、その当時のミサイルは信頼できるという主張には有利なように決着された。つまり、実験結果に関する開かれた議論は閉じられ、事実は事実として「ブラックボックス化」することになった。「パラドクシカルなことには――部分的核実験停止条約が締結されたことによって——実際に発射テストを行うことが政治的に不可能になったという状況が、批判的な仮説の凋落に貢献することになった。実際には、この仮説の「抽象的」性格は何ら変わっていないのであるが」(MacKenzie 1989: 422)。国際政治状況の変化は、技術的実験の結果が事実として認められるかどうかという点にまで影響力をもっているのである。

以上のような社会構成主義の事例と分析から、技術と社会の関係を解明するにあたっての新しい重要な論点を得ることができる。この見方によると、社会的要因は技術に対して「外的」に影響を及ぼすのではなく、「内的」に影響するのであり、技術的製品や技術的「事実」の定義それ自体に関係するのである。何が自転車であるか、何が大陸間弾道ミサイルに関する成功した実験事実であるか、といったこと、つまり、技術的製品の意味、技術的事実の意味そのものが社会的・政治的要因によって構成される。このように技術は、本質的に社会的要因によって構成される以上、もはや社会的次元抜きには考えられないことになる。

こうして、技術の論理が社会から独立に成立するかのように見なしている技術決定論の大前提を打ち破る手がかりが得られたことになる。しかしながらこのことは同時に、社会決定論の見方の前提をも否定することになることに注意しておかねばならない。

社会構成主義という言葉は、しばしば誤解されるように、技術と独立な社会を前提して、その社会の側が技術を「構成」すると主張していると解釈される場合があるが、必ずしもそうではない。むしろ技術と社会の密接不可分な関係を強調しているのである。次章以下では、ここで取り上げた社会構成主義のテーゼの意義とその射程を見ていくことにしたい。

第一〇章　技術の解釈学——変革可能性のために

技術と社会の関係を決定論とは違った仕方で理解することはどのようにして可能か、これが前章で社会構成主義の見方を参照しながら取りくんだ課題である。決定論的に見ることを避けるということは、決定論の前提となっている見方を避けることであるから、たんに技術決定論のみではなく、単純な社会決定論をも退けることにもつながるはずである。以下ではこの点を考慮しながら、社会構成主義の見方のもつ特徴をさらに見ていくことにしたい。

1　技術／社会の二重側面説

これまでの議論でも触れたように、社会構成主義は決して技術的な要因とは独立に社会的要因が存在するといっているわけではない。実際、技術と無関係な人間社会というものを考えることはできないだろう。また、技術が内的に、意味的に社会と関係しているとすれば、社会のほうもまた技術と結ばれたその関係から自由ではありえないはずである。社会構成主義の代表者のひとりであるW・バイカーもこの事情を次のように述べている。「純粋に社会的な関係は社会学者の想像力のなかや、ヒヒたちのなかにしか見いだしえないし、また、純粋に技術的な関係はサイエンス・フィクションの描くような極端な世界のなかにしか見いだしえない。技術的なものは社会的に構成され、また社会的なものは技術的に構成されるのである。すべての安定した全体的連関は社会的なものと同様、技術的なものによっても制約されている」(Bijker 1995; 273)。

(1) アクター・ネットワーク理論

技術と社会の不可分な連関を強調するバイカーの見方は、フランスの社会学者B・ラトゥールの提起する「アクター・ネットワーク (actor network)」という見方に近い見方へとわたしたちを導くことになる。ラトゥールによると、人間のみではなく、道具や機械のような人工物も社会を構成するのに必要な「行為者 (actant)」として機能しているのであり、社会のメンバーとして認められねばならない。というのも、多くの人間がさまざまな意図と欲求をもって行為しているにもかかわらず、社会はなぜ安定した仕方で成立しうるのかを説明しようとすると、法律、道徳、あるいは、慣習などの規則の存在と、それら規則が個々人に内面化されているといった要因をあげるのみでは、明示しうる規則の少なさから見ても、明らかに不十分だからである。それゆえ、そうした規則以外の要因を想定しなければならないのであり、そのなかで重要な役割を果たしているのが、規則を事物の形で具現化した人工物の働きだと考えられる (Latour 1992)。

例えば、車の左側通行という規則を考えてみよう。この規則が一定の仕方で妥当しているといえるのは、もちろん、そのような規則を示す法律ないし慣習が存在しており、大部分のひとがそれを受け入れ、それに従った行動をとっているからである。にもかかわらず、しばしばこの規則は「破られ」、事故が起こることもある。例えば、運転者が勝手に所かまわずUターンしたり、右折したりすることもあるだろうし、あるいは、わき見運転や居眠り運転など、運転者の不注意によって、右側車線にはみ出してしまうこともあるかもしれない。こうしたことをなくすための手っ取り早い方法のひとつは、例えば、中央分離帯を設けて、車が物理的に左側しか通行できないような道路を作ることである。こうすれば、運転者の意識のあり方や振舞い方に依存せずに、左側通行という規則をつねに「実現する」ことができる。社会の秩序を実現するには、こうした人工物による支援が不可欠であり、人工物はこの意味で、人間にとっての「共同行為者」という役割を担っている。ラトゥールによれば、社会を構成する共同行為者という点で、人間と人工物との「対称性」テーゼが成立するのである。

(2) 技術と社会の二重側面説

以上のようないわば第二の「対称性」テーゼを取り入れ、先に第九章3節で指摘した第一の「対称性」テーゼにもとづく社会構成主義の見方を補完するならば、技術と社会の関係をどちらか一方の要素によって他方の要素が構成される、ないし決定される、と考える必要はないことになる。社会的なものによって技術が構成され、技術的なものによって社会が構成されるというのは、社会と技術という別々のものがあって、相互に構成しあうというのではなく、技術と社会はそれぞれが二重に決定されているということを意味している。そしてこの二重の要因のどちらか一方のみに注目することによって、社会決定論的観点や技術決定論的観点が際立ってくると考えることができる。この点で、社会と技術の「二重性」は「両義性」を意味しているともいえる。バイカーもこのような理解の仕方を支持するように見える発言をしている。「社会は技術によって決定されるわけではないし、技術が社会によって決定されるわけでもない。両者は、人工物と事実、そして関係する社会的グループの構成過程を通して、ひとつの社会技術的な存在の二つの側面として成立するものなのである」(Bijker 1995: 274)。

　本書ではこのような見方を、技術／社会関係の「二重側面説（double aspect theory）」と呼ぶことにしたい。ちょうど、心身関係の二重側面説では、心とからだは独立した実体ではなく、ひとつの実体（例えば「人格」）の不可分な二側面であることが強調されているように、この考え方でも、社会と技術は、基本的な位置を占める社会・技術ネットワーク（これを文化と呼ぶこともできるだろう）の不可分な二つの側面をなすことが強調される。

　ただしこの点にもとづいて、社会と技術の区別には一切意味がないということがただちに帰結するわけではない。ちょうど人間の活動にも、思考のような心的側面の顕著な活動もあれば、歩行のように身体的側面の顕著な活動もあるように、多種多様な社会・技術ネットワークがあり、また同じネットワークにも重点の置き方の違った位相が存在する。そしてまた、人間の行動は心的な要因と身体的要因によって二重に規定されているため、両者の間に

「ずれ」が生じて、一方の要因のみでは説明しがたい事態（例えば神経症、心身症、あるいはスリップ）が生じたりするのと同様に、社会と技術の展開も一次元的な論理では説明できない様相を呈することになる。

言い換えると、技術と社会はそれぞれ異なった次元の要因によって「多元的に決定されている（overdetermine）」のである。そして、多元的に決定されているということは、ひとつの次元では決定しつくされないことを意味するのであるから、この事態は、「決定不全性（underdetermination）」が成り立っているということもできる。それゆえ、ここで見いだされるのは技術決定論でも社会決定論でもなく、むしろ一種の「非決定論」ということもできる。このような立場を技術哲学者のA・フィーンバーグは次のように述べている。

1. 技術（テクノロジー）の発達は、進歩のための技術的規準、ならびに社会的規準の双方によって多元的に決定されており、したがってそれはまた、支配権力のあり方に応じて、いくつもの異なった方向の、いずれに向かって進展することも可能である。
2. 社会的諸制度は技術の発達に対して適応を行うが、同時にこの適応のプロセスは相互作用的である。つまり、技術はそれ自らが置かれている状況にたいして影響力を有するが、あわせてそれは、状況に答えて自らも変化するのである。（フィーンバーグ 1995: 257。さらにフィーンバーグ 2004: 119f. も参照）。

技術の形成過程では、技術と社会の二つの側面が相互作用し、それを通して一定の妥協が成立し、ネットワークの安定性が生み出される。すなわち「解釈の柔軟性」は閉じられ、人工物は「ブラックボックス化」することになる。この技術の形成過程は、それが安定化するのに先立って、まえもって一義的に予測し操作することはできないし、その過程にはそのようなことを可能にする確定的な論理が備わっているわけでもない。この過程が一段落したあとになってはじめて、そして確立したネットワークの見地に立ってはじめて、それはあたかも確定的な論理にしたがった過程であるかのように見えてくるのである。

2　技術の「解釈学」

(1)　技術移転に見られる「解釈の柔軟性」

技術的人工物に備わる「解釈」という契機が際立って示される例として、異なった文化圏に技術的製品が移入される場合がある。次の事例を考えてみよう。

一七世紀から一八世紀にかけてヨーロッパから多数の機械時計が中国に輸入された。それらはおもに交易を求めたヨーロッパ人が中国の皇帝に献上品として運んできたものである。当時の中国では必ずしも正確な意味での定時法が普及しておらず、また、時刻を正確に守る習慣もなかったために、機械時計は実際の生活に役立つものとは見なされなかった。にもかかわらず、多数の時計がもち込まれたのは、芸術作品ないし玩具として、おもに宮廷に関係する人びとにとっての鑑賞対象になっていたからである（角山 1984: 38）。

他方で、同じ時期に日本にも西洋から機械時計が輸入された。しかし日本人の対応はまったく異なっていた。日本では不定時法が使われていたので、西洋の機械時計は役に立たなかったが、日本の職人は、輸入された機械時計にさまざまな工夫を加えて、不定時法で使用可能な機械時計を製作した。いわゆる「和時計」と呼ばれる日本独自の機械時計である。このように、同じような人工物を相手にしても、中国と日本では、まったく異なった「解釈」がなされたのである。

このように、技術伝搬の過程で、人工物が本来の解釈の仕方とはまったく異なる解釈の仕方で用いられるようになる可能性は、原理的には避けることはできない。この点を印象深く示す例として、さらに、中世における風車の伝搬の歴史をあげることもできる。L・ホワイトによると、「チベットでは風車は祈禱のためにのみ用いられている。中国の風車はポンプや、運河の水門で舟を引き上げるためにのみ利用され、粉ひきには使用されない。アフガニスタンでは風車は主として粉ひき用である」（ホワイト 1985: 106）。

以上のような事例は、異なった文化圏の間で、技術が社会のなかにもち込まれる場合に示される解釈の柔軟性の例であるが、同じ文化圏、同じ社会のなかに新しい技術がもち込まれる場合にも、もち込まれた人工物が何であるかをめぐって「解釈」の争いが起き、解釈の変更が生じる場合がある。この場合には解釈の争いは一種の政治的争いの様相を呈することになる。以下でその具体例を見てみよう。

（2）解釈の争い

社会構成主義のテーゼに従うと、技術の成立過程は、人工物の製作過程であると同時に、その人工物に関するさまざまな解釈の間の争いを通した意味構成の過程でもある。したがってまた、使用に供せられたあらゆる人工物はこの意味でつねにすでに一定の仕方で「解釈」されたものということになる。にもかかわらず、人工物はそれが成功した製品であればあるほど、その「解釈」の契機は隠され、自明化される。技術的製作の本領は、まさにこうしたさまざまな多元的な要因をひとつの形にまとめ上げ、ブラックボックス化する点にあるからである。そしてまさにこのような特徴があるために、人工物が社会に導入される場合に、人工物に込められた「解釈」は隠されたままで、ある一定の価値観が社会に影響を及ぼしたり、あるいは一定の政治的な権力関係が強化されたりすることになる。

それに対して、ブラックボックスを開くという社会構成主義者による試みは、こうした自明化し、内在化している「解釈」をあらためて暴露する働きと考えることができる。ここでは、このような試みを技術の「解釈学」と名づけることにしよう。技術の解釈学の役割は、隠れている技術の価値的、政治的性格に再び焦点を合わせ、どれほど自明化している技術であっても、それが自明化するには一定の価値的、政治的地平が前提となっていることを明らかにすることにある。少なくともこの点で、技術の解釈学は、自明化している技術をあらためて問いに付し、安定化している社会・技術ネットワークを脱安定化することによって、原理的には、既存の技術の変革可能性を示唆するという役割を担いうると考えられる。

以下では、こうした技術の「解釈学」の役割を具体例に即して見ておくことにしたい。L・ウィナーがあげている次のような例を考えてみよう（ウィナー 2000: 50f.）。

高速道路に架けられた橋　ニューヨークから保養地のひとつであるロングアイランドに至る高速道路には多くの橋がかかっている。それらの橋は、高さ制限が大変低く作られているため、公共の交通機関である大型バスは通過することができない。この高速道路の設計者（R・モーゼス）は、低所得者層の黒人たちをロングアイランドから排除することを意図してこのような建築を行ったといわれている。この高速道路の構造は一見すると、まったく無垢なものに見えるが、建築物の構造自体が社会的な差別という意味を体現しており、それを「完璧」に実現している。

マコーミック社の刈り取り機　一八八〇年代に、アメリカの刈り取り機のメーカーであるマコーミックは、非熟練工にも使用できる新しい製造機械を工場に導入して、生産工程を近代化し、生産効率を向上させたと見なされていた。ところが今ではこの機械の導入によって、生産コストはむしろ上昇したことが知られている。会社がそれにもかかわらず新しい機械を導入したのは、当時強力になった熟練工の労働組合に対抗するためであり、新機械の導入によって組合潰しをねらったことが明らかになっている。ここではこの新しい機械の構造は、「組合潰し」という意味を体現しており、そして同時にその目的のために有効に機能しているのである。

二つの例で重要なのは、問題になっている社会的、政治的意味は技術的製品に外的に付け加えられたものではなく、その製品の構造と機能自体に内的に組み込まれている点である。ウィナーは以上のような例にもとづいて、「一定の技術はそれ自身において（*in themselves*）政治的性質をもっている」（ウィナー 2000: 47）と述べている。

このような主張によってウィナーは先に見たラトゥールのいうアクターとしての人工物という見方に内実を与えていると考えられる。というのも、技術的製品が具体的な社会連関のなかで機能する場合には、そして社会連関が一定の権力関係のなかで実現しているとするなら、技術的製品もまた人間の活動と同様に何らかの仕方で政治的な意味を帯びざるをえないはずだからである。人工物もまた政治的な「行為者（actant）」なのである。

ただしウィナーは技術的人工物のもつ政治的性質を注意深く二つに分けている。ひとつは、右で見た二つの例が示しているような場合であり、特定の政治的目的を実現するために技術的装置の構造が一定の仕方で設計され製作される場合である。このような場合には、いったん目的が変更されるならば、設計の変更は比較的容易である。

それに対して、第二の場合は、技術がもっと密接な形で一定の社会構造、例えば民主主義的あるいは権威主義的といった社会構造と結びついている場合である。具体例として、核兵器と原子力発電があげられる。ウィナーによると、これらの技術の開発と実現は中央集権化され、厳格に階層づけられた組織による管理運営を不可欠に要請するものである。ウィナーはこれらの場合の技術を、「内在的に［本質的に］（inherently）政治的な技術」（ウィナー 2000: 49, 281f.）とも呼んでいる。

たしかにこのウィナーの区別は重要である。とりわけ、現代の技術をめぐる政治的争いの多くは、一定の技術、例えば原子力発電という技術のもつ政治的特質に関して、それは前者の意味で理解されるのか、あるいは後者の意味で理解されるのかという点にある場合が多いからである。原子力発電の推進者は、この技術が多くの技術と同様に一定の柔軟性をもっており、民主主義的組織と社会にも適応可能と考えるのに対して、批判者は、ウィナーのように、原理的に非民主主義的な社会組織を前提してのみ可能な技術と考える。ウィナーはこのように、技術に関して「解釈の柔軟性」は無条件には成立するわけではないことを示すことによって、特定の技術に対する批判的観点を確保しようとする。

もちろん、解釈の柔軟性とはいっても、どんな技術にもまったく同じように当てはまるわけではない。とりわけ技術の政治性を問題にする場合には、柔軟性に関するこの区別は無視できない。しかしだからといって、ただちに決定論的観点を取り戻さなければならない、というわけではない。

ここではむしろ、ウィナーの区別する二つの技術に共通する点に注目したい。というのも、これらのどちらの例でも、それがもたらす決定的な社会的効果は、技術の表立っての目的としては示されておらず隠されており、一見したところ問題の技術的製作物はその目的を実現する中立的な手段に過ぎないように見えるからである。例えば、高速道路にかけられた橋が差別をもたらしたとしても、それは技術には副次的な結果であるかのように思われたり、あるいはまた、原子力発電の実現によって非民主主義的組織が作られたとしても、やはりそれは原子力発電という技術にとっては副次的な結果であるかのように論じられたりする場合があるからである。まさにこのような中立的外見を与えるところに、技術の政治的な働き方の特質があると考えられる。この意味で、技術とは、別の仕方での政治の実現、あるいは隠れた仕方での政治の実現であるということができる。

そしてまさしくこのような隠れた仕方での政治の実現のあり方を暴露することが技術の解釈学の役割なのである。さらにこの試みは場合によっては、隠れていた政治的次元をあらためて論争の場にもたらすことによって、既製の技術のあり方を根本的に変革する可能性を孕んでいるのである。

(3)「事物の議会 (parliament of things)」としての技術

既製の技術のあり方が政治的争いの場にもち出され、その結果、価値観の変化とともに、技術のあり方が大きく変えられた場合として、次の例を考えてみよう(フィーンバーグ 1995: 241f. さらにフィーンバーグ 2004: 118 も参照)。

一八四四年にイギリスで児童と女性の労働を規制する工場法改正案が議会で議論されたとき、工場所有者や経済学者は、この法律案は技術の「命法」に反した非合理的なものであり、その結果、経済破綻が生じることになると反対した。ところが、実際に工場法が改正され、子どもが工場からいなくなり、技術のあり方も変化すると、結果的には、むしろ生産性は向上した。子どもたちは労働者であることをやめ、学習者と消費者として社会的に定義しなおされ、より高度な技量と訓練を身につけて労働市場に入ることになり、そして、工場内の技術設備や労働組織はこうした高められた労働力に適合したものとなったからである。今日ではもはやだれも子どもの労働力を使用しないことを非効率的、非経済的とはいわない。むしろ、逆に一九世紀半ばまでの労働力の使用法の方が人的資源を最大限利用しない非効率的なシステムであったと見なされるだろう。

この例は、効率という概念が実質的価値とは独立な概念ではなく、むしろ一定の「価値の地平」を前提して機能するものであることを示している。

同様の事情は、一九世紀後半になされたアメリカでの蒸気船のボイラーの改良に関しても見ることができる。アメリカでボイラーの規制が提案された一八一六年から実際に施行された一八五二年までに、蒸気船の爆発によって、五〇〇〇人以上の旅客が「事故」死したり負傷したりした。この間、船主は、安全に対する「余計な」費用の増大を理由に、規制は非効率、非経済的であると主張して規制に反対した。しかし政治家の努力によって、ボイラーの規制法が施行され、技術的改良がなされると、事故の数は急速に減少した。

この例は、技術が選択の対象でないどころか、まさに政治的な選択の対象であることを示している。ただしここで重要なのは、この選択が、たんに既製の技術の間での選択というより、製品の設計や製作に際して、どのような要因を考慮すべきかという、設計の原理に関する選択だという点である。ボイラーの設計にあたって、安全の要因を考慮するかどうか、何を安全と見なすかという政治的価値判断が重要な役割を果たすのである。そしていったん要請されていた設計が技術的に実現し、安全が考慮されたボイラーが作られ一般に使われるようになると、それと同時に、価値判断も変更され、それ以後の蒸気船が経済効率に反して「余計な」費用をかけたボイラーを使っているとはだれも思わなくなる。むしろ以前の水準のボイラーはもはや正常なものとは認められなくなり、そうしたボイラーの使用は犯罪と見なされることになる。ボイラーとは何か、そしてそれをめぐる技術的合理性とは何かが、政治的社会的争いを通して変更されるのである。

これらの事例は、技術の合理性をめぐって、その解釈が文字通り政治的な争いの対象となった場合であるが、同じことが、どんなに自明に見える技術についても当てはまる。

現在の型をもつ自転車は、女性解放という政治的流れを支持し、またその流れに支持されることによって実現したのであり、合衆国の大陸間弾道ミサイルに関する技術的な実験事実は、国際政治の状況を構成すると同時に、その状況によって構成されたのである。技術的製品が設計され製作された社会・技術ネットワークが安定化し、正常な環境の一部となると、それらがもっていた政治的性質は隠され、沈殿し、暗黙的なものとなる。しかし、このことは技術が本来もっていた政治的性質が消滅したことを意味するわけではなく、むしろその政治的役割が自明になるほどうまく機能するようになったことを意味している。以上の意味

図8　ベルリン市水道局のパンフレット表紙（Grote 1994, 261より）

で、技術の解釈学の役割は、隠れている技術の政治的性格をふたたび焦点にもたらし、自明化していた技術をあらためて問いに付し、安定化していた社会・技術ネットワークを脱安定化し、再政治化することにあると考えることができる。

ここで「技術の解釈学」の実践例と見なしうる事例をひとつ取り上げてみる（Grote 1994: 251ff.）。

図8をご覧いただきたい。これは、ベルリンの水道局が一九八八年に水道使用者に配ったパンフレットの表紙である。表紙には大きく「ベルリンは節水する」と書かれている。表紙のデザインは、「ベルリンは節水する」という表題をもつこのパンフレットの内容がたんなる節水の要請に尽きないことを示唆している。ここに描かれた多数の黒い縁をもつ円は、例えば、人生訓、ことわざ、あるい

図9　水道の「世界」を示す（Grote 1994, 265より）

は、「原子力発電お断り」といったような社会的、政治的主張を表現するためにしばしば用いられるワッペンであり、そのひとつに「水のことをよく考えてみよう」と書かれている。そしてパンフレットのなかには図9のような写真が載せられている。この写真は、水道水は蛇口から出てくるにしても、その蛇口は浄水場を含んだ巨大な社会・技術的システムによってはじめて可能になっていること、また、使用した水は台所の排水口やトイレの便器に流されて終わりなのではなく、やはり、汚水処理場を含んだ巨大な社会・技術ネットワークのなかへと流れていくものであることを印象深く示している。つまり、この写真は、ふだんは水道使用者には「ブラックボックス」となっている水道の「世界」を示すことによって、水道水を使うこと、そしてまた、節水をすることが、こうしたシステムによって支えられると同時に、そうしたシステムを支える能動的な行為であることを示唆しようとしている。

この例は、水道技術システムの管理者自身が「ブラックボックス」を開くという「解釈学」を実践して見せることによって、水道水を使うという最も日常的な行為にも、広い意味で、社会的、ないし政治的選択の契機が備わっていることを示そうと試みたものと考えることができるだろう。

以上のように考えることができるとするなら、技術の解釈学には、わたしたちが日常的にはまったく問題にせず、自明化しているような技術的／社会的次元に沈殿した価値的要因をあらためて問題にすることによって、既製の価値の地平を変革する可能性を示唆する機能が備わっていると見なすことができる。それゆえまた、この解釈学は、水道技術のような現代の日常生活に不可欠となっている技術から、原子力発電のように明確に政治的争いの場となっている技術に至るまで、それら技術をめぐる議論に対して、議論の暗黙の前提を明るみに出し、問題化することによって、一定の役割を果たすことが期待できるはずである。技術の解釈学の視点から見るなら、どんな技術も、できあがったもの、確定したものではなく、作られつつあるものであり、フィーンバーグの言葉を使えば、「社会的争いの場」であり、事物と人びとから成る「議会」（フィーンバーグ 2001: 39; 2004: 120）にほかならないからであり、ウィナーの言葉を使えば、現代では、「テクネーはポリテイアになっている」（ウィナー 2000: 99）からである。

第一一章　技術の創造性と設計の原理

わたしたちはこれまでの議論を通して、技術に関する社会構成主義の見方をB・ラトゥールのアクター・ネットワーク理論、さらには、L・ウィナーの技術の政治学と結びつけることによって、「技術の解釈学」という見方にまで到達した。この「技術の解釈学」の観点によれば、どれほど自明化した技術であっても、それに対して、社会的、価値的、政治的「解釈」の契機を見いだし、技術に本来備わっている「解釈の柔軟性」を回復し、その変革可能性を見いだすことは不可能ではないことになる。一見すると、「技術決定論」が成り立っているように見える技術の成立から受容に至る過程にも、いつも別の方向へ進む可能性が隠されているのである。

しかしながらそれでは、「解釈」の契機を強調する以上の試みをもとにして、既製の技術を変革する具体的な方向性や、新たな技術を形成するための指針といった、未来へ向かう視点や手がかりをはたして得られるのだろうか。もし得られるとすると、それはどのようなものだろうか。はたして「技術の解釈学」は、これらの問いに対して積極的な答えを用意してくれるだろうか。

こうした問いにたいして肯定的な答えを得ることは一見したほど簡単ではない。それどころか、この点に関しては、技術の解釈学は原理的な困難を抱えているように思われる。

そもそも、これまで考えてきたように、人工物に「解釈の柔軟性」が備わっているとするなら、つまり、人工物には根本的な「非決定性」が備わっているとするなら、まさにその特質によって、一定の機能を備えた人工物を設計したり、特定の技術がもたらす結果を予測したりすることは原理的な限界をもつことになってしまうように思われるからである。そもそも、それが何であるかが決定されていないような人工物を優れた技術的製品といいうるだろうか。はたして、こうした困難にもかかわらず、人工物の「非決定性」を考慮に入れた設計原理を考えることができるのだろうか。

以下では、このような問いへの解答を探るために、あらためて技術の最も基本的な特質にまでさかのぼったうえで問題を考え直してみることにしたい。

1　「共同行為者」としての技術

(1) グレゴリーの等式

これまでの議論では、人工物が人間とともに社会を構成する役割を果たしている点に注目し、人工物が「共同行為者」と呼びうる性格をもつことを確認した。しかし人工物は社会の構成に重要な役割を果たしているのみではなく、こうした役割を含めて、より広く人間の知性一般にとって重要な構成的役割を担うことによって、人間の創造性の源泉にもなっている。ここではこの点を確認することから議論を始めよう。

知性や知能というと、個人に内在する能力と考えられる場合が多い。しかし、人類学や認知科学の知見が明らかにしているように、人類、特に新人は、自己の身体に内在する脳の機能に支えられて特定の知的能力を発達させたのみではなく、むしろ、さまざまな能力を外化し、社会へ解放し、蓄積することによって、次第に知的能力を増加させてきたと考えられる。さまざまな技術的な人工物はこの意味で、人間の知性によって作られたものであると同時に、新たに人間の知性を生み出す機能をもってきたのである。

例えば、人類が洞窟を住居としていた時代に、屋根をもつ構築物を手にすることの意味を考えてみよう。洞窟で生活している限り、毎日の生活のためには、洞窟を出て食料や水を得る活動に従事しなければならず、ほとんどの時間はこの仕事だけで終わってしまうだろうし、また雨が降っているときにはそうした最低限必要なこともできなくなってしまうだろう。ところが、あるとき、雨が降ってきたときに、たまたま外にいたにもかかわらず雨を防ぐことのできる状況に遭遇し、そこに雨を防ぐ材料を見いだすことができたとすれば、それが屋根を作る最初の段階となるかもしれない。次には、食料や水を得やすい場所の近くで、見いだした材料を組み立てるなどして、雨を防ぐために恒常的に使用可能となる屋根と呼べるような人工物を作る骨の折れる創造的な製作活動に取り掛かるかもしれない。そしてもしこの活動に成功するとすれば、つまり、いったんそのような人工物、つまり屋根が作られると、次回からは問題が生じても（雨が降ってきても）、再び同じ作業を繰り返す必要はなく、問題解決を製作された屋根に任せることができ、そして別の新たな問題解決に臨むことができる。こうしてわたしたち人類の問題解決能力は増大し、人類はより知的になったと見なしうることになるだろう。

心理学者のR・グレゴリーはこのような人工物の役割を「潜在的知性（potential intelligence）」と呼び、人間の知性の多くがこの潜在的知性に依拠したものであることを示した（Gregory 1981: 311f.）。

人間の知性は、問題解決のためにそのつど実際に働く「顕在的知性（kinetic intelligence）」のみによって成立しているのではなく、その時点までに受け継がれてきた「潜在的知性」に大きく依存して成立している。この事情を以下のような等式で表現し、これを「グレゴリーの等式」と呼ぶことにする。

グレゴリーの等式　I（知性）＝KI（顕在的）＋PI（潜在的）

この等式によると、ある時点でひとつの問題解決の仕事に従事する場合、そこで発揮される知性は、行為者自身によるものと、その場で使用可能な人工物によるものとの合算になる。例えば、ものを切るといった課題を前にしたとき、ハサミという道具をもっている場合には、もっていない場合に比べると、顕在的に働かせねばならない知性はずいぶん違った（少ない）ものになるだろう。この点で人工物は、文字通り必要な仕事を成し遂げるための

「共同行為者」という役割を担っているということができる。そして、この考え方は、人工物の設計に際して、とりわけ、非人間的環境を設計することを避け、「人を賢くする道具」（D・ノーマン）を設計するために、重要な意義をもっている。というのも、人間の知的・社会的能力がそのひとの生活環境を構成する人工物のあり方に依存している以上、潜在的知性が少なかったり、あるいは、マイナスであったりする環境に住まうことは、そのひとにいわば最初からハンディキャップを強いることになるからである。

現在では、例えば、食事をしたり睡眠をとったりする活動について考える場合、屋根の存在に思いをはせることは（ホームレスになったような）特別な場合を除くと、ないだろう。屋根の存在はあまりにも自明なこととして日々の暮らしを営んでいる。この事情は、わたしたちの日々の活動のほとんどが人工物を前提にして成り立っていることを考慮すると、どんな人工物の場合も事情は多かれ少なかれ同じである。

ここで重要なことは、わたしたち人間は、いわばつねに先人の肩に乗って世界を眺めているのであり、その積み重ねによって、次々と新たな課題を解決できる能力を開発し続けてきたという点である。すなわち、人工物は人間の創造性の産物であると同時に、新たな創造性の起源でもあるということができ、この意味で、製作された人工物をもとにして新たな人工物の製作へと向かっている創造的な活動は、西田幾多郎の表現を使えば、「作られたものから作るものへ」という構造をもっているということになる。西田は、一九三〇年代に執筆した多くの論稿で、わたしたちがそのなかで生きている歴史的世界の最重要の構成要因として技術に注目し、その技術の創造性を表すために「作られたものから作るものへ」という表現を繰り返し用いていた。

ただし、西田の場合には、創造的な製作活動において、作られたものの役割が強調される点ではグレゴリーと一致しているが、他方で、作られたものと作るものとは、グレゴリーの場合と違って、単純に加算できるような関係にあるとは考えられてはいない。両者はむしろ、相互に否定しあう関係、いわば「矛盾関係」にあると見なされている。前提となる過去から受け継いだ「作られたもの」との間で否定関係が形成されることのなかに「作るもの」の創造性の起源が見いだされているからである。例えば、西田は以下のように述べている。「制作というのはわれわれが物を作ることであるが、物はわれわれによって作られたものでありながら、どこまでも自立的なものとして逆にわれわれを動かす」。「物とわれとはどこまでも相反しあい矛盾するものでありながら、物がわれを動かし、われが物を動かし、矛盾的自己同一として世界が自己自身を形成する」(西田 2003b: 259)。

ここで西田は「矛盾的自己同一」という独特の表現を用いており、その含意を十全に理解することは容易ではない。しかし、詳しい内容に関しては補論を参照していただくことにして、ここではとりあえずは、作られた人工物はつねに製作者の意図通りの働きを実現するわけではない自立性、他者性を備えていることを意味していると理解しておくことにしたい。ちょうど、わたしたち人間の生活は、「共同行為者」としての他の人間とともに生きることによってのみ成立可能であるにもかかわらず、その「共同行為者」はつねに同時に自立した他者であるのと同じように、人工物もまた自立性と他者性を備えているというわけである。そして以下の議論で示されるように、まさに「共同行為者」である人工物に備わる自立性と他者性を理解することこそが、技術に備わる創造性の特質を明らかにするうえで最も重要な論点のひとつになるのである。

(2) 技術の逆説

さて、グレゴリーの等式に従うと、なんらかの課題の解決にさいして、用意される「潜在的知性」が大きくなればなるほど、そのとき必要とされる顕在的知性は少なくてもすむはずである。それゆえ人工物を作るときには、できるだけ潜在的知性を大きくした人工物を作ることが求められるということになりそうである。しかし実際の人工物を考えてみれば明らかなように、必ずしも事柄はそう簡単ではない。

多くの場合ではむしろ、機械が複雑な機能を備えれば備えるほど、それを使用するために高度で複雑な「顕在的知性」が必要となる傾向が出てくる。現在わたしたちがしばしば目にするのは、あまりにも多くの機能を備えた電話や時計、あるいは、あまりにも多くの機能を備えたコンピュータであり、そして、これらの機械が一部のマニアを除くと多くの人にとってはかえって使いにくくなってしまうという事態である。本来なら、人間の生活を便利にするはずの人工物が、さまざまな機能を取り込み、複雑さを増すことによって、かえって生活を不便なものにするということは今や日常茶飯事である。ノーマンはこうした事態を「技術の逆説」(ノーマン 1990: 49; 2015: 45)と呼んでいる。

　以上の事情を考慮するなら、設計を考える場合に必要不可欠な条件のひとつは、この「技術の逆説」を招かないような人工物を作る点にあることになる。

(3) 使いやすい道具の設計原理

　それでは潜在的知性を多くもちながら、複雑さを招かない人工物を設計するにはどのようにすればよいのだろうか。言い換えると、潜在的知性は大きいが、顕在的知性は小さくなるような人工物を設計するにはどのようにすればよいのだろうか。ノーマンは使いやすい人工物を設計するために、以下のような設計の原則をあげている(ノーマン 1990: 20f.; 2015: 13ff。さらにノーマン 1993 第2章も参照)。

　①アフォーダンス(affordance)　ものには行為を可能にしたり、導いたり、あるいは、妨害したりする性質が備わっている。生態学的心理学の創始者、J・J・ギブソン(1904-1979)は、この性質を「アフォーダンス」と名づけた。道具の主要な役割が行為を容易にすることにあるとすれば、適切なアフォーダンスが備わっていることが道具にとって最低限の条件だろう。例えば、押さなければ開かないドアの取っ手に対して、引くことを容易にするような形の設計がなされていたとすれば、その設計はあきらかに愚かな設計ということになるだろう。

②対応づけ（mapping）　わたしたちは、大きな教室や大きな講堂のなかで照明を操作しようとしてしばしば困惑することがある。たくさんのスイッチを前にして、どのスイッチがどの照明器具と対応しているのかがなかなか分からないからである。一目でスイッチと照明器具の対応の仕方が分かるようになっていれば、使い方はずいぶん楽になるだろう。

③可視性／フィードバック（visibility/feedback）　日常生活の多くの場面では、自分が行った行為がどのように遂行され、どのような結果をもたらしているかを直接知ることができる。もちろん手紙を出す場合のように、それが届くまでに時間がかかるため、行為の結果を知るにはずいぶん時間がかかることもある。しかし、日常生活の大部分では、リアルタイムで自分の行為の結果を知ることができることがほとんどであり、だからこそ自分の行為をコントロールできる。例えば、多くの電話機ではうまくボタンを押したことを示すために、音が出たり、画面表示が変化したりするようになっている。機械を用いる場合に、行為に対するフィードバックがまったく効かなくなると、わたしたちはその機械を使うときに、まるで暗闇のなかで扱っているかのような不安にかられることになるだろう。

④分散的認知（distributed cognition）　分散的認知とは、わたしたちの認知活動が個人の内部で完結しているものではなく、さまざまな人工物によって形成されている環境に支えられて成立するものであることを意味している。この点はすでに「グレゴリーの等式」が示していることにほかならない。ただし、ノーマンがこの言葉によって強調するのは、人工物との間の「分散」のみならず、他の人間との間での認知の「分散」のあり方であり、それによ

ってエラーがチェックされる可能性が増大する点である（ノーマン1996第六章）。

例えば、現代のジェット旅客機の操縦席には、機長と副操縦士がそれぞれ使用するために、コントロール・ホイールと呼ばれる自動車のハンドルに似た装置が二つ装備されている。同じ形をした二つの装置は連動しており、そのため、機長と副操縦士はそれぞれ相手が操縦しているのかどうか、どのように操縦しているのか、について、特に注意しなくとも気づくことができるようになっている。原理的には、もっと小さな独立した装置に置き換えることも可能であるが、そうすると、相手の操縦のあり方にいちいち注意を向けないかぎり相手の行動が分からないことになる。

このような旅客機のコクピットと同様に、化学プラントや原子力発電所など現代の大規模な技術的施設には、しばしば、巨大な制御装置が装備された制御室が設けられている。それらの制御室は、一見不要で、時代遅れに見えるかもしれないが、まさにその物理的な大きさが、複数の人間が相互の活動をチェックしながら協働活動を行うことを容易にしてくれる。この場合には、大型の制御装置という人工物が、その物理的大きさによって「分散的認知」を可能にしてくれるのである。

⑤制約（constraint）　以上であげた原則はおもに人工物と使用者の間をどのようにうまくつなぐかという点、そしてまた、そこでエラーをどのようにチェックするかという点などに関するものであり、おもにいわゆる「インターフェイス」にかかわる原則である。それに対して、最後に取り上げる「制約」にかかわる原則は技術の中核的要因に関係する。

人工物が「共同行為者」として機能する典型例として、車の左側交通を実現するために「中央分離帯」を設ける場合や、あるいは、徐行運転を実現するために道路に一定の「障害物（例えばスピードバンプ）」を設ける場合のように、行為者の選択の幅を大幅に制約することによって、設計の目的を実現することが目指される場合が考えられる。こうした設計の仕方は「強制選択法」と呼ばれ、求められている本来の目的に反する事態を生じにくくするために効果的で、そのためエラーを防止するうえで有効な設計原則である。とりわけ、グレゴリーの等式に照らして考えてみると、強制選択法は、人工物を使うにあたって、使用者の必要とする顕在的知性が可能な限り少なくてすむようにする設計であるという点で、きわめて合理的な原則であると考えられる。実際、行為者は、人工物を使うにあたって、その場の問題解決のためにあらためて能力を発揮する必要が少なくてすみ、行為は「容易」になり、したがって、「便利」になりエラーも起こりにくくなる。

しかしそれでは、このような意味で「便利」で、使い方が「安易」になるような設計がつねに最良の設計かといえば、もちろん事柄はそれほど単純ではない。

例えば、ノーマンのあげているシートベルトの例を考えてみよう。アメリカでは、シートベルトの着用がなかなか普及しなかったために、一時期、強制選択法が採用されたことがあったそうである。しかしその結果は失敗だった。「新車には特殊なロック機構を設置して、運転者席と助手席のシートベルトが使われていないとブザーがなって車が動かないように設計したのである。この強制選択法は非常に嫌われ、ほとんどの運転者は自動車工場でそれを取り外させていた。法律はすぐに変更された」（ノーマン 1990: 218）。強制選択法は、非常に有効ではあるが、しかし、その反面、融通が利かないために、かえって不便な状態をもたらしてしまうことを避けられないからである。実際、このようなシートベルトの機構のもとでは、助手席にある程度の重さをもつ荷物を乗せただけで助手席のシートベルトを締めなければ自動車を動かせないことになる。このような例も、先に見た「技術の逆説」の一種ということができる。こうして明らかなように、グレゴリーの等式で、顕在的知性が少なければ少ないほどつねに便利になるとは限らないのであり、顕在的知性と潜在的知性との間でバランスを取ることが必要となる。

最後に確認した点は、強制選択法のみならず、先にあげた設計の原則すべてに当てはまる。というのも、便利であるとか、容易であるという特徴は決して無条件にいいうることではなく、つねに一定の文脈が前提となるからである。そして、ここから技術と人工物について、「共同行為者」という見方には還元できない重要な洞察が導かれることになる。

2　技術の「他者性」

(1) モノは反撃する

たしかに、共同行為者という特徴は、わたしたちの生活を便利にし、容易にするために不可欠なものである点で、人工物の本質的特徴のひとつといえるだろう。また、第一章で見たプレスナーやゲーレンらの哲学的人間学の知見に照らしても、人間というものが、本質的に、自ら作り上げた人工物に依拠した存在だという点で、知的行為や社会的・規範的行為を可能にする「共同行為者」という人工物の意義を理解することは重要である。しかしながら、人工物を「共同行為者」という観点からのみ特徴づけることが一面的であることも忘れるわけにはいかない。というのも、人工物が実際に用いられる現実の状況は多くの要因のからまりあった多様な性格をもつために、人工物が使用される仕方は必ずしもいつも同じ条件のもとにあるとはいえないからである。

例えば、「徐行運転」を実現するために設けられたスピードバンプのような道路上の障害物を考えてみよう。スピードバンプは、徐行運転という目的を実現するためには、標識を設置して運転者の判断にゆだねる場合に比べて、はるかに効果的である。ところが、同じ道路を、消防車や救急車が急いで通らねばならない場合には、それらの人工物はまったくの障害物以外のなにものでもなくなる。この場合には、人工物は設計者の意図に反する使われ方をすることになる。そして、人工物が設計者の意図に反する意味をもつようになることは珍しいことではない。

エドワード・テナーは『逆襲するテクノロジー』という本のなかでこれらの現象について興味深い議論を展開している。

例えば、オフィスのネットワーク化は紙でコピーをとることを不要にするだろうという未来学者の予言に反して、現在のオフィスは紙であふれている。また、ある地域で安価なセキュリティ・システムの導入がなされたが、それによって誤作動や誤報が多発したために、システム導入前よりもかえってセキュリティのレヴェルが下がってしまった。こうした事態にもとづいて、テナーは「モノが反撃しているように思えた」（テナー 1999: 8）と述べている。そして、「モノが反撃する」事態のなかで最も衝撃的なのが、原子力発電所やスペースシャトルなどの事故のような場合である。これらの場合は、設計者の意図に反して人工物が振舞うという意味で、人工物の「他者性」が示される例であるということができる。

ここで何よりも確認しておかねばならないことは、人工物に備わる「共同行為者」としての性格と、「他者」としての性格とは切り離すことができない点である。先の「徐行運転」を効果的に実現する障害物はまさにそれが障害物であるからこそ効果的な働きをするのであり、したがって、そこを通る車が消防車や救急車の場合だけ障害物ではなくなるようにすることはできない。もしこの点を「欠陥」ととらえて、改良の試みがなされ、例えば、障害物が移動しやすいものに設計し直されたとすれば、今度は、肝心の「徐行運動」に対する効果のほうもまた同時に弱まってしまう。こうした点から考えると、「他者性」をもたない人工物は存在しない、あるいは、反撃の可能性をもたない人工物は存在しえないことになる。これは言い換えるなら、完璧な設計、完璧な技術は不可能だということである。

（2）技術の創造性

第二に、この他者性は、必ずしも否定的役割を担うのみではなく、多くの発明の過程で創造的役割を担うものでもある点に注意しなければならない。実際、人工物はそれが用いられるときに、設計者の思ってもみなかったような用いられ方をすることによって、まったく新しい意味を獲得する場合がある。インターネットが典型例である。よく知られているように、インターネットは、最初は軍事目的のために設計されたのであるが、現在では、日常生活の新たなコミュニケーションの道具となっている。タイプライターはもともと視覚障害者を補助する器具として設計されたそうである。しかしその後、この役割はむしろ周辺的位置に置かれ、オフィスでの仕事の中心的役割を担うことになった。自動車の例もここに含めることができる。自動車が最初に発明されたときに、馬車より速く走れる乗り物に対する社会的要請があったわけではない。フォードT型などの開発によって自動車の大量生産が可能になり、多くのひとに使用されるようになってはじめて、自動車は現在のように一般的な社会的要請を満たす機能を備えた乗り物という意味を獲得したのである。

こうした事情によって、技術の発展を導く創造性の起源のひとつがどこにあるかを理解することができる。すなわち、一定の人工物があらかじめ存在しており、そしてその人工物が多様な状況で使用される可能性を秘めていることが技術の創造性にとって重要なのである。しばしば、「必要は発明の母である」とか「形は機能に従う」という言い方がなされる。しかし、実際の技術の歴史は、これらのことわざが必ずしも適切とはいえないということを示している。実際の技術開発の歴史のなかでは、まず何らかの人工物が与えられており、それがさまざまな状況のもとで使用され、その過程で、その人工物に新たな意味が見いだされ、それにもとづいて、さまざまな改良や開発が新たになされるという具合にして事柄が進んでいくのである。

H・ペトロスキーはこの観点をさらに広げて、技術の「進化」の過程について次のように述べている。

モノの形は、意図された機能に関係なく、しばしばそれ自体が、より想像力に富む新たな形を触発する――木の枝がフォークを想起させ、貝殻がスプーンを想起させたように。（ペトロスキー 1995: 72）

例えば、ファストフードの大手、マクドナルド社が一九七〇年代に導入した包装容器（ポリエチレン製の「クラムシェル」（二枚貝のように口が開く容器））は、使い勝手や形などがそれ以前の紙製のものに比べて格段に優れたものと考えられ、称賛された。しかし、導入から一〇年も経たないうちに、クラムシェルは、使い捨て容器の代表として、また環境を脅かすもののひとつとして攻撃され、紙製の包装へと戻ることになった（ペトロスキー 1995: 288f.）。どのような形、どのようなデザインが「良い」と見なされるかは、当の人工物に備わる「機能」によってのみ予測できるものではなく、多様な文化的、社会的、あるいはまた自然環境的な要因によって左右されることになる。「いくつもの事例がわたしたちに警告を発しているとおり、神聖なデザインなどひとつもなく、形は未来が導くところにしたがうのである」（ペトロスキー 1995: 286）。

もうひとつ、よく知られたラトゥールの挙げているポスト・イットの事例を参照しておこう。「付着「しない」接着剤を見いだしたことは、よく付着する接着剤を作ることが通常の仕事である3－M社の失敗であると見なされていた。（ところが、）この接着剤に関する失敗は、それによって、汚したり劣化させることなしに、詩篇集にしるしを付けられることに考案者が気づいたときに利点へと転化した」（ラトゥール 1999: 243）。物語はこれだけで終わるわけではない。しかし、以上の記述からだけでも、この事例は、「作られたもの」が失敗作と見なされていた最初の製作者の解釈が否定されて、新たな状況のなかで成功品へと解釈の変更がもたらされることになった過程を印象深く描いている。

技術の進化の最初の出発点になるのはモノ、それが自然物であれ、人工物であれ、一定の形をもつモノであり、そのモノが一定の機能を呼び起こし、実際に使用されるなかで、欠陥があらわになり、その欠陥の改良を目指してさまざまな新たな形が作られていく。この進化の原理は、フォークやスプーンのような日常品から、原子力発電所やスペースシャトルなどの大規模な技術に至るまで共通に見いだされる（ペトロスキー 1995: 108）。

以上によって、あらためて技術に関する伝統的な見方への批判の論点を再確認することになった。伝統的には、技術活動は、製作者のなんらかの企図からはじまり、企図にもとづいて、設計、製作、そして完成品の使用へと一方向的に進むことが基本モデルとして理解されてきた。それに対して、以上から確認できるのは、技術活動は、製作者、材料、その時々の状況、そして使用者、こうした多様な要因の相互作用からなる過程として実現するのであり、明確な意味で始まりと終わりを規定しうるものではないという点である。製作過程は使用過程にまで続いているのであり、使用もまた製作の創造性を担う重要な要因なのである。技術哲学者のD・アイディは伝統的見方を「設計者をもとにする誤謬（Designer Fallacy）」と呼んで批判し、技術活動の多次元性がもたらす創造性を強調している（Ihde 2008: 19f.）。そしてまた、そのような創造的な技術活動の過程の特徴を表すために、西田幾多郎の「作られたものから作るものへ」という言葉をここでもう一度想い出すことができる。ここで見てきた諸事例が示しているのは、まさに、作られたものはたんに「共同行為者」として働くのではなく、むしろ、製作者の最初の企図に抵抗し、それを否定し、新たな方向へと向かわせる働きをするという特徴である。その意味で作られたものが示すのは、自立した「他者」としての働きであり、ここでは、作られたものと作るものとは、西田のいうように否定的、矛盾的関係を形成することによって創造性を実現する。人工物は、「共同行為者」であると同時に、「他者」として働くことによって、技術の創造性に寄与するのである。

さてそれでは、このような人工物の「他者性」を考慮すると、どのようなデザインの原則が導かれることになるのだろうか。

(3) 製作者と使用者の共同作業としての設計

そもそも人工物の「他者性」とは、もともとの設計の意図に反する現象がもたらされることであるから、「他者性」を考慮した設計というのは、意図に反するものを意図したり、予期に反するものを予期したりすることになり、自己矛盾に陥るように思われるかもしれない。にもかかわらず、この「他者性」という特性から導かれる設計の「原則」を考えることは必ずしも不可能ではない。

第一に、もし人工物が、状況によっては最初の機能や意味とは異なった新たな機能や意味を担いうる可能性を秘めているとするなら、設計者は目先の目的のみにとらわれるのではなく、できるだけ射程の長い未来を考慮する必要が出てくる。ペトロスキーも次のように述べている。「これまで未来への展望が、たびたび現状を害する原因になったからこそ、デザイナーはもっと慎重かつ徹底的に、外見や短期的なデザイン問題の目標の先を思い描き、それらの長期的な結果に目を向けなければならない」(ペトロスキー 1995: 305)。

第二に、すでにこれまで見てきたように、人工物の「他者性」という性質に注目するなら、人工物の意味は、製作の過程で決定されてしまうのではなく、使用者との相互作用を通して偶然的に形成される面をもっている点を重視しなければならない。言い換えると、人工物の「製作」は、人工物が一定の仕方で生産され社会へ導入された時点で終わるのではなく、人工物が社会のなかで使用される過程にまで伸びており、したがって、使用者もまたある意味では、使用の過程において「製作」に加わっていると考えねばならない。したがって、他者性を考慮するということは、使用過程と使用者を設計の重要な要因として考慮することを帰結する。製作者、設計者のみならず、使用者もまた技術の「創造的」過程の重要な要因なのである。

以上のように考えることができるなら、人工物の設計にあたっては、製作者と使用者、デザイナーとユーザーとの区別を自明のものとして前提するのではなく、製作が製作者と使用者との共同作業として成り立つことを考慮することが重要になる。少なくともこの点が、人工物の「他者性」という特質から導かれる設計の「原則」の最も重要な点のひとつといえるだろう。

ここでは「使用者」という言葉を限定なしに導入した。しかし、本章で参考にしてきた「社会構成主義」の観点にもとづくなら、「使用者」の存在もあらかじめ前提できるものではなく、そのつどの人工物の製作と同時に社会的に「構成」されると考える必要が出てくる。例えば、何かの新製品を製作する場合に、使いやすさのテストがなされ、マニュアルが作成されるが、そうしたテストでは製品の使いやすさが試されるのみではなく、同時に、どのような使用者が（製作者にとって）適切な使用者かという点も「構成」されることを無視できない。

使用者の「構成」という点が顕著に示されるのは宣伝活動である。序章で挙げた二〇世紀前半のゼネラル・エレクトリック社による家庭電化製品の広告（二三頁）を思い出していただきたい。「母親」と題されたその広告は、電化製品の使用者がどのような存在であるかを「構成」する役割を果たしている。家庭電化製品の「構成」の過程は、同時に、それを使用する「母親」という女性の役割の「構成」過程でもあるのである。

そしてもちろん、こうした「使用者」の構成過程は、設計、製作過程のみならず、宣伝、販売、メンテナンスの過程にまで続いている。いずれにしても、技術の形成過程は同時に使用者を一定の（適切な）型へと形成すること（Configurating the users）を含むのであり、そして、こうした構成が成功する限りで、人工物は（そうした使用者にとって）あたかも解釈の柔軟性をもたない「ブラックボックス」と見なされることになるのである（Grint and Woolgar 1997: 65ff.）。このような意味で、ここで用いられている「使用者」という概念も、「解釈」から自由ではないのである。換言すると、使用者自身も、自らの関心やニーズと呼ばれる事柄を無条件に前提することなく、それらが構成されてきたものであることに対して批判的な視点をもち続けることが不可欠となるのである。

以上のように考えることができるなら、既存の技術を評価するにせよ、新たな技術を選択するにせよ、それらに関して、設計者や製作者、あるいは専門家のみが決定権をもっているということはできないことになる。むしろ、製作者と使用者、専門家と素人が共同して決定権をもっているといいうることになり、したがって、両者を含んで議論する公共の場を設けることが重要な意味をもってくる。このようにして、製作者と使用者、専門家と素人からなる「公共空間」において技術の評価や選択を行うことは、技術にとって決して付帯的なことではなく、むしろ本質内在的なことだということになり、そしてまた、人工物を製作することと、それが使用の過程でもつ意味について議論することは、どちらも重要な要因として技術の成立過程に含まれることになる。

ここで取り上げた技術に関する見方は、あまりに常識的見解から懸け離れていると思われるかもしれない。しかし例えば、設計者と使用者との共同作業という点であれば、ユニバーサルデザインや「参加型デザインのアプローチ」などによってすでによく知られている（村田 2006a; 村田 2006b。さらに上野 2001: 33)。

ユニバーサルデザインの原則の中核をなしているのは「利用者における公平性」や「利用の柔軟性」であり、若い男性を典型例とする「正常者」のみならず、障害者や子ども、そして高齢者にも同じように使いやすい設計である点が求められる。しかも、この原則は一度きりの設計で実現しうるものではなく、使用者との共同作業によって不断に設計を改良していく「プロセス性」が不可欠である点が強調されている（村田 2006a: 144f.)。

また、「参加型デザイン（participatory design)」の運動としては、一九七〇年代から八〇年代に、おもにスカンジナビア諸国で試みられたものが知られている。例えば、スウェーデンで試みられたＵＴＯＰＩＡと呼ばれるプロジェクトでは、新聞印刷に新しい技術を導入するにあたり、使用者となる印刷労働者が設計の段階から積極的に加わることによって新しいコンピュータ・ソフトウェアが開発された（村田 2006a: 147f.)。

以上のようなアプローチをとる場合には、設計者は最初から設計の目的を一義的に決定してしまうのではなく、多様な解釈が可能であることを前提して設計過程にのぞみ、また、使用者の方も、たんに既製のニーズを反映することを目的として設計に参加するのではなく、実際の設計の過程で、あるいは、使用の過程で、最初の要求が変化することをも考慮しなければならない。設計者と使用者は設計と使用の過程で相互に影響を与えあいながらそれぞれの見方を変化させるという点にこのアプローチの特徴が見られる。

もちろん、どんな技術にも同じように、ユニバーサルデザインや「参加型デザインのアプローチ」が見せた成功の可能性が存在するわけではない。具体的な製作者と使用者、専門家と素人との間の相互行為を実現しようとすれば、それぞれの問題に即して、具体的な手法の開発や努力が必要となる。そしてそれらの試みは簡単に実現できるものではないだろう。したがって、具体的な問題解決の場面を前にして、人工物に備わる「他者性」や「非決定性」、あるいは「創造性」を指摘しただけでは、ほとんど何も述べたことにはならないと思われるかもしれない。にもかかわらず、これらの概念によって示唆される技術と設計の見方には、製作と使用、専門家と素人といった伝統的な概念区分を根本的に疑問に付す働きが含まれており、それによって、伝統的な技術観とは違った新しい技術と設計の見方への方向性が示唆されているということはできるだろう。

技術がつねに「創造性」を示すのは、それが一定の機能には還元できない形あるモノを生み出すからであり、設計の段階では予期できない「他者性」をつねに示すからである。しかしこの「他者性」は同時にまた技術の失敗可能性の起源でもある。この点を考慮すると、今度は、技術の創造性と失敗可能性は不可分であることになり、失敗可能性を含まない技術は存在しないことになる。

3 「未知の応用」としての技術

しかしながら、いうまでもなく技術者にとって、人工物を設計する場合に最も注意しなければならないことのひとつが、失敗可能性を最大限排除するという課題である。その典型例が「フェイルセーフ」（失敗しても大丈夫）あるいは「フールプルーフ」（ばかなことをしても大丈夫）という設計原則である。そうであるとすると、失敗可能性を考慮に入れた設計というのは、設計の最も重要な原則に反する営みとなってしまうのではなかろうか。こうして、本章の最初に確認した問題、すなわち、技術の「創造性」ないし「非決定性」を考慮した設計というのはおよそパラドックスを含むような試みとなってしまうのではないか、という問題を再確認することになる。

たしかに、「失敗可能性」という概念と結びついた技術概念は一見すると技術の根本原則に反する概念のように思われるかもしれない。しかしこの技術概念は、実際にはむしろ逆に、設計に関する重要な視点を導くこと、さらには、それが技術（者）の倫理を考えるうえでも重要な視点を与えてくれることを最後に確認しておきたい。

（1）創造性と失敗可能性

まず、ガリレオが『新科学対話』の最初の箇所で述べている挿話を手がかりに考え始めることにしよう。ガリレオはその挿話のなかで、大理石の円柱を使って建造物を作る場合に出会う問題、すなわち、大理石の円柱の保管の問題を取り上げながら、「すべての人の予想を裏切ってことが起こり、しかも予防のためにつくした手段がかえって災いの原因になった」事態を紹介している。

あるところで大理石の円柱が一基、両端をそれぞれ一本ずつの横木の上に載せて、水平においてありました。しばらくして後、たまたまひとりの職人が、これが自分の重さで真ん中から折れるかもしれない、真ん中にもうひとつ横木をおいたら二重に安全になるだろうと思いつきました。誰も彼もこれはよい考えだと思いました。しかしその結果は全く反対でした。幾月もたたないうちに、この円柱にひびが入り、ちょうどその新しく入れた横木の上で二つに折れてしまったのです。（ガリレイ 1937: 26）（図10、11）

もちろんこのような事態になったのには立派な理由があった。最初に大理石を支えていた

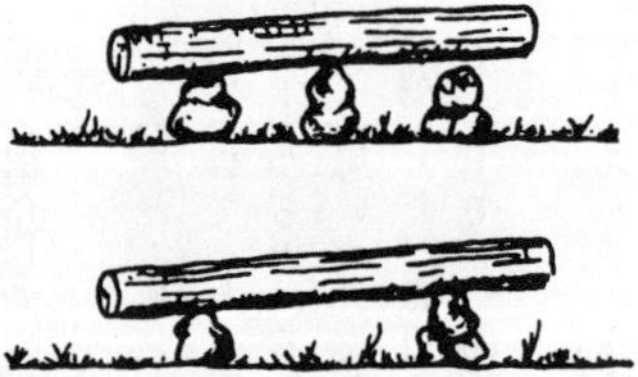

図10　大理石の柱の保管（ペトロスキー 2001, 62より）上は改善した支え方で下がもとの支え方

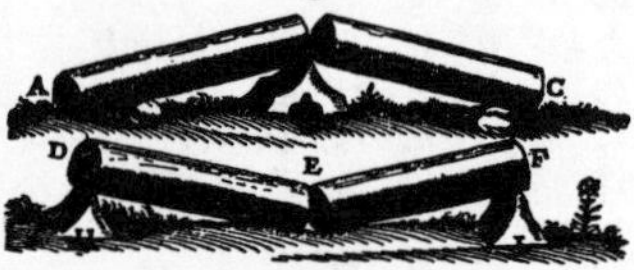

図11　2つの破損のあり方についてのガリレオの図（ペトロスキー 2001, 65より）

二つの横木のうちひとつが腐ってつぶれてしまったためである。そのために、結果として大理石は真ん中のところで新しい横木に支えられ、半分は何の支えもなくなってしまったのである。もし予防措置を設けなければ、ひとつの横木が腐っても、大理石はそれと一緒に全体が沈んだだけで済んだかもしれないのに、予防措置を取ったために、かえって大理石を壊してしまったのである。

ペトロスキーはこのガリレオの挿話のなかに設計変更を行う際の「パラダイムケース」を見いだし、そこから次のような教訓を引き出している。

> 幾何学的構造であれ、あるいは、材料や工程などに関することであれ、どのような設計の変更も、新しい破壊の様態をもたらし、あるいは隠れていた破壊の様態が働くようにしてしまうかもしれない。だからどんな設計変更も、それがどれほど良好で有益に思えても、当初の設計目的を念頭に置いて分析し直さねばならない。（ペトロスキー 2001: 71）

ペトロスキーによると、設計において最も重要なことは成功した事例を基礎にして新たな設計を行うことにあるのではなく、失敗の事例にもとづいて可能な限り失敗可能性を考慮して、それを回避するように設計を行うことである。すなわち、設計の基本原則は成功を目指すことではなく、むしろ、失敗を回避することである。もし「成功」した設計といわれる事例があるとしても、それはあくまで、その時点までまだ失敗が現れていない、という意味なのである。しかし、もし、どんなに成功したように見える技術においてさえも、つねに失敗の可能性から逃れられないとするなら、技術者は自ら設計し、成功した人工物についてさえ確実な知識をもっているとはいえないことになるだろう。技術には最後まで「未知」の部分が残されるのである。こうした点から技術者のもつ知識の性格を考えるなら、技術者にとって重要なことは、何を知っているか、あるいは、どれほど多くのことを知っているか（を知っている）という点にあるのではなく、むしろ、何を知らないか、あるいは、どれほど多くのことを知らないか（を知っている）という点にあることになる。

（2）技術と責任

以上の見方は、「技術は科学の応用である」という伝統的見方の一面性にあらためて別の観点から光を当てることになる。「応用科学説」によると、（近代）技術の本質的特徴は、応用に先立って、応用とは独立に「既知のもの」として性格づけられる科学的知識を前提にする点にあると見なされている。しかしながら、技術者は、科学的知識を「応用」する新たな設計の過程で、失敗の可能性を排除しきれないのであり、むしろ、新たな潜在的な失敗の可能性を生み出しているかもしれないのだから、科学のなかで「既知」と見なされたものは、応用の過程に置かれると、「未知」のものと不可分な性格を示すことになると考えねばならなくなる。こうした点を考慮するなら、技術は（科学的に）「知っていること（既知なるもの）」の応用であると同時に、「いまだ知っていないこと（未知なるもの）」の応用であるということもできることになる。

実際、技術史家の中岡哲郎は、技術の本性を「未知の応用」と名づけて、「未知の領域から危険が現れて来る兆候を検知し、鋭く反応する」ことこそ、技術者の最も重要な責任であると述べている（中岡 2001: 5）。そしてここに、技術の「他者性」を中核に据えたときに浮かび上がってくる「技術者の倫理」と設計の原則に関する重要な論点をみることができる。「未知の領域から危険が現れて来る兆候を検知し、鋭く反応する」こと、これは言葉で表現することは簡単であるが、実際に実行することはきわめて困難なことである。それが困難なことは、ガリレオの挿話が示しているし、また、しばしば話題になるスペースシャトルのチャレンジャー号の事故（一九八六年）やコロンビア号の事故（二〇〇三年）を帰結することになった打ち上げ決定や事故回避の試みにさいしての技術者たちの振舞いにも現れている（村田 2006a 参照）。それに対して、中岡哲郎が特に取り上げているのは、二〇世紀中頃に日本で起きた公害史上最悪の危害をもたらした水俣病事件の際の技術者たちの振舞いである。

チッソの工場からの排水を原因とする水俣病事件では、有機水銀による中毒症状が人間に現れるまでに、魚や鳥、あるいはネコなどの動物に多くの兆候が現れていた。しかし技術者たちは誰ひとりとして、その兆候に重大な意味を見いだしはしなかった。それどころか、水俣病が表面化して大きな事件となってからでさえ、工場排水と中毒症状との「厳密な因果関係が科学的に証明されない」ということが理由となって、排水の停止が遅らされた。

もちろんここには、企業内の技術者の振舞い方をめぐる問題など、多様な要因がからんでいる。しかし少なくとも一般的な仕方で次の点を指摘することは不可能ではないだろう。すなわちここでは、確実な知識を求めるという要求、科学的根拠を求めるという要請が、危険の兆候を検知し、それに反応することを推進するどころか、むしろ阻んだのである。それでは、なぜ、このようなことが科学という名のもとで可能となったのだろうか。いうまでもなく、科学者や技術者は、確実な知識を得られるはずだという、強固な考え方が背景にあったからである。しかしながら、危険を察知することを妨害し、被害を拡大することに貢献するような知識観を責任ある知識観といいうるだろうか。むしろ必要なことは、これまで見てきたように、技術者は原理的に確実な知識はもちえないのであり、未知の領域を相手にしているということを肝に銘じることだろう。「確実な知識が得られる」という知識観ではなく、「確実な知識は得られない」という知識観こそが責任ある知識と技術を可能にするのである。

しかしながらこのような新たな知識観のもとで振舞うことは技術者のみで可能となるわけ

ではない。技術者は自らの誤りをチェックするためにこそ、「他者」として、使用者を含めた技術者以外の人びとの力を必要とすることになる。このときこそ、先にあげた製作者と使用者、専門家と素人との共同作業が重要な役割を果たすことになる（ペトロスキー 1995: 318）。技術者が多くの人びとと共同作業をする「公共空間」を設定するという設計の原則はこの点で、技術倫理の基本をも形成することになる。これが技術の「他者性」に焦点を当てることから導かれる技術倫理に関する最も重大な帰結のひとつである。

以上の議論は、設計の原則に関する話としても、あるいは、技術倫理に関する話としても、あまりに抽象的だと考える方もおられるかもしれない。そこで、ここでの議論を支持していると思われる実際の技術者の発言を引くことによって論点の補完をしておきたい（ここで論じた論点にもとづく技術倫理のあり方を探った試みとして、村田 2006a を参照）。

L・ブッキャレリは「イディオット・プルーフは安全か」と題された論文で、不確実性に対処する二つの設計プログラムを対比している。ひとつは、「合理的な設計プログラム」と呼ばれ、想定可能なすべてのエラーやリスクをプログラム化して設計のなかに取り込もうとする方向をもつものである。このプログラムでは、使用者がとんでもない使用法を用いて危険が生じることがないようにするために、使用者がイディオット（愚か者）のように振舞うことを想定した設計（「イディオット・プルーフ」）が重要な選択肢となる。もうひとつは、「保守的な設計実践」と呼ばれ、ここでは、不確実性は決して何らかの合理的なプログラムによって排除可能な要因とは見なされず、むしろ、どんな場合にも技術の過程に不可分に潜んでいるひとつの「次元」と見なされる。したがって、不確実性は技術者がどれほど想像力を発揮してもその視野に入れることのできないものであり、むしろ日々の実践のなかで不断に注意を繰り返す以外に対処できないものと見なされる。そして、この見方にもとづくと、「イディオット・プルーフ」という原理は、不確実な使用者のあり方をあらかじめ想定可能であるかのように見なす点で、しかも、そのような設計を施すことによって、実際に想定外のことが起きた場合に、使用者は本当にイディオットのようにしか振舞えずに問題を拡大してしまうという点で、決して安全な方法とはいえないとして批判される。

ブッキャレリは、保守的な設計実践を支持している発言として、スリーマイル島事故後に議会で証言した技術者A・リコバーの発言をあげている。「まずは、どんな工学の努力においても、そしてなかでも、原子力発電のような先端的な領域においては、未知で予期しえない可能な結果を許容するために保守主義が必要なのである」(Bucciarelli 1985; 54)。

もう一点、ここで取り上げた技術観に関係した論点を付け加えておきたい。ここで見てきた技術倫理に関する考え方は、広い意味で「予防原則 (precautionary principle)」と呼ばれる考え方に属すると見なすこともできる。「予防原則」という言葉は、一般には環境問題に関係する政策決定の文脈で使われるが、より広く、技術文化に内在的な不確実性、ないし、「脆弱性 (vulnerability)」に対処する原則という意味で考えることもできる(「予防原則」や「脆弱性」を積極的に解釈する可能性を指摘したものとして、バイカー 2006 を参照いただきたい)。

第一二章　フェミニスト技術論

本書ではこれまで、人間／技術、自然／技術、科学／技術、あるいは、社会／技術などの概念枠組みを利用しながら、技術とは何かについて考える手がかりを得ようとしてきた。

それらの議論を通して明らかになったのは、技術現象は決してそうした概念枠組みのなかで一義的に規定しうる現象ではないこと、むしろ、つねに両義的、あるいは多義的な仕方でのみとらえられる現象であることだった。とりわけ、技術のもつ「解釈の柔軟性」という特徴に注目するなら、技術の本性自身がこのような見方を支持することになる。

しかし、もしこうした議論を認めると、技術は何らかのひとつの「本質」によって規定しうるとはいえないことになるのだから、このような技術のとらえ方は一種の「非本質主義(non-essentialism)」に属する見方であることになる。言い換えると、本書の技術論は「非本質主義」的見方の可能性を探る試みだったということもできる。しかし、非本質主義の観点に対しては、結局、相対主義に陥り、自らの立場自身に関して首尾一貫した主張をなしえなくなるのではないか、とか、規範や批判のための安定した拠点をもちえないために、技術に関して規範的論点や批判的な論点を提示しえなくなるのではないか、という疑念が繰り返し提出されてきた。

そこで以下では、こうした疑念に（間接的に）答えるために、本質主義と非本質主義の議論が典型的に見られるフェミニズムの観点から提出されている技術論を概観しながら、非本質主義の積極的な意義を探ることにしたい。

1　フェミニズムの観点から

（1）科学技術論のなかでのフェミニズム

フェミニズムの興隆

二〇世紀後半の科学哲学と技術哲学の特徴のひとつはフェミニズムの観点からの議論が盛んになった点にある。社会学やカルチュラル・スタディーズのなかで盛んになった女性学（women studies）の観点と、そのなかで強調された男性中心主義への批判の観点は、科学や技術のように一見するとジェンダーとは無関係に見える活動のなかにもさまざまな形でジェンダー・バイアスを見いだすことになった。

フェミニズムの議論には、科学者やエンジニアのなかに女性の割合が少ない、という文字通り社会的バイアスを問題にする議論から、近代実験科学や近代技術が「自然支配」という観点をとる点ですでに男性主義的だと見なし、科学の方法や技術のあり方自身に見られるジェンダー・バイアスを問題にする議論まで多様である。なかでも中心的な話題になってきたのは、近代技術の本性を問題にする議論である。

例えば、近代の生産過程で用いられるさまざまな技術が男性的性格をもっているために、労働の現場で男性支配的構造が定着しているのではないか、という指摘がなされたり、あるいは、二〇世紀においてさまざまな消費財が家庭生活に入り込むことによって生じた「家庭内で生じた「産業革命」」（Cowan 1976）をめぐる議論のなかでは、さまざまな新たな家庭電化製品が導入されることによって、新たな仕方で主婦の労働のあり方が規定されることになり、女性を家庭内に束縛する方向が強められたという議論がなされたりすることになった。逆に、インターネットを典型とする新たな情報技術が作り出したサイバースペースではジェンダーの区別は流動化され、再構成されるのではないか、つまり、この点では技術が女性解放に積極的に寄与するのではないか、という見方（サイバー・フェミニズム）が提出されたりした。

このように、これまで技術とジェンダーとの関係を主題とする議論がさまざまな仕方で展開されてきた。ただし、その議論の多くでは、技術は本質的に男性中心的で、反女性的であるとか、あるいは、逆に女性解放的である、と見なされているように、一種の本質主義が前提されてきた。それに対して、最近では、社会構成主義の観点を考慮して、必ずしもこのような本質主義を前提するのではなく、技術とジェンダーのあり方自身が「構成」される仕方に光を当てた議論がなされるようになってきた。本章では、この技術とジェンダーの関係をめぐる問題のあり方を、最近の話題の中心のひとつとなっている「生殖技術（reproductive technology）」をめぐる議論に焦点を合わせながら見ていくことにしたい。というのも、生殖技術をめぐる問題ほど、ジェンダーと技術の関係が際立って現れる問題はないからである。

バイオ・テクノロジーとフェミニズム

生命倫理における基本問題のひとつが、安楽死や脳死など生命の終わりをめぐる問題にあるとすると、もうひとつの基本問題は、避妊や堕胎、そして体外受精など、生命の誕生に関する生殖技術をめぐる問題にある。そして、生殖技術に関する問題は、医療技術が高度に発達することによって、これまで不可能だったことが可能になることによって生じた「倫理」問題というあり方を示す点で、「生命倫理」の典型的な問題と見なされている。

他方で、子どもを産むのは女性であり、また、多くの社会では子どもの初期育児の担い手は女性と見なされてきたことから、生殖技術は、ジェンダーと技術の関係が最も鋭く現れる問題と見なされる。実際、フェミニズムのなかでは、この問題がいつも中心的位置を占めてきた。そのなかで長い間中心を占めていたのは受胎調節の技術をめぐる問題だった。というのも、男女平等を実現するうえで、出産と育児が女性のみに押しつけられている状況は何よりも打破しなければならない課題と考えられてきたからである。しかし、二〇世紀後半から急速に進んできた医療技術、遺伝子技術の発展がもたらしつつある状況は、フェミニズムの議論に新たな複雑さをもたらすことになった。

生殖技術は、一九七〇年代以降、おもに「体外受精（in vitro fertilization：IVF）」および「胚（受精卵）の移植（embryo transfer：ET）」にかかわる技術の発達によって飛躍的に進むことになり、不妊の「治療」はもとより、これまでは不可能と思われた高年齢の女性の出産、女性同士のペアのために子どもを作ること、ひいては、代理母による出産に至るまで、実に多様な仕方での子どもの「製作」が実現可能なものと見なされるようになり、その多くが実際に実現されることになった。クローンの製作のように、現在は禁止されているが、その可能性について繰り返し議論に上っている技術もある。そして、こうした生殖技術の発展とともに、フェミニズムの議論も変化していくことになる。以下ではかなり大雑把な仕方ではあるが、典型的なフェミニズムの考え方を取り上げながら、議論の推移をたどっていくことにしたい。

(2) ラディカル・フェミニズム

初期の（ラディカル）フェミニズム

生殖技術が発達し始めた初期には、この技術のなかに女性解放への積極的な可能性を見いだす（ラディカル）フェミニストが登場した。例えば、S・ファイアストーンは、体外受精がまだ現実化される以前に、完全に人工的に実現可能となる生殖過程こそが「野蛮な」妊娠と苦痛に満ちた出産という生殖の「圧政（tyranny）」から女性を解放し、両性の平等を実現するという主張を行って議論を巻き起こした（ファイアストーン 1972: 24ff.）。「利用できるあらゆる手段を使用して、生殖的な生物学の圧政から女性を解放すること。子どもを生み、育てる役割を女性と同様に男性を含め、社会全体に拡散すること」（ファイアストーン 1972: 255）。これが、まず、第一に要求されねばならないというのである。

（批判的）ラディカル・フェミニズム

しかしながら、実際に体外受精が実現され始めると、医療関係者の宣伝文句とは裏腹に、不妊治療の名目でなされるさまざまな処置、例えば、大量の排卵促進剤の投与や卵の採取、そして失敗を繰り返しながら果てしなく続く妊娠の試みが、女性に対して心身ともに大きな苦痛をもたらすことも明らかとなってきた。その実現可能性の低さから見ると、不妊治療の名のもとになされる体外受精の試みは、ほとんど、女性の体を使った新薬や新技術の生体実験のようにも思われてくる。

こうした点から、多くのフェミニストは、不妊「治療」のためと称して発達し続ける生殖技術のなかに、男性による女性支配の強化の過程を見いだし、この技術を典型的な「男性的（masculine）」あるいは「家父長制的」性格をもつものとして批判するようになった。こうした観点をとるフェミニストにとっては、妊娠、出産という女性特有な生物学的過程は、ファイアストーンの場合とは逆に、むしろ女性のアイデンティティを形成するべき「自然」として守られねばならないものであり、またこの過程に介入するという点で生殖技術は批判されることになる。

一九八四年に結成されたラディカル・フェミニストのグループ、「フィンレージ」（「生殖・遺伝子工学に抵抗するフェミニストの国際ネットワーク」(「フィンレージ」、FINRRAGE: Feminist International Network of Resistance to Reproductive and Genetic Engineering) に見られる主張がその代表である。「フィンレージ」によると、妊娠、出産の過程を体外受精のような技術によって置き換えることは、女性のアイデンティティを男性的な技術に譲り渡すことになると見なされる。また、体外受精はその技術の展開のなかで、優生学や遺伝子技術と結びつけられる可能性をもっており、その過程で、受精卵や胎児を実験材料として提供することになり、結局、女性は「生きた実験室」と見なされることになる危険を避けられないというわけである。このグループの代表者のR・クラインは以下のように述べている。

生殖工学と遺伝子工学の特殊技術は新分野をきりひらいたが、全般的イデオロギーにほとんど目新しいものはなく……家父長制的支配の旧来の要素をすべて引き継いでいる。これは女を憎しみ、もともと優生学的で、利益と名声を求める「科学」なのだ。機械のように分解し、再調製するという論理が突っ走り、不妊の人びとに「奇跡の修理」を、生める人びとに「良質の子ども」を強制する宣伝機械もフル運転している。そして製薬会社、医者、科学者にとって金のなる木になっている。(クライン 1991: 419f.)

このようなフェミニストの議論の特徴は、現在の生殖技術を「それ自体」として男性的な性格をもつ技術と見なし、したがって、それを女性に有利になるように利用することは困難であり、可能なのは、それを使わないように抵抗することのみであると考える点にある。この点にもとづいて、一方では、生殖技術の開発に見られる現在の支配的な科学観・技術観は根本的に変更されねばならず、それに代わって、人間を部分の集合としてではなく全体として評価する科学観・技術観、また、生命支配的・操作的ではなく生命肯定的な科学観・技術観が実現されねばならないと主張される（クライン 1991: 428）。他方では、現在のように「不妊」を病気として見る見方を退け、むしろ、生き方のひとつのあり方として積極的に認める見方を社会的に定着させる必要性が強調される。

ここに見られる見方は、とりわけ「エコ（ロジカル）・フェミニズム」と呼ばれる見方のなかで際立った形で提唱されている。エコ・フェミニズムの見方によると、近代技術は一般に本質的に男性的であり、暴力的な自然支配という傾向を備えているのに対して、他方、女性は、男性と違って、自然と共生関係に立ち、生命を育もうとする本性をもっており、ここに女性性の価値があると見なされる。

明らかに、このようなエコ・フェミニズムの主張は技術に関してはもちろんのこと、さらに、男性と女性という区分に関しても本質主義を体現している。そしてまさにその本質主義的性格によって、その主張は鮮明なものとなっているが、しかし同時に、逆にそのために、現在では多くの欠点を指摘されている。

例えば、男性性と女性性というジェンダーの区別を生物学的な基盤にもとづくと見なす見方に対しては、文化的、歴史的にその区別が変化してきた点が無視されているという批判が提出されてきた。また、現在の技術のあり方が本質的に男性的であるかぎり、それを変革することは、現在の技術をそれとはまったく異なる（女性的な）技術へと置き換える以外にはありえないことになるが、どのような技術が女性的であるのか、また、はたして、現代の社会、経済、政治のあり方を前提にしてそのような技術の変革が可能なのか、その具体像ははっきりしない。多くの場合、近代以前の技術のあり方が自然に対して暴力的ではなかった例として提出されるが、そのような技術の状態のもとでは、女性の生殖過程が現在よりも安全であったとはとてもいいがたいであろう。

（3）リベラル・フェミニズム――中立的手段としての技術

以上のように、ラディカル・フェミニズムやエコ・フェミニズムの見方のもとでは、生殖技術の発展に対して、女性はもっぱら、技術によって苦痛を受け、危険にさらされ、実験台にされる存在、つまり、抑圧を受ける受動的存在と見なされている。それに対して、新たな生殖技術を自らの利益のために積極的に利用しようとする女性がいることは視野に入れられていない。子どもを産みたいと希望する不妊の女性にとっては、体外受精の技術によって、新たな選択肢が提供され、それによって女性の自己決定権が拡大されると考えることもできるはずであるが、その点は考慮に入れられていない（柘植 1996）。また、同じ生殖過程に介入する技術であっても、避妊技術の場合には、フェミニストのなかでそれに反対する論者は少ない。しかし、避妊技術に対しては、女性に新たな選択肢が与えられ、自己決定権が拡張されると見なし、肯定的評価を与えながら、他方で、「不妊」問題を解決する技術に対しては、一貫して否定的評価を与えることは、整合的ではないのではないか、という批判が生じてもおかしくないことになる。こうして、新たな生殖技術を最初から否定してしまうのではなく、子どもを産みたいという不妊のカップルによる希望を実現できるような道を探るべきではないかという見解が提出されることになる（Grint and Gill 1995: 6ff.; Wajcman 1991: 60f. 参照）。

もちろん、子どもをもちたいという不妊のカップルの欲求にしても、それぞれの社会的状況と無関係に成立するものではない以上、無条件に前提できるものではない。しかし、いずれにしても、生殖技術自体に反女性的性格を見いだす必要はないというわけである。このような見方をもつフェミニストにも、体外受精のために開発されたはずの技術が、受精卵の遺伝子診断などの過程を伴うことによって、生命の選別への道を開く危険のあることは理解されている。ただしここでは、こうした危険は技術自体に備わる性格によるというより、技術の悪用にもとづくと見なされる。

したがって、必要なのは、現在の技術を否定することではなく、むしろ、女性の立場にもとづいて使用の仕方をコントロールする方法を開拓すること、つまり、女性の意志に従った技術開発と技術利用が可能となる社会制度へ改変することだと訴えられる。具体的には、科学や技術の分野では女性は男性より能力が劣っているとか、女性本来の仕事は家事や子育てにあるという伝統的な偏見を打ち破り、平等な社会を実現する必要が訴えられる。したがって、この見方のもとでは、男性と女性の区別に関しても、その本性の違いと見えるものは、社会的、文化的に構成されたものに過ぎないと見なされる。

以上のように、リベラル・フェミニストの見方の中心を形成しているのは、技術は中立である、ないし、両刃の剣である、という技術に関する中立説である。だからこそ、女性のイニシャティヴによって男性支配的な権力関係を変革し、生殖技術を女性に有利に用いることが可能になると考えられている。この見方は一般に受け入れられやすいものであり、また男女機会均等を目指したさまざまな動きの背景となっている。にもかかわらず、この見方を支えている技術の中立説という中心的テーゼは、これまでの本書の議論を踏まえるなら、その一面性を無視できない。また、男性・女性の区別の背後にある人間一般の本性というものを簡単に想定できるかどうかも問題だろう。本質主義／非本質主義という観点からみると、この見方は、ラディカル・（エコ・）フェミニズムに見られるような本質主義を避けてはいるが、今度は逆に、社会的な要因から独立の技術固有の本質を認めたり、ジェンダーなしの人間の本質を認めたりする点で、別の仕方での本質主義を前提していると考えることもできるだろう。

（4）社会構成主義的フェミニズム――「男性的文化としての技術」

社会構成主義という概念はあいまいな使い方をされることが多いので、フェミニズムのなかの多様な立場のひとつをこう呼んでよいかどうかについては議論の分かれるところであろうが、ここでは本書で用いてきた言葉使いに従って、暫定的にこの言葉を使うことにする。
この見方の代表者の一人としてJ・ワイスマンの考え方を参照してみよう。ワイスマンは、リベラル・フェミニズム、ラディカル・フェミニズム両者ともその主張が一面的である点を批判する。リベラル・フェミニズムは、歴史的、社会的関係が技術自身のなかに埋め込まれている事態をあいまいにする傾向がある点で批判されねばならない。

例えば、病気という概念と技術のあり方は密接に結びついている。実際、生殖技術の発展と普及によって、不妊という概念の意味が変わり、従来はなかった「病気」という意味を社会的にもち始めることになる。技術には何が「病気」と見なされるべきかを規定する機能が備わっているのである。

［生殖］技術の存在そのものによって、たとえ女性がその技術を利用しなくとも、状況が変わってしまう。彼女の「不妊」は今や治療可能なものになり、彼女は治療を受けないということをある意味で能動的に決意しなければならなくなる。このような仕方で、この種の技術はすべての女性の母性機能を強化し、それぞれの女性に対してこの役割の内化を強制することになるのである。(Wajcman 1991: 62)

まさにこの点こそ、ラディカル・フェミニストたちが最も強調したかった点のひとつである。したがって、ラディカル・フェミニズムの主張には重要な論点が含まれていることは無視できない。

しかし同時にここで重要なのは、技術自身に備わっているように見える社会的、価値的傾向を、ラディカル・フェミニストのように、そのつどの解釈と独立に存在すると見なすのではなく、本質的性質であるように見える性質が歴史的、社会的に構成されてきたものであることを明らかにし、これらの諸性質が構成され続けている要因を暴露することである。つまり、技術の「解釈学」が必要なのである。

例えば、この観点からこれまでの生殖技術の歩みを検討してみよう。試験管のなかでの受精や、卵子の確保などさまざまな生殖技術は一般的に、遺伝的な親子関係や家族関係を根本的に危うくさせるものである。しかしそうした技術のなかから、たとえ危険なものであっても、遺伝的同一性が維持されうるもののみが許可されるように注意深く方向づけられている、という点を指摘することができる。つまり、一見したところ技術的な選択に見える過程にも、男性中心主義や家父長制的価値観がひそかに入り込んでいる可能性があるのである。あるいは、体外受精というあまり成功率の高くない技術がこれほどまでに急速に発展させられた理由として、不妊女性からの要望が大きいという理由のみならず、「治療」という名目で、最終的には治療に使われない操作可能な受精卵が提供されるという事情を無視できない。提供される受精卵を使う先端技術が開発され、それによって、先端技術を担う産科学、婦人科学が一躍先端科学の仲間入りを果たし、産婦人科医の専門家としての位置が強化されるという学会の事情や、あるいは、遺伝学をはじめとする生命科学の発展への寄与が認められたという事情、そしてさらには、この技術が遺伝子工学にもとづいた産業と結びついて巨大な経済的効果をもたらす可能性が存在するという事情、などが大きな役割を果たしていることを無視できない。

以上のようなさまざまな要因が技術に内在化され、それらの要因の形成するネットワークがブラックボックス化することによって、現在のような生殖技術のあり方、すなわち、いうところの生殖技術の「男性的性格」が作られているのである。したがって、ラディカル・フェミニズムの指摘は重要ではあるが、技術に備わるすべての特徴を「男性的」という決定論的、本質主義的な表現の仕方で解釈してしまうと、かえってこうした多様な要因をおおいかくすことになりかねない。

以上の事情は、生殖技術のみならず、多くの技術にも同じように見られる。例えば、生産現場で用いられる技術の多くは、ラディカル・フェミニズムのいうように、一般に男性的な性格を帯びているように見えるかもしれない。しかし、中世から近代にかけて、女性たちは多様な生産現場で重要な働き手としての役割を担ってきた。それに対して、産業革命以降、資本主義社会の発展のなかで、例えば、公的領域と私的領域の区別や、工場での機械の設計や配置を男性中心的に行ってきたという過程にもとづいて、生産現場での技術の男性的性格が確立してきたのであって、決して、生物学的な本性にもとづく能力や選好によるものではない（ただし、女性が生産現場から排除されるようになったのは、歴史的にはもっと古く、中世においてであるという見解もある（Herlihy 1990）。つまり、現代の技術の性格は、歴史的、社会的に構成されてきた文化的な特徴であるという点で、このような技術の特徴を「男性的文化としての技術」（Grint and Gill 1995: 8）と呼ぶことができる。

さてそれでは、こうした「文化としての技術」という観点にもとづいて、現代の男性（中心）的な性格を有効に批判する論点を導くことができるだろうか。男性的、女性的という区別もすべて、結局は社会・技術ネットワークのなかで構成されたイデオロギーであり、そのつどの解釈に依存するとしたら、どのような批判の拠点が確保されるのだろうか。現代の「男性的」社会で用いられている「女性的」という概念自体が、偏向を伴ったものである以上、現代の技術を女性的なものへと設計変更するという試み自体も無条件に考えられるものではないはずである。フェミニズムの観点にもとづく批判や新たな設計の試み自体が、つねに反省的、批判的視点のもとにさらされねばならないことになる。そしてこの点で、いわゆる「社会構成主義」に属すると見なされる論者たちの意見も分かれてくる。

2　「非本質主義」のラディカリズム

(1)　懐疑主義的観点

非本質主義の射程を考えるために、まず最初に、社会構成主義のなかでも最も明確に非本質主義的観点を強調している論者として、S・ウールガーとK・グリントの議論を参照してみよう（Grint and Woolgar 1997）。

ウールガーとグリントもまた、技術に備わる「解釈の柔軟性」という観点に依拠するのであるが、彼（女）らは、この観点を徹底的に首尾一貫して確保することによってはじめて、「本質主義」に陥らない批判的立場を確保しうると考えている。このウールガーらの観点から見ると、技術と人工物「それ自体」に備わる政治性を強調するウィナーの議論や、また、ラディカル・フェミニズムの議論に一定の理解を示すワイスマンの議論などは、まだ本質主義の要素を残している点で不十分な見方ということになる。それに対して、必要なのは、技術に関する「解釈の柔軟性」の観点を徹底することによって、技術を多様な解釈に開かれた「テキスト」と見なし、「懐疑的」立場に徹することだといわれる。

例えば、「羊水穿刺」という女性を危険にさらす技術にしても、そのような技術を開発する資金、それを使用する技術を備えた人材、また、その使用を正当化する文化などがそろわなければ決して普及することはなかったし、また、女性に対する影響をもちえなかっただろう。技術の性格や能力は決してそれだけを取り出して評価できるものではないのである。同じことが一般の生殖技術のもつ反女性的性格に関しても見いだされる。先に見た「不妊」概念の変化についてのワイスマンの見解を念頭に置きながら、ウールガーとグリントは以下のように述べている。

ちょうど何が病気であるかは社会的に構成されるように、技術の能力と効果として何が認められるかということも社会的に構成されるのである。わたしたちはこのように主張することができる。したがって、両者とも偶然的であり、再交渉によって変更する余地のあるものなのである。(Grint and Woolgar 1997: 107)

たしかに、ウールガーらの論点は、技術論を展開するときに陥りがちな「決定論」と「本質主義」に対して不断の反省が必要であることを強調する点では無視できない。しかしながら、技術や人工物のもつ固有の機能について語ることを避けて、技術と人工物を徹底的に多様な解釈に開かれた「テキスト」と見なす見方は、かえって、技術や人工物に関係した「解釈」のもつ特有な性格、とりわけその特有な創造性を見失わせる可能性をもっている(村田1999b: 160f.)。この点では、わたしたちが本論の第一〇章で、技術決定論と社会構成主義の関係に関して見た事情がここでも成り立つように思われる。

すでに第一〇章で確認したように、社会構成主義を技術決定論と同じ次元で対立する見方と見なしてしまうと、あたかも技術なしの純粋な社会というユートピアを想定してしまったり、あるいは、社会決定論というもうひとつの決定論に陥ってしまったりすることになる。同じように、非本質主義もまた、本質主義と真っ向から対立する点のみが強調される場合には、まるで自らはいかなる「立場」にも立たないですませられるかのごとくに振舞うことになり、かえって裏返しの本質主義的要素に足をすくわれる危険がある。実際、技術を含む社会のあり方をもっぱら記号的テキストと見なしうるという考えを推し進めると、一種の「テキスト還元主義」とでもいいうる立場に陥ってしまう。こうした危険を避けるためには、むしろ本質主義と非本質主義の両者は補い合う関係にあると考える方が生産的であり、そのような考え方をとることによってかえって、本質主義の罠から抜け出す可能性が開けてくるのではないだろうか。

(2) サイボーグ・フェミニズム

以上のような観点から見ると、D・ハラウェイが、「サイボーグ宣言」（ハラウェイ 2000）という挑発的な表題のもとで、伝統的な二元論を徹底的に批判する試みを行っていることは興味深い。ハラウェイは科学と技術、科学と文化などの伝統的な二元論的見方を徹底的に批判する視点を確保するために、むしろ女性を機械と有機体とのハイブリッドである「サイボーグ」として考えることを提案し、それによって、女性性の本性を生物学的な自然に求めるエコ・フェミニストに対しても、また、女性性を技術的産物に還元してしまう（技術肯定的）フェミニストに対しても、その純粋主義を批判し、文化と自然、技術と生命の相互作用によって成立するハイブリッドのもつ「不確定性」「創造性」に焦点を当てようとしている。女性の身体自体も、技術的、社会的に構成されるものであるというのである。ハラウェイは以下のように述べている。

サイボーグの想像力は、本論での枢要の二つの議論を表現するうえで役に立つ。第一に、普遍的で全体化作用をもつような理論を生成することは大きな間違いといわざるをえず、そうした理論は、リアリティの大半を、おそらくはつねに——そして現時点では確実に——取り逃がしてしまうことになる。そして第二に、科学や技術が社会に対してもつ関係に責任をとるということは、反科学の形而上学——技術を悪魔的存在として扱うこと——をやめることを意味し、したがって、日常で遭遇するさまざまな境界を構築し直すという熟練を要する作業を大切にし、そうした作業を、他者との部分的な関係性を保ちつつ、しかもわれわれを構成する各種の部分のすべてとコミュニケーションをとりながら行っていくことを意味する。（ハラウェイ 2000: 347）

ここでハラウェイが述べていることを正確に理解することは必ずしも容易ではない。実際、ハラウェイの「サイボーグ宣言」が公刊されたときには、女性をサイボーグと見なすことを肯定的にとらえているということから、ハラウェイの考え方は技術ユートピア主義の一亜種ではないかと解釈され、フェミニストのなかから多くの批判が提出された。しかしもちろん、ハラウェイは、技術を悪魔的存在と見なす反科学的立場を批判しているからといって、単純な技術ユートピアを語ろうとしているわけではない。

ハラウェイが反科学的な形而上学の立場を退けるのは、そのような立場は技術なしの社会が可能であるかのごとく考えるユートピア的立場へと移行し、結局、それが批判している相手の立場と同じようにリアリティの大半を見逃すことになってしまうと考えるからである。

ハラウェイの「立場」というものがあるとすればそれは徹底的に部分的で、状況依存的なあり方にこだわる「立場」、したがって同時に徹底的に過程的で関係的な「立場」である。ハラウェイの言葉を使うと「状況に置かれた知（situated knowledge）」にとどまる「立場」ということになる（ハラウェイ 2000 第九章参照）。この知にとっては一度限りで決着がつく全体的な客観性や真理というものは考えられないのであり、それゆえ、その知を実現するためには、そのつどの状況において、「日常で遭遇するさまざまな境界を構築し直すという熟練を要する作業」を繰り返し続けていくほかはないのである。ハラウェイのサイボーグの世界ほどユートピアやディストピアと懸け離れた世界はないのである。

（3）テクノ・フェミニズム

ハラウェイの「サイボーグ宣言」は、多くのフェミニズムの議論が悲観的傾向を帯びざるをえないのに対して、技術の進展という現状を肯定的にとらえながら、同時に女性解放の可能性を確保できる方向を示唆するものとして、多くの賛同者を得ることになった。しかし他方で、この見方に対しては、問題を結局は技術によって解決可能と見なす技術決定論的見方の延長にあるのではないか、という批判も繰り返されてきた。

例えば、先に取り上げたワイスマンも、ハラウェイの問題提起を評価しながらも、社会構成主義による最良の知見を生かしきれていない点を批判している。すなわち、サイボーグ・フェミニズムには、新技術へのフェティシズムの危険性が見られるし、またそれによって、現実の社会・技術ネットワークのなかに根強く残るジェンダー構造を覆い隠してしまう危険性が残るというのである。

ワイスマン自身は、フェミニズムの観点から技術の「解釈学」を首尾一貫して展開する必要性を強調し、自らの立場を「テクノ・フェミニズム」と呼んでいる（Wajcman 2004）。最後に、このワイスマンの見方をあらためて取り上げ、「技術の解釈学」のフェミニスト版のもつ可能性をかいま見ておこう。

「テクノ・フェミニズム」の主要論点は、ジェンダーと技術との相互構成のあり方が示す複雑性である。例えば、しばしば、新しい情報技術の成立によって未来の家庭生活のあり方がどのように変貌するかが描かれ、議論の題材にされる。しかしそのとき、そこで描かれているのは、どれほど技術化の進んだ生活のあり方であれ、結局は、現代のジェンダー・バイアスを前提したような家庭生活であることが多い。いくら新たな技術が開発されても、それだけで自動的にジェンダー・バイアスの変更がもたらされるわけではない。他方で、携帯電話のような新たな情報技術は、女性の働き方や家庭生活での活動のあり方にたしかに変化を与えている。しかも、そのような新たな技術を女性が使用する過程では、しばしば同時に、技術の意味自身も変化させられる。先に見た自転車の開発の歴史が典型例であるが、電話や電子レンジをはじめ、さまざまな新たな技術は、女性たちの介入によって最初の設計意図とは異なる使用の仕方が実現し、新たな意味をもつようになった。このような社会構成主義の観点にもとづいて、ワイスマンは、技術のあり方と女性性という価値自身は、どちらも固定的でなく、相互に構成されることを指摘し、以下のように述べている。

女性的な価値自身が社会の男性支配的構造によって歪められている。本質的に男性的であるとか、本質的に女性的であるという本質主義的概念を拒否することによって、世話や養育という価値はどのような形態を取るのかという点に関する論争が［あらためて］開始されることになる。これらの形態は、男性や子どもの必要性を優先するという女性性の既存のあり方とは異なったものとなるだろう。この既存のあり方が、女性の［男性への］従属という関係をそのなかに埋め込んできたのである。したがって、わたしたちは、女性の価値を基礎にした技術を要請するのではなく、男性性や女性性［という区別］を越えて、社会的に望ましいまったく異なった価値にしたがって技術を構成する必要がある。
(Wajcman 1991: 166)

しかしそれでは、ここでいわれる「まったく異なった価値」はどのように成立するのだろうか。ジェンダーと技術の結びつきが根本的不確定性ないし創造性を含む以上、明確なことを述べることは困難に思われる。それではフェミニズムの「観点」に何の意義もないのかといえば必ずしもそうではない。

ワイスマンは、フェミニズムにもとづく社会・技術ネットワークの分析が、決して中立的なものではなく、それ自身ひとつの具体的な社会・技術ネットワークのなかでなされる政治的実践にコミットしたものであることを強調する。現在なされている学問的な社会分析や技術分析の多くは、一見すると中立的であるように見えるが、現在の社会・技術ネットワークのあり方を前提とする限り、隠れた仕方でジェンダー・バイアスを貫徹させるものとなっている。こうした状況を考慮するなら、フェミニズムの観点からの学問的言説が、政治的色彩を帯びることはむしろ当然なのである。「テクノ・フェミニズムにとって、政治はネットワークに「つねにすでに」備わった特徴なのであり、フェミニストの政治はネットワーク分析に必然的に属している活動なのである」(Wajcman 2004: 126)。

ただしここで繰り返すなら、フェミニズムの拠点となっている女性性という概念自身が一義的ではなく、また、既成のものでもないことに注意しなければならない。フェミニストは、フェミニズムの主張が先進国の高学歴の白人女性という特徴を前提している可能性に対して批判的でなければならないし、また、女性性のアイデンティティも、フェミニズムのネットワーク分析を含んだ実践のなかで形成される過程にあることを無視できないのである。

このように、「非本質主義」を肯定的に評価するということは、どんなに自明に見える既成の概念をも前提せずに、それらを批判にさらすという「徹底主義（radicalism）」を実現することであり、そしてまた、そうした概念装置を自明の前提とせずに、さまざまな要因が織り成す相互作用の創造的働きに注意深く焦点を合わせながら、同時に技術の製作者／使用者としてその動きに一定の仕方で（この場合にはフェミニズムの観点から）コミットすることにほかならない。こうしてわたしたちは、未知の未来を前にしながら技術／社会の設計をどのようになすべきかという課題、前章の最後に見た技術と倫理の関係をめぐる課題、つまり、技術哲学の根本的な課題へと、あらためて導かれることになる。

第一三章　技術との新たな付きあい方を求めて——J・デューイとH・ヨナス

1　技術と倫理

現代の技術をめぐる議論のなかで、技術の「哲学」という言葉が聞かれることはそれほど多くないのに対して、「倫理」という言葉は至るところで発せられている。すでに一九六〇年代末ごろから、高度に発達した産業技術によって引き起こされた環境問題が深刻化し始めるとともに、「環境倫理」が問われてきた。また、生命科学、医療技術、そして遺伝子工学の発達に伴って、生と死の定義をめぐる問題をはじめさまざまな問題が生じると、その解決の多くは「生命倫理」という名のもとでなされる議論のなかに求められることになった。八〇年代からは、コンピュータ技術、インターネット技術など、情報技術の発達にともなって、著作権、プライバシーなどの諸概念があらためて問われねばならない状況が発生し、それらの問題を議論する場として「情報倫理」という言葉が使われるようになった。

二一世紀になると、情報技術の進展はさらに加速化し、与えられた情報にもとづいて自ら学習するシステム（機械学習）やインターネット上の大量のデータを扱うデータサイエンスと呼ばれる学問分野が成立することを通して、さまざまな新たな課題が発生している。とりわけ、人工知能（ＡＩ）を用いた自動運転技術や対話型の人工知能などが作られると同時に使用され始めるという状況が生まれており、そうした技術にどのように対応したらよいのかをめぐって倫理的そして法的問題が喫緊の課題となっている。

もちろんこうした技術の進展に対応するべく、工学系の学問分野でも、前世紀の末からさまざまな対応策が試みられてきた。例えば、技術者の資格認定に必要な専門分野として、また他方では、原子力発電所やスペースシャトルなどの大規模技術をめぐって繰り返される大事故を防ぐ必要性から、「技術者の倫理（Engineering Ethics）」という言葉が用いられるようになった。あるいは、脳科学の発達、そしてそれと結びついたイメージング技術や治療技術の発達に伴って、心や人格の理解の仕方が大きく変わってしまうのではないかという危惧が生じ、この種の問題に対処するために、科学研究に密着した形で「脳神経倫理」と呼ばれる新たな分野が成立しはじめた。こうして、「倫理」という言葉は科学と技術が関係するさまざまな場所で聞かれるようになったが、それに引き換え、「哲学」という言葉は相変わらずあまり聞かれることのない状態が続いてきた。

もちろんこのような状況がもたらされたのには理由がないわけではない。

例えば、新たな延命装置の開発と使用によって「脳死」という状態が可能になると、その状態を人の死として認めてよいのかどうか、また、そのような状態の「人」から移植のために臓器を摘出してもよいのかどうか、もしよいとするならどのような理由によってよいと判断され、どのような制限が必要なのか、といった問題が発生する。そうした問題に対して求められるのは、具体的な判断であり、問題をもたらしている技術のあり方や技術と社会の関係に関する哲学的考察ではない。もちろん、哲学的な探究の重要性は否定されないかもしれないが、実際に「脳死」状態の「人」が次々と生まれ、臓器移植を希望するひとが多数いるような状況では、できるだけ迅速に、そして、多くのひとが納得する仕方で、判断と行動の規準ないしガイドラインを決定することが求められることも当然である。差し当たり求められているのは、根本問題に関する哲学的議論ではなく、その時々の状況で一定の行動指針を与えてくれる「倫理」だということになる。本書をここまで読んできてくださった読者の方々も、このような印象をおもちかもしれない。実際のところ、本書でなされた技術に関するさまざまな議論から、これら倫理に関する問題に対して、何か具体的な指針なり規準なりを導き出せるのか、と問われたならば、それは容易でないことを認めねばならない。

しかしながら他方で、本書の議論では、技術と人間、技術と価値の関係などをはじめ、特に技術と社会の関係を議論するなかで、技術と倫理の結びつきに密接に関係する問題が取り上げられた。そこで確認されたのは、技術の成立過程は社会的、価値的要因と不可分であると同時に、「創造的」特徴をもつこと、とりわけ、この技術の「創造性」を考慮した設計の原理が可能であり、また必要であること、さらには、そうした観点にもとづいてあらためて技術者の責任を考える必要のあることなどであった。それでは、これらの観点にもとづいて、技術と倫理の関係が中心的位置を占めているはずの「応用倫理」の諸問題に関して、何らかの意義のあることをいいうるだろうか。いいうるとすると、どのようなことだろうか。これまでの議論を踏まえたうえで、ほんのわずかではあるが、これらの点について考えてみたい。

ただしここでは議論を拡散させないために、二人の哲学者に登場してもらうことにする。ひとりは、すでに本書でも取り上げたJ・デューイである。本書のとってきたスタンスはあえていえば、プラグマティックな傾向を強くもつものであり、また、デューイの倫理観はいわば倫理の「技術論的転回」と呼んでもよい特質をもつ点で、本書でなされてきた議論に多くの点で対応するものと考えられるからである。もうひとりは、H・ヨナスである。現代において技術と倫理の関係を最も体系的な仕方で思索した哲学者といえばヨナスをあげなければならないだろう。本書ではこれまで取り上げることができなかったので、その埋め合わせをする意味でもここで触れておきたい。両者の考えは、一見すると全く対照的な方向をもつように思われるかもしれないが、現代における技術の意味を深く考え、その上で、ユートピア的な発想を厳しく退け、不確実な状況を生きるうえでの有益な指針を与えているという点で両者に共通性を見ることとは決して不可能ではない。

2　応用倫理としての哲学――J・デューイ

デューイにとって、現在「応用倫理」の名のもとで議論されている諸問題は、「倫理」の問題であるばかりではなく、哲学の根本問題と見なしてもよい問題だった。というのもデューイによれば、哲学の歴史的起源は、伝統的な価値体系と新たな知識や技術の発達との相克を解決するという役割に求められるからである（デューイ 1968: 21f.）。

表面に現れた哲学の歴史を見る限り、哲学の諸問題はあたかもその時々の社会のあり方とは独立の「永遠の」形而上学的な問いや論争を扱っているかのような姿をとってきた。しかし、そうした姿の背後には、つねに、社会のなかの異なった価値の間の闘争が控えている。そのような価値にかかわる争いのなかに形而上学的論争の起源があることは、古代ギリシャにおけるソクラテスとソフィストの論争以来、形態はその時々の歴史的状況に応じてずいぶん違ったあり方を示すことになるが、中世、近代を通して、現代に至るまで基本的には変わっていない。したがって、デューイにいわせれば、哲学が本来自らに課せられている役割を自覚するなら、哲学本来の仕事は、「その時々の時代における社会的、道徳的な争いについて、人々の観念を明晰にすることにあり」、それによって、「こうした争いを処理する器官になる」ことなのである（デューイ 1968: 29）。

ここでデューイが定式化している哲学本来の課題とはまさに現在の「応用倫理」が取り組んでいる問題にほかならない。現代において応用倫理が必要とされることになったのも、先に見たように、新たに開発された科学技術が社会に導入されることによって、これまでの伝統的倫理や価値観ではただちに解決可能ではない問題が生じているからである。さて、それでは、デューイは具体的にどのような仕方でこの「哲学」の問題に取り組もうとしたのだろうか。

(1) 探究の方法としての倫理

すでに、第八章でも確認したように、デューイのプラグマティズムの基本のひとつは知識と技術に関する「道具説(instrumental theory)」と呼ばれる見方である。この見方によると、通常の意味での「応用」という概念は根本的に考え直されねばならないことになる。まずは、この論点が倫理問題にもたらす帰結を見ておくことにしよう。

「応用倫理」という言葉を聞くと、倫理には、基礎倫理ないし純粋倫理と「応用倫理」が存在し、前者が後者の前提であるかのように思われやすい。しかしながら、デューイ哲学の基本にある「道具説」によるなら、知識にせよ、倫理原則にせよ、それらの本領が発揮されるのは応用に先立つ段階での正当化や定式化にあるのではなく、むしろ、それらが実際の具体的状況のなかで具体的問題の解決のために「応用」され、役に立っている過程のなかにおいてである。したがって、道徳や倫理の主要な課題は、普遍的な規則や規範を定式化したり正当化したりすることよりも、そのつどの具体的な状況のなかで問題解決に役立つ規則や規範をどのように作り、使用したらよいのかという問題を解明することにある。

道徳というのは、行為のカタログでもなければ、薬局の処方箋や料理の本が教える方法のように使える一組の規則でもない。道徳の必要とは、研究および工夫の特定の方法ということにほかならない。つまり、困難や弊害の所在を明らかにする研究の方法、また、それらを処理する場合に作業仮説として用いられる計画の作製を工夫する方法の必要である。そして、個々の状況には、独自のかけがえのない善と原理とがあるという論理のプラグマティックな意味は、理論的関心を、一般概念に心を奪われている状態から、効果的な研究方法の開発という問題に向けることにある。（デューイ 1968: 148）

道徳や倫理というと、なにか現実の具体的な状況を超えた普遍的な法則や、あるいは、超越的な価値である善などを考えることが多いかもしれないが、デューイによれば、それらはそれ自体として価値があるのではなく、具体的な問題の解決に役立つからこそ価値があるのである。したがって、まず必要なのは、それぞれユニークな特質をもつ具体的な状況の問題を探りだし、問題を解決するための探求を始めることである。そして、まさにこの探求を効果的に進める方法を得るためにこそ、倫理や道徳が必要とされるのである。道徳の必要とは探求を導く方法の必要にほかならない、というわけである。そして、探求のための「道具」と見なされているのが知識や技術であることを考慮するなら、倫理とは、こうした探求の道具である知識や技術を開発し改良する方法だということになる。

（2）研究と開発の倫理

このように見てくると、デューイの哲学ないし倫理の課題はたしかに現代の「応用倫理」

が取り組んでいる課題に対応すると考えられる。しかし、その一方で、現代の応用倫理とはかなり違う面をもっていることも無視できない。

現代の応用倫理の問題が登場するのは、脳死の問題にしても、生殖医療技術の問題にしても、多くの場合、それらにかかわる技術が開発された後になってからである。新しい技術が開発された後になって、それが社会に導入されるとどのような問題が生じるかを議論しはじめたり、場合によっては、導入後にようやく、それがもたらした新たな倫理的空白をどう埋めるかを問題にしはじめたりしている。哲学者のD・アイディの言葉を使うと、それらは「後始末の倫理」にかかわる問題というあり方をしている。それに対して、デューイが念頭に置いている倫理は、むしろ、具体的な問題解決に取り組む技術の開発と改良の過程自体を改善することに関係するものであり、それゆえ、アイディの言い方を使うと、技術の研究や開発自体にかかわる「研究と開発の任務」に関係する倫理だということになる（アイディ2001参照）。出来上がった技術ではなく、製作途中の技術にかかわる倫理ということもできる。

他方で、もしこのようにデューイの倫理学を解釈することができるとするなら、倫理学は根本的な問題を抱え込むことになる。

すでに、第一一章のなかで見たように、技術の展開には創造性が不可欠に結びついている。それは同時に不確実性や失敗可能性が不可避だということでもある。製作中の技術に関してその倫理問題を題材にすることは、ある意味ではそれが何であるかがいまだ確定していない技術に関する倫理問題を考えることである。あるいは、原理的には予測不可能なものを予測するという困難を抱え込むことになる。

アイディ自身はこの困難に対応するために以下の「予測のプラグマティックス（実践法）」を提案している。①イデオロギーにもとづく（それが技術に関するユートピア的なものであれ、ディストピア的なものであれ）結論は無効にせよ。②否定的な影響が現れ始めたなら、その影響に注目し、ただちに調べよ。警告が早すぎるくらいに。③多様な軌道を通じて代替案を増やせ。④専門家以外のさまざまな利用者による使用試験を企画せよ（アイディ 2001: 154f.）。

これらの「プラグマティックス（実践法）」は、わたしたちが先に設計の原理、あるいは、技術者の責任として定式化した規範にほぼ対応するものである。どちらの場合も、技術の「創造性」「他者性」あるいは「予測不可能性」を十分に考慮したうえで、それに対処するために不可欠な規範ないし規則が取り出されている。

しかしながら、ここで注意すべきは、これらの規範ないしプラグマティックスで期待されている役割が何か特定の目標を掲げてそれを実現するために「研究と開発」に励むというような通常の意味での「研究開発任務」で期待されている役割とは異なっている点である。明らかに、重点は、特定の目標を達成することから、起こりうる失敗への配慮へ、あるいは、確実性の探求から不確実性への対応へと大きく変化している。

ひょっとすると読者は、これらの「プラグマティックス」ないし「規範」は消極的すぎると思われるかもしれない。実際、これらは、多くの倫理綱領に見られるような何らかの特定の目標を掲げてはいないし、また、そうした目標を実現するための特定の規則を定式化しているわけでもない。したがって、たとえこれらの規範に従った行為に倫理的意義が認められるにしても、そこでは失敗を避けたり、危険を回避したりといったことが問題になるのだから、特定の目標や規則に従った行為に比べるなら、あくまでも二次的、補助的な意味が与えられるだけではないかと考えられるかもしれない。

たしかに、もし「後始末の倫理」が問題であるのなら、ある特定の規則を前提して、その規則を守ったかどうか、あるいは、どの程度守ったのか、といった点で評価できるかもしれない。また通常の「研究と開発」にかかわる規範であるなら、特定の目標を前提にして、それを実現できたかどうか、どこまで実現できたか、といった点で「責任」を問うこともできるかもしれない。ところが、わたしたちが必要としているのは、このどちらの前提もなりたたない状況で役立つ「規範」ないし「倫理」の可能性である。そして、まさしくこの可能性を考えるためにこそデューイのいう倫理観の意義が際立ってくるのである。この点は、目的と手段に関するデューイ独特の考え方に最もよく表れている。

(3) 手段と目的との創造的相互作用

倫理を具体的な問題解決の「方法」と見なし、応用を重視するということは、方法のもたらす結果を重視することにほかならない。しかしながらこのことは、デューイのいう倫理学が狭い意味での帰結主義であることを意味するわけではない。例えば、デューイは、帰結主義の代表である功利主義の意義を認めてはいるが、しかし同時に、功利主義においては究極的で固定的な目的が前提されており、それゆえ功利主義では「人間の獲得本能が創造本能を犠牲にして誇張された」点を鋭く批判している（デューイ 1968: 157、なお、この点に関してはさらに Hickman 2001: 181 を参照）。

このような技術と倫理の関係に関する見方の背後にあるのは、第八章でも見たように、目的と手段との間で成立する創造的相互関係というデューイ独特の考え方である。

デューイによると、道具や手段は探求の過程のなかで、連続的な変容をこうむるが、同時に、目的や目標のほうもまた同じように変容することを避けえない。倫理の応用の過程とは、このような目的と手段の相互作用からなる過程にほかならないのであり、この見方のなかに、伝統的な目的論理解へのデューイによる根本的な批判を見ることができる。デューイによると、「目的は、もはや到達すべき終点や限界ではない。目的というのは、現在の状況を変えていく積極的な過程にほかならないのである。究極的な完成ではなく、完成させ、成長させ、そして洗練させることを絶え間なく続けること、これが生きた目的なのである」（デューイ 1968: 154）。

この文章のなかに、デューイによる目的論に関する一種のコペルニクス的転回を見ることができる。デューイによると、わたしたちは、特定の目的をもっているから現存の状況を変えるのではない。むしろ逆に、現存の状況を変えることが目的自身であるがゆえに、わたしたちは何らかの目的（目的表象 end-in-view）を設定するのである。これは必ずしも理解しやすい事態ではないが、こうした事情を踏まえてはじめて、デューイが鍵概念としてしばしば用いる「成長（growth）」という概念も理解可能となる。デューイにとって、成長とは、何かあらかじめ存在する固定的な目標を目指した運動ではなく、むしろ、そのつどの状況を越えて進む運動にほかならないのであり、あえて「目的」を問うならば、その運動自身なのである。「成長そのものが、唯一の道徳的「目的」である」（デューイ 1968: 154）。

こうした点を文字通り受けとるなら、以下のようにいわねばならないことになる。もし内在的に価値あるものがあるとすれば、それは創造的な変革自身であり、それ以外のものではありえない。

ここに見られる目的論理解の転倒とそれにもとづく倫理観の変革に従うと、最も重要で価値ある倫理的営みとは、なんらかの究極的な目的――それがどれほど崇高に見える目的であっても――を設定することにあるのではなく、また、そうした目的にもとづいて行為や行為の成果を評価することにあるわけでもないことになる。あるいは、特定の規範なり規則なりを前提して、そうした規範にどれだけ従っているかという点から行為を評価することもまた、本末転倒していることになる。どれほど究極的に見える目的であれ、どれほど尊厳に満ちたように見える規範であれ、それらはあくまでも問題解決のための道具であり、必要に応じてつねに変更されることを避けえないからである。

それに対して、むしろ、つねに具体的な問題状況を真剣に受け取り、問題解決に取り組み、その目的や規則を含め、そのつどの状況を変革することにこそ、最も重要かつ内在的な価値が認められる。もしこのようなデューイ的見方にもとづくなら、先に見たアイディの示唆した「プラグマティックス」や、わたしたちが第一一章で取り上げた設計にかかわる倫理規範などは、積極的な目的を設定したり、規則を定式化したりしているわけではないにもかかわらず、というよりも、そうした固定した目的や規則を設定せずに、個別的状況の変革の「方法」を示唆しているがゆえに、最も重要な倫理的価値にかかわる規範であるということになる。まさにこの点にこそ、デューイによる目的論の転換および倫理観の変革が現代の倫理に対してもっている最も重要な意義を見いだすことができるのである。

3　責任という倫理――H・ヨナス

(1)　技術に対する新たな倫理

技術と倫理の問題が議論される場合には、何といってもH・ヨナスを忘れることはできない。明らかに、ヨナスはこの問題を新たな次元にもたらすうえで決定的に重要な役割を演じたといえるからである。

ヨナス（1903-1993）が第一に強調するのは、現代において技術がもつに至った圧倒的な力の大きさである。ヨナスによると、現代における技術は圧倒的な力をもつようになったために、技術を用いた行為の結果は、通常の行為理解が可能になる範囲を越えて、時間的にも空間的にも見通しのきかない広範囲にわたる影響を及ぼすことになった。また、同じ理由によって、技術を用いたわたしたちの行為の結果はその価値を簡単には善とも悪とも評価しがたい両義性、両価性を帯びることになった。そしてそのために、人間の責任の範囲もその力の大きさに応じて拡大されねばならなくなった。こうして、現代の人間にとっては、行為の責任が問題になる範囲は、同時代の人間に限定されるわけではなく、未来の世代にも拡大されねばならないし、また、人間存在を超えて、技術によって脅かされている他の生物にも及ぶことになる。その結果、これまでとは根本的に異なった倫理が求められるようになる。ヨナスはこの事態を次のように述べている。少し長くなるが、二ヵ所からの引用をあげておきたい。

わたしたちの行為に新しい種類の本性が生まれていて、それは、わたしたちの力の射程に比例するような責任の範囲をもつ倫理学を要求している。そして、この新しい本性は、まさにこの責任の名のもとに、新しい種類の謙遜も要求している。昔の謙遜は、人間の力が小さいから必要になったのだが、新しい謙遜は、わたしたちの力が過度に大きくなったから必要なのである。わたしたちの行為する力が、予見する力や価値判断の力を越えてしまうほどに過度に大きくなったのである。わたしたちの技術の過程が終末論もどきの潜在性をもっていることを考えに入れると、最終的な帰結そのものは分からないということが、責任をもって〔技術の適用を〕差し控える根拠となる。知恵そのものはもてなくて

も、責任をもって差し控えることが次善の策となる。（ヨナス 2000: 39）

わたしたちがここで話題にしている義務は、問題となっているものが危険にさらされることによってのみ登場したのである。それ以前には、そのような義務について語ることには全く意味がなかったのであろう。危険にさらされているものが語り始めるのである。端的に与えられていたこと、自明なものとして受け入れられていたこと、一度も行為にとって考慮の対象とはならなかったこと、すなわち人間が存在すること、生命が存在すること、生命にとってこの世界が存在すること、こうしたことが、人間の行為によって脅威にさらされているものという形で突然光を浴びることになった。まさしくこの光のなかで、新しい義務が現れるのである。危険が生まれることによって、最初の要請は、進歩と完全さの倫理ではなく、必然的に、保存と予防の倫理となる。（ヨナス 2000: 246）

(2) デューイとヨナス

以上のようなヨナスの文章を読んで読者はどのような印象をおもちになるだろうか。ひょっとすると、デューイの議論の後にヨナスをもち出したということ自体に違和感をおもちになった方もおられるかもしれない。

実際、この文章で、ヨナスは「謙遜」や「保存」の倫理を強調しているのに対して、デューイは「成長」の意義を強調しており、この点では「進歩」の倫理を語っているということもできる。また、ヨナスのように人間や生命の存在自体を倫理的行為の対象とすることまでは、デューイも考えていなかったかもしれない。とりわけ、ヨナスは、ここで語られている新しい責任と倫理概念を「根拠づける」ために、生命を含んだ自然の目的論的体系を想定する試みを行っており、この点では、伝統的な目的論の転倒を試みたデューイとは真っ向から対立するということもできる。そして、何よりも技術に対する考え方がある意味では正反対だということもできる。デューイの場合には、技術はあくまでも問題解決の道具と見なされているが、ヨナスの場合には、むしろ大きな力を備えた技術こそが現代の最も重大な問題の発生源なのである。こうして見ると、たしかにヨナスの議論を無造作にデューイの議論につなげることはできないように思われる。

にもかかわらず、このヨナスに特有に見られる論点のなかに、デューイの議論を「補足」していると考えられる論点があると解釈することは決して不可能ではない。そしてまた、このような仕方でデューイ哲学を解釈することは、むしろデューイの意図に合致するものでもある。

すでにこれまで見てきたように、デューイ哲学の基本特質のひとつは、「文脈主義」とでもいいうる見方にある。デューイは自らの哲学的テーゼを決してそれが妥当する条件を考慮せずに提出することはなかった。デューイが伝統的な倫理を批判して新たな倫理観を提出したときにも、新たな倫理の妥当性は現代の歴史的状況、とりわけ科学と技術の発達がもたらした状況に依存したものであることを強調している（デューイ 1968: 29; 1996: 40）。他方で、デューイの生きた当時には、技術の発達が環境破壊をもたらし、生命や人間の存在までをも脅かすに至るかもしれないという事態が真剣に論じられることはほとんどなかった。したがって、現代においてデューイの見解を積極的に評価しようとするなら、むしろ現在の状況に適合した仕方でデューイの見方を見直すことが求められるのであり、それはむしろデューイの哲学観自身が求めているものだということもできる。こうした点から考えるなら、デューイの論点をヨナスの論点によって補う試みは決してデューイの哲学観に反するわけではないはずである。

さて、それではヨナスの議論のなかのどのような点に注目すべきだろうか。ヨナスの見解のなかで最も興味深いもののひとつは、技術によって危険にさらされ、道徳的価値を帯びるようになった対象に関する見解である。ヨナスによると、それらの対象とは、すべての行為の背景であり、前提条件であったものである。すなわち、人間が存在し、生命が存在すること、そして、両者にとっての世界が存在すること、これらは通常の倫理問題が論じられる場面では疑問に付されることは決してないだろう。実際、もし人間が存在しなければ、倫理もまた存在しえないだろう。しかしながら、こうした自明な条件が現在では技術によって危険にさらされていると見なされる。言い換えると、現在の技術は通常の行為が問題になるレヴェルとは異なった存在論的レヴェルに属する存在者に光を当て、それを倫理的探求の対象へともち込まざるをえないような状況を生み出しているのである。

実際、現代の「応用倫理」のなかで論じられている多くの問題の中核には、この特質を見ることができる。例えば、原子力発電所から排出される核廃棄物や、遺伝子操作による影響などがその典型例である。核廃棄物の場合には、変化のスケールが人間の歴史をはるかに越えて、自然の歴史に属している。遺伝子操作の場合にも、遺伝子の変化は通常の人間の行為のレヴェルに属しているというより、進化の歴史に属しており、後者の時間スケールは通常の人間行為のスケールをはるかに越えている。

このように、異なった存在論的レヴェルが相互に交差する事態が生じているために、現代の技術的行為はその結果を予見し、評価することがきわめて困難になり、根本的に両義的にならざるをえないという事情が生じる。ヨナスによれば、まさにこの事情によって、新たな倫理的問題が発生するのである。こうしてヨナスに従うことによって、デューイの見方とはある意味で正反対の見方へと到達することになるとも考えられる。

デューイによると、わたしたち人間は、世界のあり方を制御することのできる力を十分にもっていないからこそ、不安定で、危険な状況に置かれているのであり、だからこそ、問題解決の道具である技術を発展させてその状況から脱する努力をしなければならない。それに対してヨナスによれば、事態は逆である。わたしたち人間はむしろ、技術の開発によって大きな力をもつようになったために、不確実で、危険な状況に置かれることになったのであり、だからこそ新しい倫理を必要としているのである。

わたしたちは現在、根本的な意味での予測不可能性と不確実性に満ちた世界に生きており、この状況から脱することはできない。それゆえ現在では、技術に関する根本的な問いの重点を変化させざるをえない。すなわち、不確実性をどのように制御し、どのように征服するかという問いから、むしろ、不可避な不確実性とどのように共存していくのか、という問いへと重点を移動させざるをえない。わたしたちは、どのようにしてこの不安定で危険に満ちた世界のなかで生き延びることができるのか。これが現代世界において技術の倫理学が問われるときの基本的な問いである。そしてこのような背景を明確にすることによってはじめて、デューイのいう手段と目的の相互作用や、そのような視点にもとづく「研究開発の倫理」や技術に関する規範のもつ真の現代的な意味が理解されるのである。

こうしてデューイのプラグマティズムとヨナスの責任の倫理を結びつけるという一見すると無謀に見える試みから、両者に共通する方向性を見てとることが可能となる。

わたしたちは、不安定で不確実な状況に置かれると、その対極にある絶対的な安定性や絶対的な確実性を夢見がちになる。それに対して、それぞれの置かれた状況は違っていたが、絶対的な安定性や確実性は形而上学的世界やユートピア的世界のなかでのみ可能であることを指摘し、そのような世界の実現を目指すことがもたらす危険性を訴え、そのような世界を目標とすることを徹底的に批判し続けたのがデューイであり、またヨナスだった。それと同時に、現実の世界では予測の不確実性が決して解消されることがないことから目をそらさずに、この現実の世界にとどまるために必要な忍耐力と神経の強さ、そして謙虚さをもつことの必要性を主張し続けたのもデューイとヨナスだったのである。

終章　技術・事故・環境――福島第一原子力発電所事故からの教訓

わたしたちが技術について考える場合、スイッチを入れると自動的に動き出し、課された仕事を実現してくれる機械のようなものをイメージすることが多いように思われる。機械といえば、人間の手を離れて、自立的に、そして自律的に動いて課題を解決する存在というわけである。この分かりやすいイメージのもとで、一方では、技術の進歩はそれまで人間には不可能だったことが可能になり、人間社会に進歩をもたらしてくれると見なす楽観論が広く受け入れられてきた。他方で同時に、技術の発達は技術システムの巨大化をもたらし、そのなかで人間が自動的に動く機械の一歯車となってしまい、自らの主体性を失ってしまうのではないか、という悲観的見方も根強く残ってきた。これら二つの見方は、対立しているようでありながら、技術のあり方が社会を決定すると見なしている点では共通している。

こうした技術決定論的見方に対して、本書で一貫して強調してきたのは、技術は、それが結びつき、それを支えるさまざまな要因から決して独立に存在しうるものではないという点である。技術は、社会、政治、文化、そして自然など、さまざまな要因からなる環境に対して閉じられているわけではなく、つねに多様な要因と相互作用することによってはじめて機能しうる開かれたシステムなのである。

以上のような特徴は技術の多次元性と呼ぶこともできるだろう。技術をブラックボックスと見なす物象化を避けて、開かれた多次元的システムとして考えるということが、本書で示そうとしてきた技術哲学の中心的メッセージである。技術決定論に対して社会構成主義やアクター・ネットワーク理論を取り上げ、技術の解釈学という見方を提起したのも、こうした見方に内実を与えるためだった。技術の創造性を強調してきたのも、開かれたシステムである技術は、つねに多様な要因との相互作用を通して、予期を裏切るような新たな状況を生み出し、新たな展開を見せる可能性を秘めていると考えることができるからである。

他方で、この技術に備わる開かれた性格は、創造性を生み出すと同時に、つねに予期が裏切られ、失敗する可能性を秘めているということでもある。つまり、技術システムは本質的に不確実性を避けられないのである。技術の倫理について考える場合にも、この点が中心課題とならねばならないのであり、不確実性のもとでの倫理、という課題が技術倫理の中心テーマとならねばならないはずである（村田 2006a 参照）。この点は、前章で、デューイとヨナスに依拠して確認した通りである。

本書で論じてきた、こうした技術に備わる多次元性、創造性、そして不確実性を統一的にとらえる視点のひとつとして、本文ではごくわずかにふれたのみだったが、西田幾多郎の技術についての考え方をあげることができる。「作られたものから作るものへ」という創造的過程の論理、そうした過程によってわたしたちがそのなかで生きている「歴史的世界」が成立していること、さらには「歴史的世界」では、構成する要因の間で相互に否定的な関係が生じ、閉じられた安定した全体性は成立しえず、不確実性が避けられないことを示す「矛盾的自己同一」といった独特の表現などが、その中心をなしている。本書の特に後半の議論では、しばしばこうした西田の考え方が導き手となってきた（詳しくは補論の西田の項を参照願いたい）。

以上述べたことは、哲学者にありがちなひどく抽象的な概念を駆使した議論のように思われるかもしれない。しかしながら、わたしたちは、それほど遠くない過去に、巨大な技術システムのもつ不確実性、あるいは脆弱性を多様な仕方で、身をもって経験することになったことを忘れることはできない。二〇一一年三月に起きた東日本大震災と津波によってもたらされた福島第一原子力発電所の事故である。本書を閉じるにあたり、以下では、この原発・震災事故についてあらためて振り返ることを通して、本書で主題としてきた多次元性というテーゼの意味を、特に自然との関係を考慮することによって、再確認することにしたい。

1　福島第一原子力発電所の事故

二〇一一年三月一一日、午後二時四六分、東北地方太平洋沖でマグニチュード9・0の巨大地震が発生し、東北地方を中心に広く東日本を震撼させた。地震に続いて起こった巨大津波は、東北地方の太平洋沿岸を襲い、沿岸の幅広い地域に壊滅的な打撃を与えた。

しかし、今回の大震災は、これだけでは済まなかった。東京電力福島第一原子力発電所の事故である。

1号機から6号機までの六基からなる福島第一原子力発電所では、地震発生時には、定期点検のため運転停止中の4号機から6号機までの三基を除き、1号機から3号機までの三基の原発が稼働中だった。この稼働中の三基では、地震直後、設計どおり自動で運転停止の操作が始まり、原子炉に制御棒が挿入され、運転が停止された。地震直後にしばしば使われた言葉を使用すると、原発の安全確保に必要な「止める」「冷やす」「閉じ込める」という三段階の最初の段階は達成された。

次に必要なのは、停止後も熱を発生し続ける原子炉を冷やすための冷却用のポンプなどの起動である。ところが、原発が停止したさいに必要となる電力供給のための外部電源は、送電線が倒れたり、受電設備が壊れたりしたため、使用不可能となってしまった。さらには、最後の手段である非常用の予備電源も、地震によって発生した巨大津波の影響を受けて水没して使えなくなった。こうして、これまで経験したことのない全電源喪失という危機的な事態に見舞われることになった。ちなみに、原発を襲った津波の高さは約一三メートルに達し、敷地の高さが一〇メートルほどだった建屋のほとんどが水没することになった。

その結果、1号機、2号機、3号機では、メルトダウン（炉心溶融）が起き、原子炉から放射性物質が漏れ出した。また、格納容器から漏れ出た水素ガスのために1号機、3号機で水素爆発が起き、原子炉・タービン建屋が吹き飛んだ。4号機でも、おもには3号機から建屋に流れ込んだ水素ガスのために水素爆発が起きた。こうして、膨大な量の放射性物質が敷地外部に放出され、広範囲の土地が高濃度の放射性物質により汚染されてひとの住めない状態に陥った。事故後四月一二日になって、政府は、この事故が国際原子力事象評価尺度（INES）で最も深刻なレヴェル7に相当すると発表した。これまでのレヴェル7の事故は一九八六年に起きたチェルノブイリ原子力発電所の事故のみである。

事故直後、緊急避難を強いられた人びとは、福島県で一六万人を越え、また、福島県では、放射線汚染を避けるためになされた避難所への緊急避難の過程などで生じた影響によって、震災関連死の数が他県に比べて格段に多くなったといわれている。

事故が起きてから一〇年以上が経ってしまった。しかし、依然として多くの人びとが避難生活を余儀なくされ、地元へ戻ることはできずにいる。現在に至るまで、高濃度の放射線量のために原子炉内部にはひとが立ち入ることができず、事故の原因に関して、いまだ不明のことが多く残されている。最近になってようやく、炉心溶融のあり方が写真撮影され、少しずつ内部の状態が分かりはじめたところである。当初は、廃炉作業が完了するまで四〇年程度かかるといわれていたが、二〇二〇年に日本原子力学会が廃炉過程についてまとめた報告書によると、敷地が再利用できるまでには一〇〇年以上かかるとされている（添田 2021: 54）。

事故直後の二〇一二年には、政府事故調査委員会、国会事故調査委員会、民間の事故調査委員会、そして東京電力の事故調査委員会などが、事故調査の結果を公表した。福島の原発事故のような高度な技術にかかわる大事故は、日本のみならず、国際社会に直接あるいは間接に影響を与えるものであり、事故を起こした側が事故原因を徹底的に究明し、再発防止に資する教訓を引き出すことは、いわば、国際社会に対しての責務ともいえる。実際、ドイツでは、福島の事故を踏まえて、それまでの原発政策を転換し、廃止を決定し、二〇二三年四月には廃止を完了した。

他方日本では、事故原因に関する重大な案件、例えば、津波到達前の地震による破壊が事故の発生と拡大に大きな影響力をもったのか否か、という点に関してさえ、報告書によって意見が分かれたままでありながら、報告書の内容はさらに検討されることなく放置され今日に至っている。事故後一〇年を迎えた二〇二一年になって、唯一、民間事故調のみが、一〇年の経過を踏まえた報告書を『福島原発事故10年検証委員会　民間事故調最終報告書』（アジア・パシフィック・イニシアティブ 2021）と題して出版し、原発事故から一〇年で何を学び、何が変わったのか、そして何が変わらなかったのかを明らかにしようと務め、世に問うた（以下では、最初に出版された民間事故調の報告書は「民間事故調報告書」と呼び、一〇年後に出版されたほうは「民間事故調最終報告書」と呼ぶことにする）。

事故現場では、地下水の流入によって放射能を帯びた汚染水が発生し続けており、大量の汚染水が敷地内にたまり続けている。政府は今年二〇二三年には、汚染水を基準以下に薄めて海に放出する計画を実現しようとしているが、漁業者や海外の国々からの理解がえられるかは不明である。

このような状況の下では、いまだ進行中の事故について、そしてまたひろく原発問題に関して議論すべきことは山積しているといえるだろう。しかしこの終章では、上記報告書を参照しながら、もっぱら本書で展開してきた技術哲学の観点にもとづいてこの事故からどのような教訓を引き出しうるかを明らかにすることに集中することにしたい。

2 「想定外」「原子力村」「安全神話」

福島第一原子力発電所の事故直後には、原子力関係の専門家や東京電力（東電）の関係者から、今回の事故に関して、しばしば「想定外」という言葉が聞かれた。例えば、1号機が爆発した翌日の会見で、東電の社長は「津波そのものに対するこれまでの想定を大きく超える水準、レベルであった」と述べた（添田 2021: 150）。ほとんど言い訳ないし責任逃れにしか聞こえなかったと思われるが、同時にその言葉は、日本の原発では多重防御システムが完備されているために、およそ今回の事故のような過酷事故は起きるはずがない、と信じられていたことを示唆することになった。そして、「日本では過酷事故は起きない」という根拠のない信念を表すために、「安全神話」という言葉が使われた。さらには、こうした神話的信念が成立し、それがゆるぎなく続くことを可能にした歴史的、社会的背景を示すために、「原子力村」という言葉が盛んに使われることになった。

「原子力村」という言葉はあいまいなものであるが、第一義的には、原子力行政と原子力産業において原子力発電を推進する体制を担ってきた組織を意味している。しかし場合によっては、立地自治体や、さらに広くはそうした推進体制を認めてきた国民全体をさす場合もある。いずれにしても、「原子力村」という言葉が使われるときには、原子力発電の技術は安全であり、日本では過酷事故は起きないという（根拠のない）信念が共有されていることが含意されている。すなわち「原子力村」は「安全神話」の担い手として考えられている。

しかも、「安全神話」が広められる場合には、原子力は「安全」であるという言い方のみならず、しばしば、原子力は「安心」であるという表現が用いられることになった。例えば、一九九〇年代半ばに福井県敦賀にある高速増殖原型炉もんじゅで冷却剤として使われていたナトリウム漏れの事故が起きたとき、事故によって国民のなかに生じた不信感の広がりを受けて出版された一九九五年版の『原子力安全白書』では、原子力技術の工学的安全は確保されているのだから、必要なことは、専門家と国民の間の信頼性のギャップを埋め、国民の安心を取り戻すことだと訴えている（高木 2000:169f. 参照）。本来、事故が起きれば、安全対策の改善や強化がもっぱらとなるはずであるが、むしろ国民のなかに安心を取り戻すことが重要だと見なされた、という倒錯的事態が起こったのである。

安全神話は、本来は、推進側が受け入れ側を説得するために用いられたはずである。ところが、もし安全対策を改善したり強化したりすれば、それまでは安全でなかったことを証明することになってしまうので、表立っては改良策を実現することができなくなり、推進側自身も神話的信念にとらわれてしまうことになったということができる。

例えば、原発事故が起きたときには、周辺住民を安全に避難させることは、原子力防災上の最後の不可欠な手段であるにもかかわらず、原発の防災をつかさどるはずの原子力安全・保安院は住民避難を軽視し続けた。二〇〇六年には、原発の安全をダブルチェックする役割をもつ原子力安全委員会の委員がこうした事態を改善するために、事故時の避難対策の見直しを進めようとしたところ、保安院の院長は「寝た子を起こすな」と反対意見を述べ、見送られたことが知られている。科学ジャーナリストの添田孝史によれば、こうした原子力村のあり方が、多くの震災関連死につながったと考えられる（添田 2021: 28）。

原子力村のなかでも安全対策の必要性が謳われ、「安全文化」という言葉が使われることもあった。しかしながらその場合の「安全」は安全神話に支えられた安全であり、むしろ、「安心文化」といったほうがふさわしいものだったのである。実際、民間事故調の報告書でも、原子力村の生み出した安全神話が今回の事故の究極的原因であると見なされねばならないと指摘され、以下のように述べられている。「つまり、「原子力ムラ」が生み出した「安全神話」は、福島第一原発事故の遠因となった、諸事象の基盤をなす、「遠因の遠因」たるものであり、そうした社会的・精神的構造を理解することで初めて事故の原因が見えてくる」（民間事故調報告書 2012: 333）。

以上のように、「原子力村」には、原発を建設し運営する発電事業者の東京電力のような民間企業のみならず、原子力発電を推進することを国家的政策とする政府（経済産業省）の機関でありながら、同時に発電事業者を監督し規制する役割を与えられた原子力安全・保安院も属していたのである。日本の原発が、「国策民営」と呼ばれるゆえんである。

国会事故調報告書でも、こうした点に「安全神話」が継続した原因を見いだし、原発事故を「人災」と断じている。

当委員会は、本事故の根源的原因は歴代の規制当局と東電との関係について、「規制する立場とされる立場が『逆転関係』となることによる原子力安全についての監視・監督機能の崩壊」が起きた点に求められると認識する。何度も事前に対策を立てるチャンスがあったことに鑑みれば、今回の事故は「自然災害」ではなくあきらかに「人災」である。

（国会事故調報告書 2012: 12）

3　「想定外」をめぐる解釈の争い

福島第一原子力発電所の事故後、東京電力（東電）と政府の責任を問うさまざまな裁判が起こされた。それら民事、刑事の裁判は、不可避的に事故の詳細を明らかにする過程を含むことになるため、中途半端な形で終わったこれまでの事故調査を補ううえで大変重要な役割を果たすことになった。なかでも、東電の元幹部三人が事故を防ごうとしなかったとして強制起訴された刑事裁判では、二〇一七年以降に開かれた公判のなかで、東電内部での動きや東電と保安院とのやり取りなどを示す会議資料や電子メールが開示され、これらそれまで隠されていた資料によって、東電の土木部門で津波評価を担当していた部署では、事故前のある段階から、津波対策の必要性が認識されていたことがはっきり示されることになった（以下の内容の多くは、民間事故調最終報告書 2021: 62ff. および、添田 2021 第二章に依拠している）。

福島第一原発の設計時での津波高の想定は、一九六〇年のチリ津波の三・一メートルだった。その後、二〇〇二年二月に土木学会で取りまとめられた手法を使い、福島県沖では大きな地震は起きないという前提のもとで、想定津波の高さを約五・七メートルとすることになった。しかし、この五・七メートルという数字が適切かどうかに関しては、取りまとめ当初から、その妥当性がさまざまな仕方で問われることになる。

二〇〇二年七月に政府の地震調査研究推進本部（地震本部）が発表した「長期評価」と呼ばれる予想では、「東北地方の太平洋沖のプレート境界で「津波（を伴う大きな）地震」が今後三〇年以内に二〇パーセント程度の確率で発生する」という内容が発表された。そのため保安院は、東電に対してこの評価を取り入れて津波高を計算しなおすように要請した。というのも、地震本部の予想では、プレート境界の日本海溝沿いのどこででもマグニチュード8クラスの津波地震が起こる可能性があるとされていたからであり、その可能性を考慮すると、そのような地震は起きないことを前提して計算された五・七メートルという津波高の想定は不十分と見なされる見込みがあったからである。つまり、津波の高さに関しては、想定された二〇〇二年当初からすでに「想定外」の可能性を指摘されていたのであり、しかも、このことを東電の土木グループも把握していたのである。しかし、東電はこの要請に対して、さまざまな理由をつけて先延ばしをし、以下で見るように、実際にこの評価にもとづく津波高の計算値を出したのは五年後の二〇〇八年になってからであった。しかもそのときに得られた値が一五・七メートルという驚くべき値だったため、結局この値を東電として認めることはせずにさらに決定を先延ばしした。そしてそれゆえ、東電はこの新たな値にもとづいて対策をとることをしないまま、事故を迎えることになったのである。

二〇〇二年から二〇〇八年そして二〇一一年までの間には、東電の土木グループと保安院、そして、土木グループと東電の執行部との間でさまざまなやり取りが行われた。このやり取りに関しては、添田孝史による詳細な報告（添田 2021）があるので、それを参照していただくことにして、ここではいくつかのポイントのみを参照しながら、東電における「想定外」についての解釈の変遷を見ていくことにしたい。

二〇〇四年にはインドネシア・スマトラ島沖で巨大地震が発生し、インドネシアをはじめ多くの国々に大津波が襲来し甚大な被害をもたらした。そのさい、インド南部のマドラス原発にも一〇メートルを越える津波が押し寄せ、原発が「想定外」の津波によって緊急停止に追い込まれるという事態が発生した。この事態を受け、翌二〇〇五年には、インド・マドラスの地元で、国際原子力機関（ＩＡＥＡ）と地元インドの規制当局などの主催によって、津波など外部からの浸水の影響を検討する国際ワークショップが開かれた。このワークショップには日本からも一定の参加者があり、そこでは、津波の高さについては、最新の知見にもとづいて不断に再検討することの必要性などが確認されている（添田 2021: 78f.）。

こうした事態を踏まえてか、日本では同じ年に、保安院や原子力安全基盤機構（ＪＮＥＳ）のイニシャティヴによって、東電の土木部門の津波担当者も含めて、津波対策に関する勉強会が立ち上げられた。ここでは、「想定外」もありうるという前提で対策を講じる必要性が確認されている（添田 2021: 80f.）。

その後、二〇〇六年五月に開かれたこの勉強会では、福島第一や女川などの原発に関して、津波の影響を調べる研究が続けられた。福島第一に関しては、敷地高一〇メートルを越える津波が襲ってきた場合には全電源喪失に陥り、炉心溶融が発生することが東電の担当者から報告されていた。このように、福島第一での津波対策に関しては、他の原発に比べて余裕度がまったくない状態であることが、保安院にも東電の技術者たちにも理解されていたのである。

また、二〇〇六年九月には、原子力安全委員会によって長らく続けられてきた耐震指針の見直しが決着し、新たな指針が発表された。そして、指針改定以前に作られた古い原発もすべて、新指針に照らし合わせて耐震安全性を再チェックすること（バックチェックと呼ばれる作業）が求められた。この新指針では、津波について「施設の供用期間中に極めてまれではあるが発生する可能性があると想定することが適切な津波によっても、施設の安全機能が重大な影響を受けるおそれがないこと」と定められていた。そして、保安院によって開かれたバックチェックに関するヒアリングでは、長くて三年で作業を終えること、また、特に津波に対しては余裕をもった対策を講じるようにという要請がなされた。この要請は東電の幹部にも伝えられたが、東電が直ちに動くことはなかった（添田 2021: 92f.）。

その後、二〇〇七年七月には、新潟県中越沖地震が起き、東電の柏崎刈羽原発は震度6強の揺れに襲われ、大事故は起こさなかったものの、運転停止に追い込まれた。そのときの揺れが設計時の想定の四倍にも達していたため、この「想定外」の事態に対応する見直し作業などに追われたこともあり、津波への対応をバックチェックに入れる検討はさらに遅れることになった。その結果、津波への対応作業が本格化したのは二〇〇七年一一月になってからだった。地震本部の長期評価をもとに津波高を計算し、検討するようにと最初に要請されてから五年が経っていた。しかしともかくバックチェックに津波対策を取り入れる方向で検討が進められ、社内会議にも報告された。ところが、その後、依頼してあった東電設計から得られた詳細な計算結果によると、推定値は、敷地高一〇メートルをはるかに越える一五・七メートルとなることが示されたことによって、事態は大きく変わることになる。

土木グループは、津波想定の大幅引き上げと、それに見合う対策工事が必要と認識し、沖に防波堤を建設し、敷地上に防潮壁を築くなどの計画の検討を始めた。ところが、土木グループを統括する原子力設備管理部長や地震対策センター所長は異なる意見をもっていた。

当時の地震対策センター所長は、地検の聴取に次のように供述している。

「私は、一五・七メートルという数値に強い違和感を覚え、その水位に対する対策工事を実施するのは現実的ではないと思い、反対的な立場でした」。

さらに、当時の原子力設備管理部長は次のように述べている。

「学者さんたちが可能性あるよというのは幾らでも言えるんだけれども、ちゃんとものを設計したりだとかいうレベルまでなっているんですかと言うと、なっていない」（民間事故調最終報告書 2021: 64）。

このように、管理部門に属する技術者たちは、一五・七メートルという数字は可能性にとどまっており、対策工事を実施することは現実的ではないと判断していたのである。さらには、柏崎刈羽原発が運転停止になったために、代替の火力発電の費用や復旧費などがかさみ、経営上困難な状況が生じていたということも、その後の福島第一の津波対策に対して影響した可能性があると見られている（添田 2021: 101）。

こうした事情もあって、二〇〇八年七月三一日に開かれた原子力・立地本部副本部長の常務が出席して開かれた重要な会議では、長期予測の扱いについての研究を土木学会に依頼し、その結果が出るまでは従来の津波想定のままとする方針が決定された。要するに対策の先延ばしが指示されたのである。

土木グループにとっては、はしごをはずされたような感じを受けたようだが、あきらめず、他のグループとの連携を実現する部門横断型の検討会の設置を進言した。しかし、すでに決定済みとして却下された。

以上のようにして振り返ってみると、二〇〇八年七月の会議で先延ばしが決定されたときに、東電としては、五・七メートルを越える津波は「想定外」と見なすということが決まったということになる。原発事故発生直後に、東電社長が「津波そのものに対するこれまでの想定を大きく超える水準、レベルであった」と述べた背景にはこのような歴史があったのである。

しかも「想定外」をめぐる問題は、二〇〇八年七月の会議で終わったわけではなかった。同時期に、「貞観地震」と呼ばれる平安時代（八六九年）に宮城県沖で発生した大地震に関する調査結果が発表されたからであった。

二〇〇七年に、東北大学が、福島第一近くで行った堆積物調査によって、東電の想定を大きく越える津波が、過去四〇〇〇年の間に、貞観地震を含めて計五回起きている痕跡を見つけていたのである。しかも、貞観地震による津波高に関するシミュレーション結果によると、問題となってきた地震津波よりも大きくなる可能性が示されていた。こうした事情にもかかわらず、東電は、貞観地震に関しても、すぐには対応せずに、地震本部の地震津波と同じように土木学会に研究を依頼することによって、先送りすることを決定した。

ところが、東北電力では、貞観地震にも対応するバックチェックの報告書をすでに完成させていた。このことを知った東電は、東北電力に圧力をかけて、先送りする東電の対応と矛盾しないように、東北電力の報告書を書き換えさせることまで行ったのである（添田 2021: 124f.,151）。

以上は二〇〇二年から二〇一一年までの「想定外」という言葉の解釈の変遷を振り返った

概略的記述である。こうした振り返りによって明らかなように、事故後に使われた「想定外」という言葉は、その言葉の通常理解される単純な意味とは違って、むしろ、東電のなかで、あるいは東電と外部との間でなされた解釈の争いの結果によって意味を与えられてきた言葉であり、その点で政治的な性格を強くもつ言葉だったのである。したがって、以上で見てきた「想定外」という言葉をめぐってなされてきた原発の安全にかかわる解釈の争いの歴史は、原発という技術的人工物をめぐって繰り広げられた政治的争いの歴史でもあるということができる。この点で、本書一〇章で参照したA・フィーンバーグの言葉を使うと、この歴史は、技術とはまさに「事物の議会（parliament of things）」であることを典型的に示す歴史ということができるだろう。

4　技術・事故・環境

ここまで、かなり大雑把ではあるが、福島第一原子力発電所の事故に至る歴史を、調査報告書などにもとづいて、できるだけ事実に即して理解することを試みてきた。以下では、ここまでの議論を踏まえて、この事故から技術の多次元性という本書の中心テーゼにかかわる論点についてどのようなことがいえるかを考えることによって本章を閉じることにしたい。

（1）技術と自然

前節で見たように、事故防止という観点から見れば、東電における「想定外」の範囲を決定した二〇〇八年七月三一日の会議が決定的な意味をもっていたといえるだろう。この会議では、土木部門の技術者から出された津波対策の提言に対して、東電の土木部門を統括する管理部門の役員たちが、提言の根拠となる津波高の想定を直ちには認めず、土木学会の研究にゆだねることを指示し、対策の先送りを決定したのであった。このように、技術者の提言を管理や経営にかかわる役員が否定するという会議のあり方を聞くと、技術倫理について少しでも知識をもっているものなら、ただちに、スペースシャトル・チャレンジャー号の事故を想い出すであろう。

スペースシャトル・チャレンジャー号の事故とは、一九八六年一月、打ち上げ直後に爆発炎上し、乗員七名全員が犠牲になって世界に衝撃を与えた事故であり、ほとんどすべての技術者倫理の教科書で取り上げられている事故事例である。

爆発の物理的原因は、打ち上げ時に使われる補助エンジンであるロケット・ブースターで使われていたOリングと呼ばれる部品が、低温のために想定どおりに機能しなかったからだと見なされている。しかしこの事例が有名になった大きな理由は、事故後の調査によって、このOリングに関して、ロケット・ブースターを製作した請負会社の技術者の間で、それが低温ではうまく機能しない可能性がある点について長年問題になってきたことが明らかになったからである。

打ち上げ前夜には、請負会社の技術者たちは打ち上げ当日の気温が例外的に低くなるという予報を知って、Oリングがうまく機能しないかもしれないことを心配し、打ち上げ延期を要請した。しかし、打ち上げ前夜に開かれた打ち上げ決定についてのNASAとの最終会議では、請負会社の幹部は技術者の要請を退けて、予定通りの打ち上げを承認することになった。この事例は、経営者が技術者の意見より、経営上の判断を優先したために起きた事故の典型例としてよく知られるようになったものである。

民間事故調の最終報告書でも、この点にふれている（民間事故調最終報告書 2021: 67f.）。しかしながら、こうしたチャレンジャー号事故の物語は、一見して分かりやすいものではあるが、後付けにもとづく部分が多く、必ずしも実態を反映したものではないという批判が出され、別の解釈が提起されるようにもなった。批判的な解釈では、高度な技術が問題となる現場では、不確実な状況を前にして判断が行われねばならず、その点から見ると、問題の会議での決定は、必ずしも不合理なものとはいえないと見なされることも多くなっている。

こうした見方の変更が説得力をもつようになった理由のひとつは、チャレンジャー号の事故から一七年後の二〇〇三年に、スペースシャトル・コロンビア号が、物理的原因は違ったが、ミッション終了直前の帰還時に、乗員全員が死亡する同じような事故を起こしたことによる。コロンビア号の事故のあとに設けられた事故調査委員会によって公表された報告書のなかでは、NASAという同じ組織が同じような構造の事故を起こしたことが強く批判され、事故の究極の原因はNASAという組織の歴史と文化である、と見なされることになった。そしてそれと同時に、不確実な状況下で判断を迫られる技術者の仕事の特有な性格を考慮することの必要性が強調され、事故を防ぐためには、安全を考慮した規則の変更や組織改革のみでは不十分であり、予測不可能な失敗や事故が不可避であることを前提したうえで、「失敗への健全な恐れ」を共有できるような文化の形成が不可欠であることが指摘された（詳しくは、村田 2006a 第二章参照）。

民間事故調の最終報告書でも、たんに経営者と技術者という対立構図のなかでのみ東電の対策先送りをとらえるのではなく、むしろ、技術者の間の解釈の争いという面にも焦点を当てている。

報告書では、「津波対策先送りの政治学」と題した節で以下のように描いている。

このように、東京電力社内で、福島原発の津波対策に関する土木調査グループの提案は二〇〇八年夏から二〇〇九年夏にかけて繰り返し退けられた。

その最大の要因は、土木調査グループの技術者たちの問題認識とそれ以外の技術者たちの問題認識に大きな落差があったことにある。それぞれ専門領域がまったく異なっており、津波対策の必要性を基礎づける前提事実の認識の程度に両者の間で相違があった。この認識の相違は解消されることなく、両者の溝は埋められることなく、二〇一一年三月を迎えた。（民間事故調最終報告書 2021: 66）

右の引用文にあるように、技術者のなかでも、津波の高さとして「想定外」の境界をどこまでと見なすかについて、考え方の大きな相違が存在していたのである。

しかし、なぜそのようなことが起きるのだろうか。

答えとしては、民間事故調最終報告書がすでに指摘しているように、東電の組織では、土木部門と原子炉プラントそのものを担当する部門が分かれており、それぞれの部門に属する技術者が別の専門分野については通暁しているわけではなかった点をあげることができるだろう。しかしこの答えは、あまりにも自明のことのように思われるかもしれない。専門が異なれば、それぞれの得意分野についての知識が異なるのは当然だと思われるからである。そして、実際には実現できなかったが、こうした違いを越えた理解を得るために必要なのは、土木部門の技術者たちが試みたように、部門横断的なワーキンググループを立ち上げて、意見交換を通して、共通認識を深める試みを行うことなどであろう（添田 2021: 141; 民間事故調最終報告書 2021: 65f.）。

しかしながら、ここには、より深い問題が潜んでいるように思われる。というのも、原発に関して「想定外」をどのように解釈するかという争いは、いわば、原子力発電所という技術的存在の内と外を区別することに結びついており、ひいては、原発という技術的人工物の同一性の理解にかかわる争いとしても見ることができるからである。

例えば、先にあげた管理部門の技術者たちの発言にも見られたように、原子炉プラントを担当する技術者にとっては、一五・七メートルという土木部門が提起した津波高は現実的ではないように思われていた。その理由は、もちろん津波高が高すぎると思われたからであるだろうが、高すぎるのは、それに対応する設計変更によってもたらされるプラントのあり方が考えられないほど非現実的だと思われたからでもあるだろう。つまり、原子炉プラントはそのような津波とは独立に存在しうるものとして想定されたうえで、津波はその外部に属する事柄、その外部からの妨害要因と見なされているからだと思われる。換言すると、津波のような自然現象は、原子炉プラントのような人工物にとって「外部」に属するものであるという理解が当然のように前提されているのである。そして、土木部門の技術者たちの場合にも、自分たちのテーマである津波のような自然現象は、プラントとは独立に存在するものであり、プラントと関係するとしても、もっぱらその存在を脅かす妨害要因としてのみとらえられるものと見なされていたといえるだろう。どちらの場合も、原発に関して、その内部を構成するプラントと外部に存在する津波とは切り離して存在するものと考えられていたということができるだろう。

以上を換言するなら、原子炉プラントを中心とする技術システムは津波のような自然現象とは独立に存在しうる閉じたシステムとして見なす見方が共通に、そして当然のこととして前提されていたのである。つまり、技術と自然は、根本的には独立の閉じられたシステムとして見なされているということでもある。

こうした見方が前提されているかぎり、津波高の変更によって、原子炉プラントの設計変更が求められたとしても、それは、あくまで付加的な設計変更であり、原発の同一性自体には関係がないものと見なされ続けることになり、その必要性や緊急性は必ずしも高くはならない可能性がある。自分たちの仕事の中核に属することとはとらえられないからである。

それに対して、もし本書が強調してきたように、技術システムの多次元性が認められ、技術システムとは、自然環境の要因をもその本質に含むものだと理解され、環境との相互作用のなかではじめて自らの同一性が確保されるものだと見なされるなら、話はずいぶん変わってくるだろう。津波高の変更は、原発という技術システム自体の同一性を否定するものであるからこそ、津波高の変更に対しては、技術システム自体のあり方を変更することによって対応し、その同一性を再構築することが不可避となるからである。つまり、津波高の変更に対応することは、プラントの設計・製作の仕事を専門とする技術者の中心的な仕事に属するものと見なしうることになるからである。

この事情は津波などを専門とする土木部門の技術者にとっても同様であろう。技術システムの多次元性が前提として受け入れられているなら、津波高の変更は、たんに原子炉システムの外部に属する変更ではなく、原子炉システムの同一性にかかわる内部の問題に直結する問題と見なされるからである。

こうした点を踏まえてより踏み込んでいえば、「想定外」をめぐる解釈の争いは、根本的には、原発とは何か、という原発の（自己）同一性にかかわる解釈の争いでもあるということになる。換言すると、原発の同一性そのもののなかに、津波のような自然現象を含ませて考えることができるかどうかが問題となっているのである。本書で用いてきた言葉を使えば、技術の多次元性という見方のなかに自然環境要因を含ませることができるかどうかが問われているのであり、福島第一をめぐる東電の対応は、このような見方をとることがいかに困難であるかを示しているということができるだろう。しかし同時に、このような根本的な次元までさかのぼって考え直すことがないかぎり、事故防止への道は開けないともいうことができる。技術の哲学が必要なゆえんである。

(2) 複合災害

技術の多次元性という本書の中心テーマを原発事故という具体的な事象を題材にして論じるなかで、話がずいぶん抽象化してしまったので、再度、具体的な事例に戻って、以上の議論を補うことにしたい。

本書一〇章「技術の解釈学」では、技術的製品にかかわる解釈の違いが際立って示される例として、技術移転の場合を参照した。例えば、風車は、チベット、中国、アフガニスタンでは、祈禱やポンプ、あるいは粉ひきなど、まったく異なった機能と意味をもつものとして、異なった仕方で使われ、そのデザインも大きく異なっていることにふれた（本書二〇四頁参照）。この例が示すように、技術が環境と相互的な結びつきのなかで成立するという点を真剣に受け止めるなら、異なった環境のなかに移転された技術は、同じ技術のままに留まっているとは簡単にはいえないことになる。換言すると、技術は異なった環境に移転される場合には、移転まえの自らのあり方（同一性）が否定され、変更されることによってのみ、そのあり方（同一性）が保持されうるのである。つまり、同じものであるということは、変化によって可能となっているということもできる。環境との相互作用のなかで成立する開かれたシステムとしての技術というあり方が示す以上の特徴は、否定を媒介にして成立する存在、といってもよいし、あるいは、西田幾多郎の言葉を使うと、矛盾的関係を媒介にしての同一性、つまり、「矛盾的同一性」という言い方もできるだろう。

このような事情は、古典的な風車の場合のみならず、より大規模な技術に関してもいえるはずである。それゆえこの見方によれば、安定した地盤の上に建設された原子力発電所と地震多発地帯に建設された原子力発電所は、同じように原子力発電所という名で呼ばれていても、同じ技術製品とは簡単にはいえないことになる。換言すると、技術をひとつの環境から別の環境へ移すに際して、それに対応した適切な「翻訳」の作業がなければ、どんな技術も別の環境へ成功裏に移転させることはできないのである。

こうした技術の多次元性という観点からあらためて振り返るなら、福島に最初の原子力発電所が導入される過程は重大な問題を孕んだものだったといわねばならない。最初に建設された1号機は、アメリカのゼネラル・エレクトリック（GE）社が設計から建設までを請け負い、受注先の東京電力は出来上がった製品を受け取るだけという「ターンキー方式」と名付けられた契約のもとで導入された。導入の過程で、日本の耐震基準に合わせるためにさまざまな補強が行われたが、それが十分なものだったとはいいがたい。こうした導入の経過に関して、国会事故調の報告書では以下のように述べられている。「原発に関する日本の自主的な技術がほとんど皆無な中でGE社製品を丸ごと導入したことが、その後改修を重ねたとはいえ、さまざまな形で本事故直前の耐震脆弱性として尾を引いた可能性がある」(国会事故調報告書 2012: 66)。

福島原発の導入の過程では、さまざまな改良がなされたとはいえ、基本的な設計原理にまで及ぶ検討がなされたわけではなく、また原理が変更されることもなかった。このことが意味しているのは、人びとは原発の中核をなす技術は環境要因とは独立に実現しうるものだと考え続けていたことを意味している。その後、地震多発地帯の日本列島に次々と原発が作られていったことを考えると、技術の多次元性を無視する考え方がどれほど強力だったかが分かるだろう。

さてもし技術が環境と切り離しがたく結びついており、多次元的特徴をもつとするなら、技術にかかわる事故が起きた場合に、事故のあり方もまた環境と無関係ではなく、多次元性を示すことになるだろう。この点から見ると、政府の事故調が「複合災害」という概念を提起している点は大変興味深い。報告書では次のように述べられている。

国や大半の地方自治体において原発事故が複合災害という形で発生することを想定していなかったことは、原子力発電所それ自体の安全とそれを取り巻く地域社会の安全の両面において、我が国の危機管理態勢の不十分さを示したものであった。したがって、今後、

> 原子力発電所の安全対策を見直す際には、大規模な複合災害の発生という点を十分に視野に入れた対応策の策定が必要である。(政府事故調・最終報告書 2012: 22, 411)

日本が、長年にわたって大きな地震や津波の経験を繰り返してきたことを考えると、このような指摘が事故後になってあらためてなされねばならなかったということは驚くべきことである。それだけ、技術と環境を切り離して考える考え方が強固だったともいえる。しかし、「複合災害」という観点に関していうなら、わたしたちは一九三〇年代にすでに地球物理学者の寺田寅彦がよく知られた文章のなかで繰り返し指摘していたことを思い出さずにはいられない。「天災と国防」と題された文章のなかで寺田は以下のように述べている。

> しかしここで一つ考えなければならないことで、しかもいつも忘れられがちな重大な要項がある。それは、文明が進めば進むほど天然の暴威による災害がその劇烈の度を増すという事実である。……
>
> 文明が進むに従って人間は次第に自然を征服しようとする野心を生じた。そうして、重力に逆らい、風圧水力に抗するような色々の造営物を作った。そうしてあっぱれ自然の暴威を封じ込めたつもりになっていると、どうかした拍子に檻《おり》を破った猛獣の大群のように、自然が暴れ出して高楼を倒潰《とうかい》せしめ堤防を崩壊させて人命を危くし財産を亡ぼす。その災禍を起こさせたもとの起こりは天然に反抗する人間の細工であると言っても不当では

ないはずである。災害の運動エネルギーとなるべき位置エネルギーを蓄積させ、いやが上にも災害を大きくするように努力しているものは誰あろう文明人そのものなのである。
(寺田 2011: 10f.)

最近では、技術史家のサラ・プリチャードが「環境技術的災害(envirotechnical disaster)」という興味深い言葉を提案することによって、技術システムと自然システムとが相互に動態的に絡まり合うことによって成立するシステムのもたらす災害の特徴を表現している。プリチャードは以下のように書いている。「環境システムと技術システムとが完全に切り離しうるという根強い考えに固執し続けることは、不幸な錯覚というより危険な錯覚である。というのもそのような錯覚は、超近代的なおごりと、人間と技術は環境から切り離されているという信念とを強化するだけだからである」(Pritchard 2013: 129)。

以上の議論からの帰結は重大である。というのも、もし「複合災害」や「環境技術的災害」という考え方を真剣に受け取るならば、災害を天災と人災とに分けることは簡単にはできないことになるからである。技術が多次元的に理解されねばならないのと同様に、災害もまた多次元的に理解されねばならないからである。福島の事故は、技術に関する伝統的な見方への変更を迫るものであると同時に、災害についての一般的な見方への変更をも迫るものなのである。

そして二一世紀に入ってわたしたちが経験していることは、温暖化などによる気候変動のような地球環境の変化によって毎年のように引き起こされる豪雨や旱魃などの大災害である。寺田寅彦が述べた文明の発達に対する反作用としての自然の猛威は、もはや日常的な出来事になっている。天災と人災の区別がつかなくなったのが現代だ、ということもできるだろう。

本章の最初の部分では、福島原発の事故に関して、国会事故調の結論的文章として、この事故は人災である、という文章を紹介した。たしかに、事故の責任を問うような文脈では、人災である面を明らかにすることは不可欠であるし、事故の再発防止という点からも必要だろう。しかしそのような結論によって、事故が予測不可能な仕方で起きるという面が隠されてしまっては、かえって再発防止に対して逆効果になってしまう可能性も否定できない。だからこそ、政府事故調の報告書でも次のように述べられていたのである。

危険の存在を認め、危険に正対して議論できる文化を作る。……どのような事態が生ずるかを完全に予見することは何人にもできないにもかかわらず、危険を完全に排除すべきと考えることは、可能性の低い危険の存在をないことにする「安全神話」につながる危険がある。……危険を危険として認め、危険に正対して議論できる文化を作らなければ、安全というベールに覆われた大きな危険を放置することになる。(政府事故調・最終報告書 2012: 34, 447)

同じような事故防止への指針は、技術とは「未知の応用」であるという中岡哲郎が水俣病事件に関連して述べた主張や、スペースシャトル・コロンビア号の事故調査報告書で「失敗への健全な恐れ」をつねにもち続ける文化の形成を忘れてはならないと述べられた警告にも見ることができる（本書第一一章3「「未知の応用」としての技術」の項および本章三〇九頁を参照）。

これら事故防止の指針としてさまざまに語られる場合のキーワードは「文化」であり、新たな文化の形成である。しかし、新たな文化の形成は、新たなマニュアルや規則の導入、あるいは、組織の変更などによって簡単に実現できるものではない。むしろ、それがいかに困難であるかをわたしたちは、事故後一〇年以上経った現在、あらためて確認せざるをえないというのが正直なところかもしれない。

例えば、『民間事故調査委員会最終報告書』では、その最後の箇所で、過去一〇年を振り返って、結局、日本社会では、事故の「近因」を除去することには励んだが、根本原因である安全神話という「遠因」の除去には成功していないと結論づけている。そしてその現れとして、「「安全」であることよりも「安心」を求め、「安全」のために必要なことをするのではなく、「安心」を得るために「安全」にとって不必要なことや、場合によっては矛盾することを行うことになりやすい」という日本社会の現状を指摘している。そして、政府事故調の委員長だった畑村洋太郎がヒアリングを受けたさいに述べた言葉を紹介している。「安全・安心と言って、安全と安心を一緒くたにして全部やっているじゃない。安全は求めていけど、安心が一番いけないんだよ。考えないでよいと言っていることなんだよ」(『民間事故調最終報告書』292)。

安全よりも安心を求める日本社会における傾向は、いわば文化の底流となっているかのように見えるほどであり、それを変えることは容易ではないように思われる。しかしながら他方で、こうした困難な事情が見られるにもかかわらず、というより、むしろこうした事情があるからこそ、福島原発事故の教訓として、技術、事故、安全といった概念の基本的理解にまでさかのぼってあらためて考え直す必要性が強調されねばならないということもできる。つまり、一見したところ矛盾した仕方でしか理解できないように思われる技術を不可欠な仕方で含んだわたしたちの世界のあり方について、その基本にまでさかのぼって考え直す「哲学」がますます必要になっているともいうこともできるだろう。しかも、ここでいわれる哲学は、たんに概念的分析に終始するようなものであったり、まして西欧からの借り物として語られるようなものであったりするものではありえない。むしろ、わたしたちの日常生活のあり方の理解に変更を迫る「哲学」であり、「安全神話」に浸された文化の次元に変更をもたらしうる「哲学」でなければならないはずだからである。

はたして本書が展開してきた「哲学」がどこまでこの課題に答えられているかは、まことに心もとないところである。しかし他方で、わたしたちはここで求められている「哲学」をある意味ではすでに手にしていることを最後にあらためて思い起こしておくことによって、本書を閉じることにしたい。

実際、本書で展開してきた「哲学」の原型ともいうべき技術についての考え方を示した西田幾多郎の哲学においては、「作られたものから作るものへ」そして「矛盾的自己同一」という技術の論理に従って成立する歴史的世界と日常生活のなかでは、安全神話にもとづく安心が成立する余地は認められていない。例えば、家を建てる、という事例を題材として西田は次のように述べている。

> 単に家を造るという如き場合でも、物は単に物質として与えられるのではなく、物は我々の行為に対して［我々の生命に転回をもたらすという意味で］運命的に与えられるのでなければならない。すべてのポイエーシスに於て、私が物を変ずるばかりでなく、物が私を変ずるのである。一切の行動に於て、我々は大なり小なり危機の上に立つのである。我々の日常性の世界は真に危惧の世界である。危惧は遠き彼方にあるのではない。（西田 2003a: 53f.）

家を作るということは、わたしたちがさまざまな危険や不便なことから身を守るための場所を確保する試みである。この意味で、家はわたしたちに「安全」を与える場所であり、そこに一定の安定した日常生活を可能にする場所でもあるということができる。しかし西田によれば、このような安全を確保する試みは、同時につねに、製作者を含めて新しい状況を生み出すことになり、そこから新たな心配事や不安が生まれることを否定できない。少なくとも創造性を本性として成立する歴史的世界では、安全と危惧とは分離不可能であり、この意味でわたしたちには危惧なしの安全、つまり安心というものを確保することはできない。換言すると、西田のいう歴史的世界には、「安全神話」と「安心」が実現する場所はないのである。

さらにはここで、先にあげた寺田寅彦の言葉、「文明が進めば進むほど天然の暴威による災害がその劇烈の度を増す」という言葉を付け加えることもできる。文明が進むということは、技術が進歩し、生活がより安全になることを意味しているだろう。しかし、実際には、高度に発達した複雑な技術システムは、災害に見舞われたり、なんらかの失敗が生じたりすると、予期しえず、理解しえない仕方で振舞うことになり、大規模な事故を起こす場合がある。福島第一の原発事故がその典型例である。

以上のような西田や寺田が描いた世界では、安全が満たされ安心できると考えられる状態になったときほど、危険が隠れてしまうため、安心できない状況はないのである。それゆえ、安心できる状態とは、安全であることを確かめて安心してしまうのではなく、安全であっても安心せずに、不断に安全を高め続け安心していないことを確認できる場合のみだということになるだろう。わたしたちのあるべき日常生活では、安心という言葉は、無条件に使うことはできないのである。それゆえまた、西田や寺田の「哲学」が教えていることに従うと、現代の世界では「安全」と「安心」という言葉の両立可能な理解のあり方を、そのままの仕方で通用させることはできないということになる。

以上は、日常生活を形成する安全や安心をめぐる文化について、西田や寺田が一〇〇年近く前に自らの経験を踏まえて生み出した「哲学」にもとづく教訓である。しかしこの教訓は同時に、地球環境をめぐる危機的状況が格段に進んだ現代においてこそ意味をもつ教訓であり、そしてとりわけ、福島の原発事故から引き出されるべき教訓ともなっている。その教訓による「安全」や「安心」という言葉の理解の仕方が一見するとどれほど奇妙に思われようと、その奇妙さは現代におけるわたしたちの日常生活についての理解の仕方の奇妙さを逆に反映しているのであり、むしろ、日常生活の理解の仕方の根本的変様が求められていることを示しているのである。換言すると、現代の危機に満ちた歴史的世界に生きるわたしたちは、日常性の意味転換の過程を生きることを求められているということもできるのである。

補論　日本における技術哲学――西田幾多郎、三木清、戸坂潤

現代の日本では、技術の哲学は必ずしも日の当たる位置にあるわけではない。しかし、戦前の日本では事情は少し違っていた。少なくとも哲学のアカデミズムを代表する論者が技術を哲学の主要課題と見なし、議論を展開していた。以下ではそのなかからよく知られた議論を取り上げて紹介することにしたい。というのも、そのなかには現代から見ても注目すべき論点が少なからず見られるからである。

1　技術論論争

「技術とは何か」という問いは、技術哲学のなかで繰り返し問われてきた問いである。しかし、すでに本論で見てきたように、はたして技術に一義的な仕方で規定しうる「本質」が備わっていると考えてよいかどうか、つまり、「本質主義」を前提してよいかどうかは、それほど明らかではない。それどころか、これまでの議論から明らかになったように、「本質主義」的観点をとると、しばしば視野狭窄や還元主義に陥り、技術現象に備わる多次元性や創造性が見落とされてしまう危険があるのである。したがって、たしかに「技術とは何か」と

いう問いはきっかけとしては重要であり、本書もこの問いから始めたのであったが、しかし、この問いを無前提に問うことはできないことを忘れてはならないのである。

この点から振り返って見るなら、太平洋戦争前後にかけて日本で繰り広げられたいわゆる「技術論論争」は本質主義の欠陥を明瞭に示す事例といえるだろう。

この論争では、よく知られているように、一方の側は、技術の物質的基盤を強調し、技術とは労働手段の体系であるという「労働手段体系説」を唱え、他方の側は、技術者の主体性を強調し、技術とは客観的法則の意識的適用であるという「意識的適用説」を唱えた。この論争は、おもにマルクス主義に関係する陣営のなかで生じた論争であり、マルクス主義、ないし、唯物論という共通の土俵の上で戦わされた論争であるにもかかわらず、というより、むしろ共通の土俵の上で戦わされたためもあって、激しい議論の応酬がなされることになった。しかしながら、この論争は、イデオロギー的性格を強く帯びたものだったという点（どちらがマルクスの著作を的確に解釈しているかといった論点が重要視された）を除いても、技術の一義的定義を求める努力が、しばしば言葉の端々をめぐって相手の揚げ足取りに終始してしまい、それゆえ決して生産的な結果をもたらしえないことを如実に示すことになった。そのためもあって、多大なエネルギーが費やされたにもかかわらず、現在の哲学の議論のなかには、この論争から受け継がれた積極的な遺産を見いだすことはほとんどできない。したがって、ここではごく簡単に振り返っておくだけにしたい。

いわゆる「技術論論争」は、時期の点でも、内容の点でも、大きく二つに分けることができる。

第一の論争は、戸坂潤の提題をきっかけとして、戸坂と戸坂自身も創立に加わった「唯物論研究会」のメンバー（相川春喜、岡邦雄など）との間でなされた論争である。戸坂は、技術が技能や知能などの主観的契機と道具や機械などの客観的契機の二つの契機をもつことを前提しながら、後者の客観的契機を「労働手段」と見なし、技術の最も重要な要素として強調した。にもかかわらず、相川らは、戸坂の見方のなかに主観と客観の分裂を見いだし、あくまでも客観的契機にのみ技術の本性を見ようとする。いわゆる「労働手段体系説」の代表者と見なされているのは、戸坂批判を展開したこの相川春喜らであるが、戸坂自身もこの説の主張者の一人にあげられる場合もある。

第二の論争は、相川を代表とする「労働手段体系説」と、この見方を批判した武谷三男や、その後継者である星野芳郎らによって提起された「意識的適用説」との間で生じた論争である。武谷は、手段説が技術を実体化し、機能としての側面を見失っている点、それによって、技術者の主体性が見失われる点を鋭く批判し、「技術とは人間の（生産的）実践における客観的法則の意識的適用である」というテーゼを提出した。現在、「技術論論争」という名で呼ばれるのは、おもにこの第二の論争である。

いずれにしても、以上の論争は、技術を何よりも生産技術に限定している点、また、議論がおもに主観と客観の対立という図式のなかで行われている点などに見られるように、かなり限定的な概念枠組みのなかでなされた論争だった。手段説については、技術を機械のような物的対象に実体化しており、人間（技術者）の主体的実践の側面をなおざりにしている点が批判される。他方、適用説については、客観的な労働手段を離れては、主体的実践といっても技術は抽象的なものに終わってしまうことを十分見ていない点が批判される。こうして、技術の主体的側面を強調するのか、客観的側面を強調するのか、という対立に終始し、対立は明確のように見えるが、いずれにしても、技術は中立的な道具であるかのように見なされており、例えば、本書が光を当てようとした技術に備わる社会的、政治的側面、そして創造的、価値的側面などはほとんど主題化されることはなかった。つまり、技術の多次元性は無視されたままだった。

もちろん論争のこのような総括の仕方に対しては反対される方もおられるだろう。しかしここではこの論争への深入りは避け、関心のある方はそれぞれ関連する文献（中村 1975、嶋 1977、渡辺 1990 など）を参照していただくことにして、以下では、近現代の日本を代表する哲学者三人のなかに見られる技術をめぐる議論を取り上げることにしたい。その三人とは、西田幾多郎（1870-1945）、三木清（1897-1945）、戸坂潤（1900-1945）といういわゆる「京都学派」を代表する論客たちである。彼らの議論もまた、それぞれの時代状況による制約を大きく受けたものだったが、にもかかわらず、その議論には現在から見ても多くの興味深い点が含まれているように思われる。

2　西田幾多郎——技術の創造性：作られたものから作るものへ

西田は、「技術」という言葉を含んだ論文や書物を出版したわけではないし、また、西田哲学の特徴を示す代表的な概念や文章のなかに「技術」という言葉が頻出するわけでもない。したがって、西田を技術哲学の代表者のひとりにあげることに対して疑念を抱かれる読者もおられるかもしれない。しかしながら、一九三〇年代の後半に出版された『哲学論文集第二』、『同第三』などに収録された諸論文をひもといてみれば明らかなように、そこでは、「行為的直観」あるいは「ポイエーシス」という言葉とならんで、「技術」という言葉が重要な役割を演じている。

(1)　作られたものから作るものへ

西田が自らの根本的立場を示すために『善の研究』のなかで提出した有名な「純粋経験の世界」という概念は、後期になると「行為的直観の世界」、「ポイエーシスの世界」そして「歴史的世界」として定式化し直され、この世界の展開を導く論理として「技術」という概念が用いられることになる。西田は、ポイエーシス（製作）の過程を「作られたものから作るものへ」という言葉で特徴づけ、この言葉が西田にとっての「技術」概念を表すキーワードとなっている。わたしたちの生がそこから生まれ、そこへと帰っていく実在の世界である歴史的現実の世界は、「製作」「創造」という技術の論理が支配する世界と見なされている（以下西田の原文では「製作」でなく「制作」と表記されている）。

> 歴史的現実の世界は制作の世界、創造の世界である。制作というのは我々が物を作ることであるが、物は我々によって作られたものでありながら、何処までも自立的なものとして逆に我々を動かす、加之我々の物を作る働きそのものが固、物の世界から生れるのである。物と我とは何処までも相反し相矛盾するものでありながら、物が我を動かし我が物を動かし、矛盾的自己同一として世界が自己自身を形成する、作られたものから作るものへと行為的直観的に動いて行く。我々は制作的世界の制作的要素として、創造的世界の創造的要素として、制作可能なのである。（西田 2003b: 259。強調は引用者）

この引用文に示されているように、西田にとって、製作とは、既存の現実を出発点としながら、その既製の現実を否定し、根本的に変換し、新しい現実を生み出すような創造活動のことにほかならない。したがって、製作の論理を示す「技術」という概念もまた、一貫してその「創造性」に焦点が合わせられて解釈される。それでは、この創造的過程はさらにどのように特徴づけられるのだろうか。

(2) 創造性

まず第一に、西田にとって、製作ないしポイエーシスの可能な世界とは、因果性のみによって規定される世界ではないし、また、合目的性のみによって規定される世界でもない。因果性が支配する世界では、因果法則にもとづいて予期された出来事が必然的に生じるだろうし、合目的性が支配する世界では目的を実現するのに最適な手段がつねに選ばれるだろう。いずれにしてもそれらの世界には、予測されたり、目標とされたりすることのなかった根本的に新たな現実が実現される余地はなく、そのような世界からは、本来の意味での製作、つまり創造的な行為は生まれないだろう。西田は、次のようにいっている。

物が作られると云うことは、因果的に物が現れると云うことではない、又合目的的発展ということでもない。因果的必然の世界には制作というものはなく、合目的的発展の世界にも制作というものはない。制作という如きことは従来哲学の立場として考えられなかったのであるが、歴史的現実の世界というのは制作の世界でなければならない。……制作的現実の世界は作られたものから作るものへの世界でなければならない、作られたものと作るものとの矛盾的同一の世界でなければならない。(西田 2003b: 260 および 286)

ここで述べられている製作の特徴を、道具ないし人工物の存在論的性格に即して見るなら、ここには、従来の哲学、例えば、ハイデガー哲学のなかでなされた区分では注目されていなかった性格が取り出されていると解釈することもできる。すなわち、ハイデガーが合目的性という観点から見られた道具の存在性格を「道具性（Zuhandenheit）」と呼び、因果性という観点から見られた道具の存在性格を「客体性（Vorhandenheit）」と呼んだのに対して、西田は、このような二者択一にはのらない第三の道具に備わる存在性格を示そうとしたのであり、それが「作られたものから作るものへ」という創造的な性格だと解釈することも不可能ではない。

（3）逆限定

第二に、西田はこの創造的過程を、作られたものが作るものを規定するという意味で、「逆限定」という言葉で表現する。「真に具体的な弁証法的世界は、何処までも逆限定を含んだ世界でなければならない、絶対矛盾の自己同一の世界でなければならない。そこには作られたものが作ったものから離れ、それが独立の物でありながら、而も作るものを作ると云うことがなければならない」（西田 2003b: 339）。

この「逆限定」という言葉で西田が述べていることを正確に解釈することは難しいが、ここでは、製作過程の創造性を示している点に注目したい。すでに本書の本論で（第一一章）、技術の成立過程は何らかの人工物が製作されることによって終わるのではなく、さらにその人工物が製作者の手を離れて使用者の手に渡ると、しばしば最初の製作者の意図に反する独自の意味をもち始めることを見てきた。このような過程に示される技術の特徴を本書では技術の「他者性」とも呼んだが、まさに西田は、この「他者性」という特徴を「逆限定」という言葉によって一般化して表現していると考えることができるのではなかろうか。すなわち、西田は、技術の成立過程が製作の過程から、つねに使用の過程にまで伸びていること、あるいは、技術とは製作者と使用者という相互に対立するように見える要因の相互作用から成り立つ過程であることを示そうとしたのだと考えることも不可能ではないだろう。つまり、西田の使う「絶対矛盾の自己同一」という言葉は、一と多、自己と他者、偶然と必然など相互に対立する契機の結びつきを示すために用いられるが、ここでは、製作と使用という相互に矛盾対立するように見える要因同士の相互作用によって創造的過程が成立することが示唆されていると考えることができるだろう。

(4) 危機の世界としての日常性

もし以上のように、技術の特質として創造性、他者性を認めることができるなら、このような技術によって作られ、また逆に技術を作っている世界は、一般に「日常性」という言葉で表現できるような安定した特徴を決してもちえない世界であることになる。あるいは、わたしたちが日常世界と考えている世界も根本的には、いつでもそのあり方が否定され、新たな現実へと移行する可能性を秘めた危機に満ちた不安定な世界だということになる。こうして、西田の技術論のなかに、先に本論で見た「未知の応用」としての技術という見方、あるいは、設計や製作過程は新たな失敗、新たな危険を生み出すことを避けられないのだという考え方と共通する観点を見いだすことができる。

> 単に家を造るという如き場合でも、物は単に物質として与えられるのではなく、物は我々の行為に対して「我々の生命に転回をもたらすという意味で」運命的に与えられるのでなければならない。すべてのポイエシスに於て、私が物を変ずるばかりでなく、物が私を変ずるのである。一切の行動に於て、我々は大なり小なり危機の上に立つのである。我々の日常性の世界は真に危惧の世界である。（西田 2003a: 53f.）

以上のように見てくるなら、西田哲学のなかで製作や技術をめぐる議論が大変重要な役割を演じていることを確認できるだろう。西田は、わたしたちが技術現象に即して取り出そうとした創造性、他者性、そして未知性といった特徴を歴史的世界そのものの特徴として取り出そうとしたのだ、ということもできる。したがって西田によると、この世界は何らかの本質的規定が前提され、さまざまな要因がその本質に還元されたり、あるいは、その本質に止揚されたりすることができるような世界では決してなく、つねに既製の本質的規定が否定され、変換される可能性を備えた世界である。この意味で、西田哲学は、「非本質主義」を首尾一貫して保持しようとする哲学の試みだったと解することもできる。（なお、西田の技術哲学に関しては、以下も参照していただけると幸いである。村田 2014; 2016）

3 三木清——技術の社会性：行為の「形」としての技術

西田の技術概念の中心が技術に見られる「創造的性格」にあったとすれば、三木はこの西田の考え方を受け継いで、技術を「形の変換」という構想力の働きとしてとらえ直したということができる。技術の創造的性格を踏まえたうえで三木が注目したのは、技術の働きを制御する社会的技術の働きであり、ひいては技術と倫理、技術と道徳との結びつきであった。

一九三〇年代から四〇年代にかけて、三木は代表作と目されることになる『構想力の論理』と関連する原稿を書き続けたが、この時期は三木の作品のなかに西田哲学の影響が最も明瞭に現れる時期でもある。とりわけ、『哲学入門』（一九四〇年）、『技術哲学』（一九四一年）のなかにそれが顕著であり、なかでも技術という概念がこの事情を象徴的に示している（西田と三木との関係をどのように考えるかは、多くの論者によって指摘されているように、簡単に片づく問題ではない（丸山 1998: 190。赤松 1994: 236, 285）。しかし、ここでは、この問題には深入りせずに、もっぱら三木の技術哲学の特徴を取り出すことに焦点を当てることにする）。

（1）「形の変換」としての技術

西田の場合と同様に、三木の場合も技術という概念は、人間の経験、人間の活動の特定のあり方を示すのではなく、むしろ人間の経験、人間の活動一般に共通して見られる特徴を示すと見なされている。例えば、「人間のあらゆる行為は技術的である」（三木 1967a: 23, 221）といった言い方がしばしば見られる。

行為が技術的であるということは、まず第一には、行為がその目的に対して「媒介的」であることを意味している。W・ケーラーがチンパンジーを相手にした実験のなかで、目的対象を獲得するさい、それに直接向かうのではなく、一定の迂回路を見いだす能力のなかに知性の基本を見いだしたように、三木も人間の行為が目的に向かうために「迂回路」をとること、つまり一定の道具を手段として用いることのなかに、人間の知性のあり方、つまり技術のあり方を見いだしている。もし人間の知的行為がどんな場合も何らかの技術に媒介されているとすれば、人間の行為においては、必ず目的と手段、主観と客観、目的論と因果論との間に一定の分裂が見いだされることになる。しかし他方で、これらの契機が分裂したままであれば、行為は成功することはないだろう。行為が成功するということは、迂回路をとるにもかかわらず、というより迂回路をとるがゆえに目的が（効果的に）実現できるということであり、この点に注目するなら、媒介物であることの意義は最終的には、目的と手段、主観と客観の間に統一がもたらされることにある。したがって、行為の技術的性格とは、目的と手段、主観と客観との間で、一方では分裂、他方では統一という具合に、二つのあり方が同時にもたらされることを示しており、その意味で、技術は根本的に両義的性格をもつといわれる。三木の場合には、西田のように「絶対矛盾の自己同一」といった強い表現が用いられることはないが、しかし既存の概念枠組みのなかで技術を一義的、還元主義的にとらえることはできないことを強調する点は共通しており、この「両義性」に着目する点に大きな特徴が見られる。人間は、さまざまな技術を開発することによってさまざまな形で行為を媒介的なものにしてきた点に注目し、この媒介のあり方を示すために三木は、行為の「形」という言葉を用いる。ここで特に重要なのは、三木が西田の技術観を受け継いで、技術にとって本質的である性格として「創造性」に注目している点である。言い換えると、そのつどの技術は一定の行為の形を生み出すことになるが、この過程は、それまであった既製の行為の形の変換過程でもある。しかもそのつどの新しい行為の形の成立は、たんに手段にのみかかわるわけではなく、目的・手段の連関のあり方にかかわるものである。したがって、この変換の過程はあらかじめ存在する目的を実現する過程ではないし、また、あらかじめ因果的に決定されている過程でもない。むしろ、新たな目的を含んだ新たな行為の世界、新たな歴史的世界の成立の過程であり、このあり方のなかに三木は同時に人間の「歴史」の特有性を見てとるのである。「技術は与えられたものの形を変じてこれに新しい形を与える。転形 transformation ということが技術の根本作用である。そしてそれはまた歴史の根本概念でもある。歴史はメタモルフォーゼである」(三木 1967a 253f.)。

(2) 自然の「技術」

三木は、このような技術と歴史に関する基本的な見方をしばしば拡大して、人間の技術や人間の歴史を越えて自然の歴史について語り、その歴史の論理としての「自然の技術」についても語っている。「人間は自然の産物であるというとき、その自然は技術的でなければならぬ。かような自然は歴史的であり、人間は歴史的自然から技術的に作られたものと見られるであろう」（三木 1967a: 223。さらに 256 参照）。

まず第一に、どんな生物も一定の環境のなかで、環境と相互作用することによって、そして環境に適応することによって生存を可能なものにしている。この適応の過程で、環境を変化させると同時に、自己の身体を変化させてきた。この意味で、それぞれの生物の示す形はこうした自然過程のなかで生じた適応を通した媒介作用の結果であるということができる。もちろん生物の適応活動は大部分が本能的、かつ無意識的に行われるものであろうが、環境との適応の過程で、行為の形を変換してきた点では、人間の技術と類似した構造を見ることができ、この点で自然の「技術」という言い方をすることも必ずしも不可能ではないことになる。それどころか、人間の技術もまた、このような自然の「技術」の過程から生まれてきたものであり、どれほど高度に技術が発達した世界においても、その基本においては、環境への適応という要素が決してなくなるわけではない。この点で、自然の「技術」と人間の技術とが連続していると考えることは現代でも意味を失っているわけではない。それどころか、さまざまな環境問題が示しているように、むしろ現代においてこそ、自然と人間との連続性の指摘には重要な意義が含まれているといえるだろう。

他方で、第二に、人間の技術が自然の「技術」に対して根本的な新しさをもたらすものであることも忘れることはできない。人間の技術を導くのは本能ではなく知性であり、その知性が高次の仕方で発揮されるのが実験という新たな方法を獲得した近代科学のあり方であり、また、その科学と結びついて成立する近代技術のあり方である。とりわけ三木が強調するのは、人間技術のもつ創造的性格であり、この点を示すために、三木は西田のいうところの「作られたものから作るものへ」という論理を参考にしている。すなわち、創造的過程では、作られたものが作る主体から独立性を獲得して、しかもそのように独立したものが、今度は作る主体を形成するという働きを獲得するというわけである。「歴史的世界は創造的であり、人間は創造的世界の創造的要素である。創造的というのは独立なものが作られることである」(三木 1967a: 223)。

このようにして、自然の歴史と人間の歴史、自然の「技術」と人間の技術、この両者に関しても連続性と断絶性という両義的性格が見て取られることになる。

(3) 技術の社会性

以上見てきたように、三木の技術哲学は、西田の技術観を「形の論理」としての構想力の論理からとらえ直したもの、あるいは、環境のなかで生きる生物としての人間という哲学的人間学の観点から具体化したものという特徴をもつものである。それでは西田の技術観に対して、三木の技術哲学の特有性はどこに見いだされるのだろうか。ひとつの答えとして、技術の社会性への着目という特徴を挙げることができる。

第一に、三木は、技術のもつ社会性をハイデガーの道具連関という概念やマンフォードの「技術複合体」という概念を利用して示そうとしている。

とりわけマンフォードは、技術の歴史を示すために、「原始技術期」（水力・木材複合体、一〇〇〇年以降）、「旧技術期」（石炭・鉄複合体、一七五〇年以降）、「新技術期」（電気・合金複合体、一八三二年（水力タービンの発明）以降）といった時代区分を設け、技術の発達が同時に歴史的・社会的展開と密接な関係をもつことを示した。この点にもとづいて、三木は技術が本質的に社会に埋め込まれて存在する点を強調している。「技術は社会的諸関係の中に入り組んで存在するものである。かようなものとして技術は、社会が自己自身に与える組織であるところの制度の性質をもっている。その関係は人間の身体とその道具と見られる諸器官との関係に類似している。身体とその道具との間には有機的な関係が存在し、そしてその道具の間には或る道具連関が認められる。諸技術も社会の道具として、社会という身体、社会的身体ともいうべきものにおいて支えられていると見ることができるであろう」（三木 1967a: 262f.）。

それではどのような意味で技術は社会と本質的関係を結んでいるといえるのだろうか。どのような技術の性質がとりわけ社会との関連を示しているのだろうか。

ここで三木が指摘するのは発明と模倣との関係である。技術にとって発明は本質的な要因であるが、その発明も、発明された生産物が社会のなかで普及し、伝搬しない限り、つまり発明の再生産がなされない限り、発明としての意義をもちえない。「技術は生産的なものとして結果に満ちたもの、効果的なものでなければならぬ。従って発明の中には既にその適用の過程が、その普及と伝播の過程が含まれねばならぬということもできるであろう」（三木1967a: 229）。ここに見られる三木の技術観は、西田の場合に見た観点、すなわち、技術の成立過程を製作の過程から、さらに使用の過程にまで拡大して考えるという観点と共通のものであり、三木はこの観点を技術の社会性としてとらえ直したと考えることができる。

もし技術がつねに生産であると同時に再生産を必要とし、普及と伝搬の過程を含むことによって社会と本質的に関係しているとするなら、技術に関してさまざまに語られる害悪や弊害は、同時につねに社会との関係で生じている問題としてとらえねばならないことになる。技術をめぐる害悪を制御し、技術を馴らすということは同時に社会のあり方を制御し馴らすということでもあり、そのようなことを可能にするものとして「社会技術」の必要性が唱えられる。具体的には、社会を導く技術として政治、そしてさらには道徳が考えられることになる。

（4）技術と倫理

「技術倫理」「工学倫理」という言葉がしきりと用いられるようになっている現代から振り返って見ると、興味深いのは、三木が技術の社会性を強調すると同時に、いちはやく技術と倫理、技術と道徳の間の内在的関係をとらえていた点である。

まず、技術は一定の仕方で倫理を要請することが指摘される。言い換えると、技術を習得することは必然的に一定の行為の仕方を学ぶことであり、それはすなわち一定の規範を学ぶことでもある。ゲーテが『ウィルヘルム・マイスター』のなかで人間の道徳的感性に対して技術のもつ意義を強調していたように、人間は技術に従事することによって一定の徳を学ぶことができる点が指摘される。

具体的には、技術に従事することによって意志の自由とは何であるかを学ぶことになる。すなわち、技術にもとづくものの製作過程は、意志を客観的なものへ従属させ、自由とは「認識された必然性」であることを学ばせることになり、「自己を殺すことがかえって自己の目的を達成するゆえんであるということ」を技術は教えてくれる。さらに、技術においては、不誠実であることはただちに結果として現れるために、誠実であること、規律的であることの重要性を修得せざるをえなくなる。また発明は、たんに手段にかかわらず目的の発明であるという点をもつことから、技術的行為が本質的に道徳的であることが要求される。言い換えると、ものを作ることは同時に人を作ることであり、この点でも技術活動の道徳性が要請されるのである。

以上は技術が倫理、道徳を要請する面であるが、逆に、道徳のほうが技術を要請する面のあることも強調される。

アリストテレスの場合には、製作活動と本来の実践活動とは区別されていたが、しかし、三木のいうようにすべての活動が技術的であるとすれば、アリストテレスのいう実践活動もまた技術的であることを免れない。あるいは、カントのいう道徳的行為と技術的行為との区別もまた簡単には成り立たないことになる。むしろ、道徳的行為を文脈なしの抽象的な行為として考えるのではなく、歴史的社会的な具体的文脈のなかで生じる行為として考えるなら、結果をもたらすことにかかわる技術的要因を無視できなくなる。「道徳的行為というものを抽象的に考えるのでなく、具体的に歴史的行為として考えるとき、有能性は道徳にとって重要である。徳を意味する言葉 virtus がもと力を意味しているのも当然であろう。技術的に力でないような徳は現実的に徳であることができぬ」(三木 1967a: 293f.)。

このように、道徳を「有能性」と結びつけ、結果を重視するからといって、ただちに道徳を功利主義的に考えるということにはならない。むしろここで指摘されているのは、行為をそれがなされる具体的な環境との関係で、とりわけ具体的な他者との関係で考えることの重要さにほかならず、その意味で「責任倫理」の重要性にほかならない。

三木がここで取り上げてきた技術哲学の思索を展開していたころは、ちょうど第二次世界大戦が始まるころであり、当時はしきりと、「東亜の新秩序の建設」であるとか「東亜共栄圏の確立」といった言辞によって戦争の大義が語られたり、また戦争を遂行するために技術の発展の必要性がさまざまに語られたりしていた。しかし、多くの場合、そうした言辞においては、物質的技術か精神的文化か、技術に関するオプティミズムかペシミズムか、あるいは、東洋的文化か西洋的技術か、といった二者択一式の見方が支配的であった。このような背景を考慮するなら、三木が強調した技術の社会性、技術と道徳との結びつきという主張は、こうした言辞に見られる二者択一式の見方を避ける基盤を確保するためだったと考えることもできる。

三木は自らの技術哲学によって、第二次世界大戦が始まって以来しきりに口にされることになるさまざまなイデオロギー的言辞に対して、技術の重要性を語ることによって抵抗しようとしたと考えることも、あながち不可能ではないと思われる。すなわち、技術の重要性を語ることによって、同時に技術に体現された「責任倫理」という普遍的な意義をもつ倫理の重要性を強調し、そこに極端なイデオロギーへの抵抗の拠点と、一筋の希望を見いだそうとしたと考えることもできるのではなかろうか。

4　戸坂潤――技術の近代性：批判的、実験的性格

戸坂もまた三木と同様に、京都で西田のもとで哲学を学び始めた。また三木から多くの影響を受けながら自らの哲学研究を進めていったという点から見るなら、戸坂も哲学に関して上記の二人と共通の基盤をもっていたということができる。にもかかわらず、時代状況に敏感であった戸坂は三木からの影響などもあり、マルクス主義へと大きく傾斜していくことになる。

唯物論的観点を基礎とするようになってからは、戸坂にとって、西田や三木は、高く評価すべき相手だったにもかかわらず、一貫して批判の対象だった。戸坂にとって、西田の哲学は、三木の哲学も含めて、意味を中心とした解釈の哲学であり、ブルジョア哲学の代表と見

なされた。したがって、戸坂の技術論のなかに、三木の場合と同じ仕方で、西田との積極的な関連を見いだすことはできない。にもかかわらず、科学と技術、実験と産業の間に密接な関係を見いだす点や、そしてとりわけ、技術が根本的に社会のなかで成立するものである点を強調する議論などに、西田や三木との一定の共通性を見てとることもできないわけではない。他方、技術をおもに生産技術のあり方に即して考えようとする点、また社会との結びつきを考える際にも、資本主義と社会主義という経済、社会体制の違いや階級対立を前面に出して論じようとする点などには、明確な違いを見てとることができる。

(1) 技術の二重性

戸坂は、一九三二年に岡邦雄や三枝博音らとともに「唯物論研究会」を結成した直後、会での議論などを踏まえて自らの技術に関する論考をまとめた書物『技術の哲学』(一九三三年)を発表した。戸坂はそのなかで、技術には技能や知能という主観的な側面と、道具や機械などに見られる客観的な側面との二つの契機が備わっていることを強調する。唯物論研究会のなかで、相川春喜などとの間で議論になったのは、主観的側面を強調する戸坂の技術論が観念論的傾向を帯びたものではないかという点であった。このような批判に対して戸坂は『日本イデオロギー論』に収められた文章のなかで、技術が実際に実現されるには、一定の機械などの労働手段が技能と結びつく必要があり、両者の結びついた状態を「技術水準」という概念で呼ぶことを提案している(戸坂 1966b: 389f.)。

しかしながら、戸坂の技術論の特徴は、技能などのような主観的側面を強調した点にあるだけではなく、むしろ、道具や機械などの労働手段と呼ばれる客観的側面についての主張自体のなかに見られる。というのも、戸坂によれば、機械のような物質的対象といえどもたんなる自然科学的範疇に属するものではなく、同時に社会科学的範疇に属するものでもあるからである。言い換えると、労働手段といわれるものも、ほかのさまざまな手段と組織的、社会的な統一をなしてはじめてその意味をもちうるのであり、「技術（客観的）の本質は社会的なものでなければなるまい」（戸坂 1966a: 239）からである。このような技術のもつ根本的社会性を戸坂は技術の「二重性」と呼び、以下のように語っている。

> だがここで問題は、技術がいつも二重性を持っているということである。というのは、吾々が前に見た処に従えば、社会的生産の関係から切り離された技術というものは現実にも又理念としてもあり得ないのであり、技術の本質は純技術的なものでも純工学的なものでさえもあり得ない。夫は正に一つの歴史的範疇でなければならなかったのである。一定の経済関係に於て、歴史的に与えられた生産関係の一内容として、初めて技術は技術となるのであって、別に、技術と経済という別々のものが偶偶現実界で結び付けられるのではない。――技術というもの自身が純技術的契機と経済的契機とを自分自身の二重性として持っているのに外ならない。（戸坂 1966a: 256）

ここで戸坂が述べているように、技術と社会、技術と経済との本質的関係が認められるとすれば、そして経済体制として資本主義と社会主義という根本区別がなしうるとすれば、技術もまたそうした区別から無縁ではないことになる。技術にも階級性が認められるのである。実際、戸坂はアメリカの技術とソ連の技術の質的違いについて次のように述べている。

> 処でアメリカに於ける技術もソヴェートに於ける技術も、苟もそれが同じく技術である以上同じものでなければならぬと考えられるかも知れない。なる程技術の主観的モメント・主観的存在様式・だけを抽象して見れば一応そう云えなくはないだろう。実際アメリカの機械と技師とはそのままソヴェートで役立つ。ディーゼル・エンジンは大西洋で動くと全く同じに北氷洋でも動く筈だし、トラクターはテキサス州に於けると全く同じにトルキスタンでも動く筈である。だが之を動かす技術が、客観的存在様式としては、――主観的様式としての技能はどうであろうと、――一定の与えられた生産関係によって媒介されずにはいない限り、それだけ今の動かし方も実は異って来るのである（ソヴェートに於けるトラクターはアメリカに於てよりもより経済的に動かされるのを注意せよ）。――で、資本主義下に於ける客観的存在様式としての技術と、社会主義下に於ける夫とは、異った二つの技術であると云わねばならぬ。（戸坂 1966a: 214f.）

ここで述べられている資本主義的トラクターと社会主義的トラクターという議論はいかに

もイデオロギー的で危うい議論のように思われるかもしれない。しかし本書で取り上げた「技術の解釈学」という観点、つまり、どんな技術も必ず一定の社会的、文化的文脈のなかで解釈されている、という観点からすると、必ずしも荒唐無稽な主張というわけではない。少なくとも、技術の中立性が批判され、技術があたかも中立的と見られるのは、ある技術が一定の社会、政治的傾向と対応することによって安定性を獲得しているからに過ぎないという指摘は重要である（戸坂 1966a: 275）。というのも、この戸坂の指摘は、マルクーゼなどの「批判理論」に見られるテーゼ、すなわち、形式的合理性と階級的支配の貫徹との密接な結びつきというテーゼの先駆形態と考えることも不可能ではないからである（フィーンバーグ 1995: 331ff. 参照）。

（2）技術と近代

戸坂もまた、西田や三木と同じく、自らが生きた時代状況をどのように解釈するか、あるいはむしろ、時代状況とどのように対峙するか、という実践的な問題に巻き込まれざるをえなかった。唯物論を基礎に据え、唯物論研究会を組織していた戸坂にとっては、この実践的問題を抜きに哲学の問題を考えることは不可能だった。具体的には、『日本イデオロギー論』に現れているように、当時の日本で支配的だったさまざまな思想ないしイデオロギーを唯物論の立場から批判することが重要な仕事となった。

技術に関しては、西洋文明の没落を謳うペシミズムが唱えられる一方で、テクノクラシー

（技術官僚主義）を中心としたオプティミズムが盛んに唱えられていたが、戸坂は、三木と同様にこの対立のあり方自体を批判の対象としている。技術の弊害を強調するペシミズムは、弊害を指摘される技術が資本主義体制のなかで生じているという社会的、政治的文脈を見ておらず、他方のテクノクラシーに見られるオプティミスティックな技術観のほうは、技術が社会から切り離しうる普遍性をもつと見なしている。こうした見方に対して、戸坂は、技術と社会の根本的結びつきを強調する観点から、資本主義的体制とは別の新たな社会体制へと変革することを通して技術に関する別の見方が可能となると考えている。

ただし、戸坂の場合には、根本的に三木とは異なった点が見られる。ひとつは、技術は他の文化的な領域と原理的に異なった特質をもつこと、つまり、解釈が問題になる領域とは異なって、自然科学との結びつきによって一定の範囲で一義的な結果をもたらす領域であると見なされている点、第二に、その一義性は近代技術の本性に備わっていると見なされている点、などである。近代技術は、科学と結びついて、実験的、批判的精神を内在しており、また他方で、近代産業と結びついて、産業発達をもたらす力をもっていると見なされている。

このような観点から、戸坂は近代という時代を特徴づける最も重要な概念として技術、ないし、「技術精神」という言葉を用いる。近代という時代は、技術的精神が最もはっきりした形で歴史的に実現している時代だというのである。その最初の形態は、資本主義というひとつの社会的、経済的形態をとって実現することになり、一定の仕方で発展したが、それが行き詰まりを見せはじめると、技術的精神は、産業の発展を通して、別の社会的、経済的形態を実現するような方向を指示することになる。当時の日本もまた、その意味では技術的精神が一定の社会的、経済的形態のなかで停滞を余儀なくされている時代だと解釈されるが、しかし、技術的精神の展開は必ずやその停滞を突破する力を発揮するだろうと考えられている。この意味で戸坂にとっては、技術の近代性に賭けることが当時の日本の暗い状況を突破する現実的な道であると考えられていたように思われる。

> だが、本当を云うと、技術的精神は、近代産業発達の精神でなくてはならぬ。即ち近代産業が資本制的な行きづまりを社会機構上打破して前進することに於ける、その社会的技術発達の精神でなくてはならぬのだ。こうした技術発達の顕著な客観的条件が熟していることこそが、最も健康な意味に於ける近代性ではないだろうか。(戸坂 1966a: 344)

引用・参考文献

・引用箇所や参考箇所の表示は読者の便宜を考えて翻訳のあるものは翻訳書に限定した。ただし引用にさいしては、訳文を適宜変更した場合がある。訳者の方々にご理解をいただくようお願いする次第である。したがって、本文中の訳文に関しては引用者の村田に責任があることをお断りしておきたい。
・本文献表の表記順はアルファベット順にしてある。したがって、翻訳書の場合、原語による著者名順になっている点をご注意いただきたい。翻訳書の原語による著者名は索引をご覧ください。
・本文中で文献を表記する場合、著者名、出版年、ページ数を記載した。

アイスキュロス 1974.『縛られたプロメーテウス』呉茂一訳、岩波文庫
赤松常弘 1994.『三木清——哲学的思索の軌跡』ミネルヴァ書房
アジア・パシフィック・イニシアティブ 2021.『福島原発事故10年検証委員会——民間事故調最終報告書』ディスカヴァー・トゥエンティワン（本文では、民間事故調最終報告書と記載した）
アナス、ジュリア 2008.『プラトン』大草輝政訳、岩波書店
アリストテレス 1968a.『形而上学』（『アリストテレス全集』第12巻）、出隆訳、岩波書店
——1968b.『自然学』（『アリストテレス全集』第3巻）、出隆・岩崎允胤訳、岩波書店
——1968c.『エウデモス倫理学』（『アリストテレス全集』第14巻）、茂手木元蔵訳、岩波書店
——1969a.『動物発生論』（『アリストテレス全集』第9巻）、島崎三郎訳、岩波書店
——1969b.『動物部分論』（『アリストテレス全集』第8巻『動物誌』下）、島崎三郎訳、岩波書店
——2014.『ニコマコス倫理学』（『新版　アリストテレス全集』第15巻）、神崎繁訳、岩波書店
アレント、ハンナ 1994.『人間の条件』志水速雄訳、ちくま学芸文庫

ベーコン、フランシス 1966a.『学問の進歩』(『世界の大思想』第6巻)、服部英次郎・多田英次訳、河出書房新社

——— 1966b.『ノヴム・オルガヌム』(『世界の大思想』第6巻)、服部英次郎訳、河出書房新社

——— 1966c.『ニュー・アトランチス』(『世界の大思想』第6巻)、中橋一夫訳、河出書房新社

Bijker, Wiebe 1995. *Of Bicycles, Bakelites, and Bulbs: Toward a Theory of Sociotechnical Change*, The MIT Press.

バイカー、ウィーベ 2006.「社会構成主義と技術文化の民主化——予防原則の役割」夏目賢一訳、村田純一編『共生のための技術哲学——「ユニバーサルデザイン」という思想』未來社

ブルーメンベルク、ハンス 2014.「自然の模倣——創造的人間の理念とその前史」『われわれが生きている現実——技術・芸術・修辞学』村井則夫訳、法政大学出版局

Böhme, Gernot, Wolfgang van den Daele and Wolfgang Krohn, 1978."Die Verwissenschaftlichung von Technologie", in *Die gesellschaftliche Orientierung des wissenschaftlichen Fortschritts, Starnberger Studien I*, eds. by Gernot Böhem et al., Suhrkamp.

Bucciarelli, Louis L. 1985."Is Idiot Proof Safe Enough?", *International Jounal of Applied Philosophy*, Vol.2 (4).

Bunge, Mario 1966. "Technology as Applied Science", *Technology and Culture*, Vol.7, No.3.

バターフィールド、ハーバート 1978.『近代科学の誕生』上、渡辺正雄訳、講談社学術文庫

Cowan, Ruth Schwartz 1976. "The 'Industrial Revolution' in the Home: Household Technology and Social Change in the 20th Century", *Technology and Culture*, Vol.17, No.1.

出口康夫 2008.「理論と実験——揺れる二項対立」岩波講座「哲学」第9巻『科学/技術の哲学』岩波書店

Dessauer, Friedrich 1933. *Philosophie der Technik, Das Problem der Realisierung*, 3. Auf., F. Cohen.

デューイ、ジョン 1997.『経験と自然』河村望訳、人間の科学社

——— 1968.『哲学の改造』清水幾太郎・清水禮子訳、岩波文庫
——— 1996.『確実性の探求』(『デューイ＝ミード著作集』第5巻)、河村望訳、人間の科学社
ドレイファス、ヒューバート／ドレイファス、スチュアート 1987.『純粋人工知能批判——コンピュータは思考を獲得できるか』椋田直子訳、アスキー
エックハルト、マイスター 1985.『神の慰めの書』相原信作訳、講談社学術文庫
江原由美子（編）1996.『生殖技術とジェンダー』勁草書房
エリュール、ジャック 1975.『技術社会』上、島尾永康・竹岡敬温訳、すぐ書房
ファリントン、ベンジャミン 1968.『フランシス・ベイコン——産業科学の哲学者』松川七郎・中村恒矩訳、岩波書店
フィーンバーグ、アンドリュー 1995.『技術——クリティカル・セオリー』藤本正文訳、法政大学出版局
——— 2001.「民主的な合理化——技術、権力、自由」直江清隆訳、『思想』九二六号、岩波書店
——— 2004.『技術への問い』直江清隆訳、岩波書店
Feenberg, Andrew 1995. *Alternative Modernity: The Technical Turn in Philosophy of Social Theory*, University of California Press.
——— 2000. "From Essentialism to Constructivism: Philosophy of Technology at the Crossroads", in *Technology and the Good Life?*, eds. by E. Higgs, A. Light and D. Strong, The University of Chicago Press.
ファーガソン、ユージーン 1995.『技術屋の心眼』藤原良樹・砂田久吉訳、平凡社
ファイヤアーベント、ポール 1981.『方法への挑戦——科学的創造と知のアナーキズム』村上陽一郎・渡辺博訳、新曜社
ファイアストーン、シュラミス 1972.『性の弁証法——女性解放革命の場合』林弘子訳、評論社

Fischer, Peter 1996. *Technikphilosophie: Von der Antike bis zur Gegenwart*, Reclam-Verlag.

藤沢令夫 1980.『ギリシア哲学と現代』岩波新書（『藤澤令夫著作集』第5巻、岩波書店、2001）

——— 1990.「いま「技術」とは」岩波講座「転換期における人間」第7巻『技術とは』岩波書店（『藤澤令夫著作集』第3巻、岩波書店、2000）

ガリレオ・ガリレイ 1937.『新科学対話』上、今野武雄・日田節次訳、岩波文庫

——— 1959.『天文対話』上、青木靖三訳、岩波文庫

ゲーレン、アルノルト 1970.『人間学の探究』亀井裕・滝浦静雄他訳、紀伊國屋書店

——— 1985.『人間——その本性および自然界における位置』平野具男訳、法政大学出版局

——— 1986.『技術時代の魂の危機——産業社会における人間学的診断』平野具男訳、法政大学出版局

ギボンズ、マイケル（編著）1997.『現代社会と知の創造——モード論とは何か』小林信一監訳、丸善ライブラリー

Gregory, Richard 1981. *Mind in Science: A History of Explanations in Psychology and Physics*, Penguin Books.

Grint, Keith and Steve Woolgar 1997. *The Machine at Work: Technology, Work and Organization*, The Polity Press.

Grint, Keith and Rosalind Gill (eds.) 1995. *The Gender-Technology Relation: Contemporary Theory and Research: An Introduction*, Taylor and Francis.

Grote, Claudia von 1994."Anschlüsse an den Alltag, Versuche zu einer Hermeneutik technischer Infrastrukturen", in *Technik ohne Grenzen*, eds. by Ingo Braun and Bernward Joerges, Suhrkamp.

ハラウェイ、ダナ 2000.『猿と女とサイボーグ——自然の再発明』高橋さきの訳、青土社

橋本毅彦 1995.「科学と技術の交流」岩波講座「現代思想」第11巻『精密科学の思想』岩波書店

ハイデッガー、マルティン 1963a.『存在と時間』上（『ハイデッガー選集』第16巻）、細谷貞雄・亀井裕・船橋弘訳、理想社（細谷貞雄訳、ちくま学芸文庫、1994）

——— 1963b.『放下』（『ハイデッガー選集』第15巻）、辻村公一訳、理想社

——— 2019.「技術とは何だろうか」『技術とは何だろうか——三つの講演』森一郎編訳、講談社学術文庫

ヘンリー、ジョン 2005.『一七世紀科学革命』東慎一郎訳、岩波書店

Herlihy, David 1990. *Opera Muliebria: Women and Work in Medieval Europe*, McGraw-Hill.

ヘシオドス 1984.『神統記』廣川洋一訳、岩波文庫

——— 1986.『仕事と日』松平千秋訳、岩波文庫

Hickman, Larry 1990. *John Dewey's Pragmatic Technology*, Indiana University Press.

——— 2001. *Philosophical Tools for Technological Culture: Putting Pragmatism to Work*, Indiana University Press.

本多修郎 1975.『技術の人間学』朝倉書店

ホルクハイマー、マックス／アドルノ、テオドール 1990.『啓蒙の弁証法——哲学的断想』徳永恂訳、岩波書店（岩波文庫、2007）

Hughes, Thomas 1989. *American Genesis: A Century of Invention and Technological Enthusiasm*, Viking.

フッサール、エドムント 1995.『ヨーロッパ諸学の危機と超越論的現象学』細谷恒夫・木田元訳、中公文庫

アイディ、ドン 2001.「技術と予測が陥る困難」中村雅之訳、『思想』九二六号、岩波書店

Ihde, Don 2008. *Ironic Technics*, Automatic Press / VIP.

——— 1979. *Technics and Praxis: A Philosophy of Technology*, Boston Studies in the Philosophy and History of Science, Vol.24, Reidel.

伊東俊太郎 1985.『ガリレオ』(「人類の知的遺産」第31巻)、講談社
ヨナス、ハンス 2000.『責任という原理——科学技術文明のための倫理学の試み』加藤尚武監訳、東信堂
カント、イマヌエル 1965.『純粋理性批判』上(『世界の大思想』第10巻)、高峯一愚訳、河出書房新社
金城清子 1996.『生殖革命と人権——産むことに自由はあるのか』中公新書
クライン、レナーテ(編)1991.『不妊——いま何が行われているのか』「フィンレージの会」訳、晶文社
Kline, R. and T. Pinch 1996."Users as Agents of Technological Change: The Social Construction of the Automobile in the Rural United States", *Technology and Culture*, Vol.37, No.4.
Kohler, Robert E. 1976."The Interaction of Science and Technology in the Industrial Age: Forward", *Technology and Culture*, Vol.17, No.4.
ケーラー、ヴォルフガング 1971.『ゲシタルト心理学入門』田中良久・上村保子訳、東京大学出版会
——— 1962.『類人猿の知恵試験』宮孝一訳、岩波書店
コイレ、アレクサンドル 1988.『ガリレオ研究』菅谷暁訳、法政大学出版局
Kroes, P. and M. Bakker, 1992."Introduction: Technological Development and Science", in *Technological Development and Science in the Industrial Age: New Perspectives on the Science-Technology Relationship*, Boston Studies in the Philosophy and History of Science, Vol.144, eds. by P. Kroes and M. Bakker, Kluwer Academic Publishers.
Krohn, Wolfgang 1987. *Francis Bacon*, C. H. Beck.
クーン、トーマス 1987.『本質的緊張』第1巻、安孫子誠也・佐野正博訳、みすず書房
Landes, David S. 1983. *Revolution in Time: Clocks and the Making of the Modern World*, Belknap Press.
ラトゥール、ブルーノ 2007.『科学論の実在——パンドラの希望』川崎勝・平川秀幸訳、産業図書
——— 2008.『虚構の「近代」——科学人類学は警告する』川村久美子訳、新評論

——— 1999.『科学が作られているとき——人類学的考察』川崎勝・高田紀代志訳、産業図書

Latour, Bruno 1992.“Where are the Missing Masses? The Sociology of a Few Mundane Artifacts”, in *Shaping Technology/Building Society: Studies in Sociotechnical Change*, eds. by W. Bijker and J. Law, The MIT Press.

Layton, Jr. Edwin 1976.“American Ideologies of Science and Engineering”, *Technology and Culture*, Vol.17, No.4.

——— 1987.“Through the Looking Glass, or News from Lake Mirror Image”, *Technology and Culture*, Vol.28, No.3.

ルロワ＝グーラン、アンドレ 1973.『身ぶりと言葉』荒木亨訳、新潮社

リリー、S. 1956.「十七世紀における科学器具の発達」リンゼー、J. 編、『近代科学の歩み』菅井準一訳、岩波新書

Mackenzie, Donald 1989.“From Kwajalein to Armageddon? Testing and the social construction of missile accuracy”, in *The Uses of Experiment: Studies in the Natural Sciences*, eds. by D. Gooding, T. Pinch and S. Schaffer, Cambridge University Press.

MacKenzie, Donald and Judy Wajcman (eds.) 1999. *The Social Shaping of Technology*, Second Edition, Open University Press.

丸山高司 1998.「構想力の論理——三木清」常俊宗三郎編『日本の哲学を学ぶ人のために』世界思想社

マルクス、カール 1968.『資本論』第1巻第1分冊、マルクス＝エンゲルス全集刊行委員会訳、大月書店

——— 1960.『哲学の貧困——プルードンの『貧困の哲学』への返答』(『マルクス＝エンゲルス全集』第4巻)、大内兵衛・細川嘉六監訳、大月書店

マッキベン、ビル 2005.『人間の終焉——テクノロジーは、もう十分だ!』山下篤子訳、河出書房新社

マーチャント、キャロリン 1985.『自然の死――科学革命と女・エコロジー』団まりな他訳、工作舎

三木清 1967a.『技術哲学』(『三木清全集』第7巻)、岩波書店

三木清 1967b.『構想力の論理』(『三木清全集』第8巻)、岩波書店

Mitcham, Carl 1994. *Thinking through Technology: The Path between Engineering and Philosophy*, The University of Chicago Press.

マンフォード、ルイス 1971.『機械の神話――技術と人類の発達』樋口清訳、河出書房新社

――― 1972.『技術と文明』生田勉訳、美術出版社

――― 1985.『芸術と技術』生田勉・山下泉訳、岩波新書

村上陽一郎 1986.『技術とは何か――科学と人間の視点から』ＮＨＫブックス

村田純一 1995.『知覚と生活世界――知の現象学的理論』東京大学出版会

――― 1999a.「知識とは何か――知識論の「技術論的転回」へ向けて」岩波新・哲学講義別巻『哲学に何ができるか』岩波書店

――― 1999b.「技術論の帰趨」加藤尚武・松山壽一編『科学技術のゆくえ』ミネルヴァ書房

――― 1999c.「自然の数学的理念化――科学／技術と現象学的記述」岩波講座「科学／技術と人間」第10巻『科学／技術と言語』岩波書店

――― 1999d.「解釈とデザイン――技術の本性と解釈の柔軟性」『文化と社会』Vol.1、マルジュ社

Murata, Junichi 2003. "Creativity of Technology: An Origin of Modernity?", in *Modernity and Technology*, eds. by Thomas Misa, Philip Brey and Andrew Feenberg, The MIT Press.

村田純一 2006a.『技術の倫理学』丸善出版

村田純一(編)2006b.『共生のための技術哲学――「ユニバーサルデザイン」という思想』未來社

村田純一 2014.「技術の創造性――西田幾多郎と技術の哲学」『西田哲学会年報』第十一号

——2015.「技術と環境——福島第一原子力発電所事故からの教訓」『立正大学文学部論叢』第一三八号

——2016.「作られたものから作るものへ——西田幾多郎における技術・科学・宗教」『日本の哲学』第17号、昭和堂

中村静治 1975.『技術論論争史』上下、青木現代叢書

Nicolai de Cusa 1995. *Idiota de mente/Der Laie über den Geist*, F. Meiner.

直江清隆 2008.「宇宙技術の価値」岩波講座『哲学』第9巻『科学／技術の哲学』岩波書店

中岡哲郎 1999.『自動車が走った——技術と日本人』朝日新聞社

——2001.「思想の言葉　技術——未知の応用」『思想』九二六号、岩波書店

中島秀人 2008.『社会の中の科学』放送大学教育振興会

西田幾多郎 2003a.『西田幾多郎全集』第7巻、岩波書店

——2003b.『西田幾多郎全集』第8巻、岩波書店

ノーマン、ドナルド 1990.『誰のためのデザイン?——認知科学者のデザイン原論』野島久雄訳、新曜社

——1993.『テクノロジー・ウォッチング——ハイテク社会をフィールドワークする』佐伯胖監訳、新曜社

——1996.『人を賢くする道具——ソフト・テクノロジーの心理学』佐伯胖監訳、新曜社

——2015.『誰のためのデザイン?——認知科学者のデザイン原論』増補・改訂版、岡村明・安村通晃・伊賀聡一郎・野島久雄訳、新曜社（本書第一一章では、おもに一九九〇年版に依拠した記述がなされているが、読者の便宜を考え、この二〇一五年版のなかのおおむね対応する箇所のページ数を併記した）

ペリン、ノエル 1991.『鉄砲を捨てた日本人——日本史に学ぶ軍縮』川勝平太訳、中公文庫

ペトロスキー、ヘンリー 1995.『フォークの歯はなぜ四本になったか——実用品の進化論』忠平美幸訳、平凡社

——2001.『橋はなぜ落ちたのか——設計の失敗学』中島秀人・綾野博之訳、朝日選書

Pinch, Trevor and Wiebe Bijker 1987. "The Social Construction of Facts and Artifacts: Or How the Sociology of Science and the Sociology of Technology Might Benefit Each Other", in *The Social Construction of Technological Systems: New Directions in the Sociology and History of Technology*, eds. by W. Bijker, T. Pinch and T. Hughes, The MIT Press.

プラトン 1974a.『ゴルギアス』(『プラトン全集』第9巻)、加来彰俊訳、岩波書店

——— 1974b.『クラテュロス』(『プラトン全集』第2巻)、水地宗明訳、岩波書店

——— 1975.『ピレボス』(『プラトン全集』第4巻)、田中美知太郎訳、岩波書店

——— 1979.『国家』下、藤沢令夫訳、岩波文庫

——— 1988.『プロタゴラス――ソフィストたち』藤沢令夫訳、岩波文庫

——— 1993.『法律』下、森進一・池田美恵・加来彰俊訳、岩波文庫

Plessner, Helmuth 1975. *Die Stufen des Organischen und der Mensch: Einleitung in die Philosophische Anthropologie*, Walter de Gruyter.

Price, Derek J. de Solla 1984."Notes Towards a Philosophy of the Science/Technology Interaction", in *The Nature of Technological Knowledge: Are Models of Scientific Change Relevant?* ed. by Rachel Laudan, D. Reidel.

Pritchard, S. 2013. "Envirotechnical Disaster at Fukushima: Nature, Technology and Politics," in *Nuclear Disaster at Fukushima Daiichi: Social, Political and Environmental Issues*, ed. by Richard Hindmarsh, Routledge.

レイノルズ、テリー 1989.『水車の歴史――西欧の工業化と水力利用』末尾至行・細川故延、藤原良樹訳、平凡社

リーゼンフーバー、クラウス 1991.『西洋古代中世哲学史』放送大学教育振興会

ロス、ハナ 2023.『自転車と女たちの世紀――革命は車輪に乗って』坂本麻里子訳、Pヴァイン
ロッシ、パオロ 1970.『魔術から科学へ』前田達郎訳、サイマル出版会（みすず書房、1999）
ライル、ギルバート 1987.『心の概念』坂本百大・井上治子・服部裕幸訳、みすず書房
三枝博音 1951.『技術の哲学』岩波書店
坂本賢三 1986.「技術の発生と展開」新・岩波講座「哲学」第8巻『技術 魔術 科学』岩波書店
佐和隆光 1987.『文化としての技術』岩波書店（同時代ライブラリー、岩波書店、1991）
シェーラー、マックス 1977.『宇宙における人間の地位』（『シェーラー著作集』第13巻）、亀井裕・山本達訳、白水社
Sclove, Richard 1995. *Democracy and Technology*, The Guilford Press.
シェイピン、スティーヴン 1998.『「科学革命」とは何だったのか――新しい歴史観の試み』川田勝訳、白水社
嶋啓 1977.『技術論論争』ミネルヴァ書房
新エネルギー総合開発機構（編著）1983.『ニューエナジー――その原理と未来像』電力新報社
Smith, Merritt Roe and Leo Marx (eds.) 1994. *Does Technology Drive History? The Dilemma of Technological Determinism*, The MIT Press.
Smith, Merritt Roe 1994.“Technological Determinism in American Culture”, in *Does Technology Drive History? The Dilemma of Technological Determinism*, eds. by Merritt Roe Smith and Leo Marx, The MIT Press.
添田孝史 2021.『東電原発事故 10年で明らかになったこと』平凡社新書
Staudenmaier, John M. 1985. *Technology's Storytellers: Reweaving the Human Fabric*, The MIT Press.
高木仁三郎 2000.『原発事故はなぜくりかえすのか』岩波新書

寺田寅彦 2011.『天災と日本人――寺田寅彦随筆選』山折哲雄編、角川ソフィア文庫
テナー、エドワード 1999.『逆襲するテクノロジー――なぜ科学技術は人間を裏切るのか』山口剛・粥川準二訳、早川書房
東京電力福島原子力発電所事故調査委員会 2012.『国会事故調　報告書』徳間書店（本文では、「国会事故調報告書」と記載した）
東京電力福島原子力発電所における事故調査・検証委員会 2012.『政府事故調・最終報告書』、メディアランド（本文では、「政府事故調・最終報告書」と記載した）
戸坂潤 1966a.『戸坂潤全集』第1巻、勁草書房
―――― 1966b.『戸坂潤全集』第2巻、勁草書房
柘植あづみ 1996.「「不妊治療」をめぐるフェミニズムの言説再考」江原由美子編『生殖技術とジェンダー』勁草書房
角山栄 1984.『時計の社会史』中公新書
上野直樹 2001.「道具のエコロジー」加藤浩・有元典文編著『認知的道具のデザイン』金子書房
ヴェルナン、ジャン＝ピエール／吉田敦彦 1978.『プロメテウスとオイディプス――ギリシャ的人間観の構造』みすず書房
Vincenti, Walter G. 1990. *What Engineers Know and How They Know It: Analytical Studies from Aeronautical History*, Johns Hopkins University Press.
Wajcman, Judy 1991. *Feminism Confronts Technology*, The Pennsylvania State University Press.
―――― 2004. *Technofeminism*, Polity.
渡辺雅男 1990.『技術と労働過程論――現代資本主義批判の原点』梓出版社
ヴェルテ、ベルンハルト 2000.『マイスター・エックハルト――その思索へ向かって思索する試み』大津留直

訳、法政大学出版局
ホワイト、リン 1972.『機械と神――生態学的危機の歴史的根源』青木靖三訳、みすず書房
――― 1985.『中世の技術と社会変動』内田星美訳、思索社
Wieland, Wolfgang 1982. *Platon und die Formen des Wissens*, Vandenhoeck & Ruprecht.
Winner, Langdon 1993. "Upon opening the Black Box and Finding It Empty: Social Constructivism and the Philosophy of Technology", *Science, Technology and Human Values*, Vol.18 (3).
ウィナー、ラングドン 2000.『鯨と原子炉――技術の限界を求めて』吉岡斉・若松征男訳、紀伊國屋書店
――― 2001.「テクノロジー社会における市民の徳」河野哲也訳、『思想』九二六号、岩波書店
ツィルゼル、エドガー 1967.『科学と社会』青木靖三訳、みすず書房

ヤ行

ラ行

ワ行

マ行

ハ行

ナ行

タ行

サ行

索　引

ア行

カ行

KODANSHA

本書の原本『技術の哲学』は、二〇〇九年に岩波テキストブックスとして刊行されました。なお、文庫化に際し、新たに終章を書き下ろし、その他全体に加筆修正を施しています。

村田純一（むらた　じゅんいち）

1948年兵庫県生まれ。東京大学名誉教授。専攻は現象学，科学哲学。著書に『味わいの現象学』『「わたし」を探険する』『色彩の哲学』『知覚と生活世界』など，訳書にエドワード・S・リード『魂から心へ』（共訳），ヒューバート・ドレイファス＋チャールズ・テイラー『実在論を立て直す』（監訳）などがある。

講談社学術文庫

定価はカバーに表示してあります。

技術《ぎじゅつ》の哲学《てつがく》

古代《こだい》ギリシャから現代《げんだい》まで

村《むら》田《た》純一《じゅんいち》

2023年９月７日　第１刷発行

発行者　髙橋明男
発行所　株式会社講談社
東京都文京区音羽 2-12-21 〒112-8001
電話　編集（03）5395-3512
販売（03）5395-5817
業務（03）5395-3615
装　幀　蟹江征治
印　刷　株式会社広済堂ネクスト
製　本　株式会社国宝社
本文データ制作　講談社デジタル製作

ISBN978-4-06-533232-0

「講談社学術文庫」の刊行に当たって

これは、学術をポケットに入れることをモットーとして生まれた文庫である。学術は少年の心を養い、成年の心を満たす。その学術がポケットにはいる形で、万人のものになることは、生涯教育をうたう現代の理想である。

こうした考え方は、学術を巨大な城のように見る世間の常識に反するかもしれない。また、一部の人たちからは、学術の権威をおとすものと非難されるかもしれない。しかし、それはいずれも学術の新しい在り方を解しないものといわざるをえない。

学術は、まず魔術への挑戦から始まった。やがて、いわゆる常識をつぎつぎに改めていった。学術の権威は、幾百年、幾千年にわたる、苦しい戦いの成果である。こうしてきずきあげられた城が、一見して近づきがたいものにうつるのは、そのためである。しかし、学術の権威を、その形の上だけで判断してはならない。その生成のあとをかえりみれば、その根は常に人々の生活の中にあった。学術が大きな力たりうるのはそのためであって、生活をはなれた学術は、どこにもない。

開かれた社会といわれる現代にとって、これはまったく自明である。生活と学術との間に、もし距離があるとすれば、何をおいてもこれを埋めねばならない。もしこの距離が形の上の迷信からきているとすれば、その迷信をうち破らねばならぬ。

学術文庫は、内外の迷信を打破し、学術のために新しい天地をひらく意図をもって生まれた。文庫という小さい形と、学術という壮大な城とが、完全に両立するためには、なおいくらかの時を必要とするであろう。しかし、学術をポケットにした社会が、人間の生活にとってより豊かな社会であることは、たしかである。そうした社会の実現のために、文庫の世界に新しいジャンルを加えることができれば幸いである。

一九七六年六月

野間省一

1879

野《の》家《え》啓一著

パラダイムとは何か クーンの科学史革命

著書『科学革命の構造』によってそれまでの科学史の常識に異を唱えたトーマス・クーン。考古学的手法で「知の連続的進歩」という通念を覆し、二〇世紀後半最大の流行語となった「パラダイム」概念を解説。

電 P

1970

中沢新一著

純粋な自然の贈与

古式捕鯨の深層構造を探る「すばらしい日本捕鯨」、モースの思想的可能性を再発見する「新贈与論序説」などを収録。贈与の原理を経済や表現行為の土台に据え直し、近代の思考法と別の世界を切り開く未来の贈与価値論。

電

2039

廣川洋一訳・解説

アリストテレス「哲学のすすめ」 大文字版

哲学とはなにか、なぜ哲学をするのか。西洋最大の哲学者の「公開著作」十九篇のうち唯一ほぼ復元された、哲学的に重要な著作を訳出、解説を付す。古代社会で広く読まれた、万学の祖による哲学入門が蘇る！

2058

福永光司著

荘子 内篇

中国が生んだ鬼才・荘子が遺した、無為自然を基とし人為を拒絶する思想とはなにか？ 荘子自身の手によるとされる「内篇」を、老荘思想研究の泰斗が実存主義的に解釈。荘子の思想の精髄に迫った古典的名著。

電 P

2074

中沢新一著（解説・鷲田清一）

フィロソフィア・ヤポニカ

一九二〇年代以降、西田幾多郎と日本的・独創的哲学＝「京都学派」を創造した田邊元。二〇世紀後半から展開する現代思想、ポスト構造主義、「野生の思考」、認知科学を先取りしていた田邊の豊潤な哲学に迫る！

電

2080

渡邊二郎編・岡本宏正・寺邑昭信・三冨　明・細川亮一著

ハイデガー「存在と時間」入門

二十世紀の思想界に衝撃と多大な影響を与え、現代哲学の源流として今なおその輝きを増しつづける〝現代の古典〟。その思索の核心と論点をわかりやすく整理し、解説しなおしたハイデガー哲学の決定版入門書。

哲学・思想・心理

2507
技術とは何だろうか 三つの講演
マルティン・ハイデガー著／森 一郎編訳

第二次大戦後、一九五〇年代に行われたテクノロジーをめぐる講演のうち代表的な三篇「物」、「建てること、住むこと、考えること」、「技術とは何だろうか」を新訳で収録する。技術に翻弄される現代に必須の一冊。 電P

2509
物質と記憶
アンリ・ベルクソン著／杉山直樹訳

フランスを代表する哲学者の主著――その新訳を第一級の研究者が満を持して送り出す。簡にして要を得た訳者解説を収録した文字どおりの「決定版」である本書は、ベルクソンを読む人の新たな出発点となる。 電P

2517
意識と自己
アントニオ・ダマシオ著／田中三彦訳

意識が生まれるとはどういうことなのか。身体的変化・情動から感情がいかに作られ、その認識に意識はどう働くのか。ソマティック・マーカー仮説で知られる世界的脳神経学者が、意識の不思議の解明に挑む。 電

2524
カントの「悪」論
中島義道著

カント倫理学に一貫する徹底した「誠実性の原理」。「幸福の原理」を従わせ、自己愛を追求する人間本性に対し「理性」が命ずる誠実性とは何か？ 普遍的な倫理学の確立を目指した深い洞察に触れる。 電P

2529
語りかける身体 看護ケアの現象学
西村ユミ著（解説・鷲田清一）

「植物状態」は「意識障害」ではない――。実際に彼らと接する看護師や医師が目の当たりにする「患者の力」とは。自然科学がまだ記述できない、人と人との関わりのうちにある〈何か〉を掬い出す、臨床の哲学。 電P

2539
老子 全訳注
池田知久訳注

無為自然、道、小国寡民……。わずか五四〇〇字に込められた、深遠なる宇宙論と政治哲学、倫理思想と養生思想は今なお示唆に富む。二〇〇〇年以上読みつがれる大古典の全訳注。根本経典を達意の訳文で楽しむ。 電P

2616

中野孝次著

ローマの哲人　セネカの言葉

死や貧しさ、運命などの身近なテーマから「人間となる術」を求め、説いたセネカ。その姿はモンテーニュやアランにもつながる。作家・中野孝次が、晩年に自らの翻訳で読み解いた、現代人のためのセネカ入門。

2627

渡辺公三著（解説・小泉義之）

レヴィ＝ストロース　構造

現代最高峰の人類学者の全貌を明快に解説。ブラジルへの旅、ヤコブソンとの出会いから構造主義誕生を告げる『親族の基本構造』出版、そして『野生の思考』を経て『神話論理』に至る壮大な思想ドラマ！

2630

鷲田清一著

メルロ＝ポンティ　可逆性

独自の哲学を創造し、惜しまれながら早世した稀有の哲学者。その生涯をたどり、『知覚の現象学』をはじめとする全主要著作をやわらかに解きほぐす著者渾身のモノグラフ、決定版として学術文庫に登場！

2633

エドワード・S・リード著／村田純一・染谷昌義・鈴木貴之訳（解説・佐々木正人）

魂《ソウル》から心《マインド》へ　心理学の誕生

心理学を求めたのは科学か、形而上学か、宗教か。「魂」概念に代わる「心」概念の登場、実験心理学の成立、自然化への試みなど、一九世紀の複雑な流れを整理しつつ、心理学史の新しい像を力強く描き出す。

2637

野矢茂樹著（解説・古田徹也）

語りえぬものを語る

相貌論、懐疑論、ウィトゲンシュタインの転回、過去、知覚、自由……さまざまな問題に豊かなアイディアで切り込み、スリリングに展開する「哲学的風景」。著者会心の哲学への誘い。

2640

田中美知太郎著（解説・國分功一郎）

古代哲学史

古代ギリシア哲学の碩学が生前刊行した最後の著作。著者の本領を発揮した凝縮度の高い哲学史、より深く学びたい人のための手引き、そしてヘラクレイトスの決定版となる翻訳——哲学の神髄がここにある。

哲学・思想・心理

2693
未完のレーニン 〈力〉の思想を読む
白井 聡著（解説・國分功一郎）

資本主義の「外」は断じて存在する！ レーニンという思想史上の事件そのものである人物の思想、その核心を、『国家と革命』『何をなすべきか？』のテクストを読み込むことで摑み、現代人にとっての意義を捉え直す。 電P

2694
自然真営道
安藤昌益著／野口武彦抄訳・解説

江戸中期、封建社会の低層たる農民の生活を根拠としながら、独特の時代批判をものした思想家・昌益。人間の作為を暴き、自然世への回帰を説く、「土の思想」の核心とは何か？ 管啓次郎氏によるエッセイも収録。 電P

2699
デカルト 「われ思う」のは誰か
斎藤慶典著

「われ思う、ゆえにわれあり」という命題は最終到達点ではなかった！ 『方法叙説』と『省察』という二つの主著を精緻に読み解くことで、この命題のもつ真の意味を明らかにする。第一人者が挑む哲学者との対話！ 電P

2700
方法叙説
ルネ・デカルト著／小泉義之訳

われわれは、この新訳を待っていた――デカルトから出発した孤高の研究者が満を持してみずからの原点に再び挑む。『方法序説』という従来の邦題を再検討に付すなど、細部に至るまで行き届いた最良の訳が誕生！ 電P

2703
個性という幻想
ハリー・スタック・サリヴァン著／阿部大樹編訳

対人関係が精神疾患を生み出すメカニズムを解明し、いま注目の精神医学の古典。人種差別、徴兵と戦争、プロパガンダ、国際政治などを論じ、社会科学の中に精神医学を位置づける。本邦初訳の論考を中心に新編集。 電P

2704
人間の条件
ハンナ・アレント著／牧野雅彦訳

「労働」「仕事」「行為」の三分類で知られ、その絡み合いの中で『世界からの疎外』がもたらされるさまを描き出した古典。はてしない科学と技術の進歩の中、人間はいかにして「人間」でありうるのか――待望の新訳！ 電P

自然科学

764
村上陽一郎著
近代科学を超えて
クーンのパラダイム論をふまえた科学理論発展の構造を分析。科学の歴史的考察と構造論的考察から、科学史と科学哲学の交叉するところに、科学の進むべき新しい道をひらいた気鋭の著者の画期的科学論である。

844
森　毅著
数学の歴史
数学はどのように生まれどう発展してきたか。数学史を単なる記号や理論の羅列とみなさず、あくまで人間の文化的な営みの一分野と捉えてその歩みを辿る。知的な挑発に富んだ、歯切れのよい万人向けの数学史。

979
森　毅著（解説・野崎昭弘）
数学的思考
「数学のできる子は頭がいい」か、それとも「数学などやる人間は頭がおかしい」か。ギリシア以来の数学的思考の歴史を一望。現代数学・学校教育の歪みを一刀両断。数学迷信を覆し、真の数理的思考を提示。

996
森　毅著（解説・村上陽一郎）
魔術から数学へ
西洋に展開する近代数学の成立劇。小数はどのように生まれたか、対数は、微積分は？　宗教戦争と錬金術が猖獗を極める十七世紀ヨーロッパでガリレイ、デカルト、ニュートンが演ずる数学誕生の数奇な物語。

1332
池田清彦著
構造主義科学論の冒険
旧来の科学的真理を問い直す卓抜な現代科学論。科学理論を唯一の真理として、とめどなく巨大化し、環境破壊などの破滅的状況をもたらした現代科学。多元主義にもとづく科学の未来を説く構造主義科学論の全容。

1341
杉田玄白著／酒井シヅ現代語訳（解説・小川鼎三）
新装版
解体新書
日本で初めて翻訳された解剖図譜の現代語訳。オランダの解剖図譜『ターヘル・アナトミア』を玄白らが翻訳。日本における蘭学興隆のきっかけをなし、また近代医学の足掛かりとなった古典的名著。全図版を付す。

自然科学

2098
生命の劇場
J・v・ユクスキュル著／入江重吉・寺井俊正訳

ダーウィニズムと機械論的自然観に覆われていた二〇世紀初頭、人間中心の世界観を退けて、著者が提唱した「環世界」とは何か。その後の動物行動学や哲学、生命論に影響を及ぼした、今も新鮮な生物学の古典。

電 P

2131
ヒトはなぜ眠るのか
井上昌次郎著

進化の過程で睡眠は大きく変化した。肥大した脳は、ノンレム睡眠を要求する。睡眠はなぜ快いのか？　子供の快眠と老人の不眠、睡眠と冬眠の違い、短眠者と長眠者の謎……。最先端の脳科学で迫る睡眠学入門！

電 P

2143
地形からみた歴史
古代景観を復原する
日下雅義著

「地震」「水害」「火山」「台風」……。自然と人間によって、大地は姿を変える。「津」「大溝」「池」……。『記紀』『万葉集』に登場する古日本の姿を、航空写真、地形図、遺跡、資料を突き合わせ、精確に復原する。

電 P

2158
地下水と地形の科学
水文学入門
榧根　勇著

三次元空間を時間とともに変化する四次元現象である地下水流動を可視化する水文学。地下水の容器としての不均質で複雑な地形と地質を解明した地下水学は、環境問題にも取り組み、自然と人間の関係を探究する。

電 P

2175
パラダイムと科学革命の歴史
中山　茂著

科学とは社会的現象である。ソフィストや諸子百家の時代から現代のデジタル化まで、科学史の第一人者による「学問の歴史」。新たなパラダイムが生まれ、科学者集団が学問的伝統を形成していく過程を解明。

電 P

2187
「ものづくり」の科学史
世界を変えた《標準革命》
橋本毅彦著

「標準」を制するものが、「世界」を制する！　標準化は製造の一大革命であり、近代社会の基盤作りだった。A4、コンテナ、キーボード……。今なお進行中の人類最大のプロジェクト＝標準化のドラマを読む。

電 P

自然科学

2315
数学の考え方
矢野健太郎著（解説・茂木健一郎）

数学とは人類の経験の集積である。ものの見方、考え方の歴史としてその道程を振り返るとき、眼前には見たことのない「風景」が広がるだろう。数えることから現代数学までを鮮やかにつなぐ、数学入門の金字塔。

2346
イヌ どのようにして人間の友になったか
J・C・マクローリン著・画／澤崎　坦訳（解説・今泉吉晴）

アメリカの動物学者でありイラストレーターでもある著者が、人類とオオカミの子孫が友として同盟を結ぶまでの進化の過程を、一〇〇点以上のイラストと科学的推理をまじえてやさしく物語る。犬好き必読の一冊。

2360
天才数学者はこう解いた、こう生きた 方程式四千年の歴史
木村俊一著

ピタゴラス、アルキメデス、デカルト……天才の発想と生涯に仰天！　古代バビロニアの60進法からヒルベルトの「二〇世紀中に解かれるべき二三の問題」まで、数学史四千年を一気に読みぬく痛快無比の数学入門。

2370・2371
人間の由来（上）（下）
チャールズ・ダーウィン著／長谷川眞理子訳・解説

『種の起源』から十年余、ダーウィンは初めて人間の由来と進化を本格的に扱った。昆虫、魚、両生類、爬虫類、鳥、哺乳類から人間への進化を「性淘汰」で説明。我々はいかにして「下等動物」から生まれたのか。

2382
アーネスト・サトウの明治日本山岳記
アーネスト・メイスン・サトウ著／庄田元男訳

幕末維新期の活躍で知られる英国の外交官サトウ。彼は日本の「近代登山の幕開け」に大きく寄与した人物でもあった。富士山、日本アルプス、高野山、日光と尾瀬……。数々の名峰を歩いた彼の記述を抜粋、編集。

2410
星界の報告
ガリレオ・ガリレイ著／伊藤和行訳

月の表面、天の川、木星……。ガリレオにしか作れなかった高倍率の望遠鏡に、宇宙は新たな姿を見せた。その衝撃は、伝統的な宇宙観の破壊をもたらすことになる。人類初の詳細な天体観測の記録が待望の新訳！

《講談社学術文庫　既刊より》

自然科学

2472
流線形の考古学　速度・身体・会社・国家
原　克《かつみ》著（解説・佐藤良明）

空気力学の精華、速度・燃費・形状革命として作られた「流線形」車エアフロー。それは社会の事象全体に関してムダの排除、効率化、社会浄化を煽る記号となる。二〇世紀前半を席巻した流線形の科学神話を通覧。電P

2519
科学者と世界平和
アルバート・アインシュタイン著／井上　健訳（解説・佐藤優／筒井　泉）

ソビエトの科学者との戦争と平和をめぐる対話「科学者と世界平和」。時空の基本概念から相対性理論の着想、統一場理論への構想まで記した「物理学と実在」。平和と物理学、それぞれに統一理論はあるのか？電P

2525
日本近代科学史
村上陽一郎著

明治維新から昭和を経て、科学と技術の国になった日本。だが果たして日本人は、西欧に生まれ育った〝科学〟を本当に受け容れたのか。西欧科学から日本文化の五〇〇年を考察した、壮大な比較科学思想史！電P

2541
物理学と神
池内　了著

物理学は神を殺したか？　アリストテレスから量子力学まで、人間は至高の存在といかに対峙してきたか。「神という難問」に翻弄され苦闘する科学史を、名手が軽妙かつ深く語るサイエンス・ヒストリー！電P

2553
雨の科学
武田喬男著（解説・藤吉康志）

雲から雨が降るのは、奇跡的な現象だ。最大半径三ミリ、秒速九メートルの水滴が見せてくれる地球の不思議。雲粒のでき方から、多発する集中豪雨のメカニズム、人工降雨の可能性まで、やさしく奥深く解説する。電P

2574
漢方医学　「同病異治」の哲学
渡辺賢治著

二〇〇種の漢方生薬は、どうして効くのか。同じ病名でも人によって治療が異なる「同病異治」の哲学とはいったい何か？　東洋の哲学と西洋医学を融合させた、日本漢方。その最新研究と可能性を考察する。電P

自然科学

2580
中山 茂著（解説・鏡リュウジ）
西洋占星術史 科学と魔術のあいだ
「星占い」の起源には紀元前一〇世紀頃、現在のバグダッド南方に位置するバビロニアで生まれた技法がある。紆余曲折を経ながら占星術がたどってきた長大な道のりを描く、コンパクトにして壮大な歴史絵巻。
電P

2586
茂木健一郎著
脳とクオリア なぜ脳に心が生まれるのか
ニューロン発火がなぜ「心」になるのか？「私が私であることの不思議」、意識の謎に正面から挑んだ、茂木健一郎の核心！人工知能の開発が進み人工意識が現実的に議論される時代にこそ面白い一冊！
電P

2600
養老孟司著
形を読む 生物の形態をめぐって
生物の「形」が含む「意味」とは何か？解剖学、生理学、哲学、美術……古今の人間の知見を豊富に使って繰り広げられる、スリリングな形態学総論！形を読むことは、人間の思考パターンを読むことである。
電P

2605
永田 久著
暦と占い 秘められた数学的思考
古代ローマ、中国の八卦から現代のグレゴリオ暦まで古今東西の暦を読み解き、数の論理で暦と占いのつながりを明らかにする。伝承、神話、宗教に迷信や権力欲も取り込んだ知恵の結晶を概説する、蘊蓄満載の科学書。
電P

2611
佐藤満彦著
ガリレオの求職活動 ニュートンの家計簿 科学者たちの生活と仕事
「お金がない、でも研究したい！」〝科学者〟という職業が成立する以前、研究者はいかに生計を立てたのか。パトロン探しに権利争い、師弟の確執——天才たちの波瀾万丈な生涯から辿る、異色の科学史！
P

2646
池内 了著
物理学の原理と法則 科学の基礎から「自然の論理」へ
世界の真理は、単純明快。テコの原理から$E=mc^2$、量子力学まで、中学校理科の知識で楽しく読めて、エッセンスが理解できる名手の見事な解説。エピソード満載でおくる「文系のための物理学入門」の決定版！
電P

自然科学

2663
科学史・科学哲学入門
村上陽一郎著

西欧近代が刻印された科学はその限界を迎えた。環境問題を前にわれわれはどのような未来を選択するのか？　私たちの思考を呪縛する科学を徹底解剖し、本質を問い直す。ＳＤＧｓのずっと先へ。

2682
江戸の科学者
吉田光邦著（解説・池内　了）

関孝和、貝原益軒、渋川春海、平賀源内……。著名な杉田玄白から砲術家の坂本天山まで代表的な科学者の伝記を通して、江戸に花開いた科学や技術の発展の軌跡を紹介する。二九人の科学者小伝付き！

2698
ニホンザルの生態
河合雅雄著（解説・山極壽一）

日本の霊長類学のパイオニアたちが独自に開発・発展させた方法論は、サル社会のダイナミックな構造と文化を生き生きと描き出す。サルの生態を通して人間性の起源に迫る、世界に比類なき霊長類研究の到達点。

2707
時間の分子生物学
時計と睡眠の遺伝子
粂　和彦著

人間、草木、細菌にまで共通する二十四時間のリズム＝生物時計。その驚異のメカニズムを解き明かし、「生物はなぜ眠るのか」という最大の謎に挑む！　時計とうまく付きあう方法まで、第一線の研究者が平易に解説。

2711
リズムの生物学
柳澤桂子著

我々はなぜ、行進に心躍らせ、太鼓の響きに陶酔するのか？　心臓の鼓動、脳波、痛みと快楽の刺激、眠り――。人体で繰り返されるリズム発生のメカニズムを、原子の世界から宇宙現象まで、雄大な視点で解き明かす！

2732
自然科学の歴史
端山好和著

物理学・化学・生物学・地学の四分野を見渡す視点を持ってこそ、科学の本当の意味がわかる。古代占星術から、アラビアの科学、ルネサンス、産業革命を経て、現代の原子力開発と遺伝子操作まで。科学と技術の人類史。